恒和信
律师实务丛书

知识产权
法律实务与案例分析

Intellectual Property Right
Legal Practice and Case Study

主　编：刘　坤
副主编：吴亦雨　庄晓伟　秦永芝
付璟玉　郭　琛　曾小春

法律出版社
LAW PRESS·CHINA
北京

图书在版编目(CIP)数据

知识产权法律实务与案例分析 / 刘坤主编. -- 北京:
法律出版社,2024
(恒和信律师实务丛书)
ISBN 978-7-5197-5943-8

Ⅰ.①知… Ⅱ.①刘… Ⅲ.①知识产权法-案例-汇编-中国 Ⅳ.①D923.405

中国版本图书馆 CIP 数据核字(2021)第 190826 号

恒和信律师实务丛书

知识产权法律实务与案例分析
ZHISHI CHANQUAN FALÜ SHIWU YU ANLI FENXI

刘 坤 主编

策划编辑 张 珺 田 浩
责任编辑 张 珺 田 浩
装帧设计 臧晓飞

出版发行 法律出版社
编辑统筹 法商出版分社
责任校对 晁明慧 王 皓
责任印制 胡晓雅
经 销 新华书店

开本 710毫米×1000毫米 1/16
印张 16.75 **字数** 267千
版本 2024年1月第1版
印次 2024年1月第1次印刷
印刷 固安华明印业有限公司

地址:北京市丰台区莲花池西里7号(100073)
网址:www.lawpress.com.cn
投稿邮箱:info@lawpress.com.cn
举报盗版邮箱:jbwq@lawpress.com.cn

销售电话:010-83938349
客服电话:010-83938350
咨询电话:010-63939796

书号:ISBN 978-7-5197-5943-8 **定价**:76.00元

凡购买本社图书,如有印装错误,我社负责退换。电话:010-83938349

《知识产权-法律实务与案例分析》
编辑委员会

出版说明

改革开放40余年，我国知识产权相关制度和整个行业快速发展，经历了“从无到有”“从有到优”的过程。以专利为例，我国专利申请量已连续10年位列世界第一，国际专利申请量也跃居世界第一；其他类型的知识产权申请量和保有量也位居世界前列，我国已成为当之无愧的知识产权大国。国民知识产权意识也普遍增强。

但是，知识产权的竞争归根结底是核心技术的竞争、品牌的竞争、原创的竞争；知识产权制度的发展代表我国技术、品牌、创新能力的发展。知识产权成果数量的丰富只是知识产权发展的表征而非目标。保护知识产权的目标是助力市场竞争，服务市场竞争。积极发挥知识产权制度的能量，让权利人的灵感和创意真正转化为市场竞争力，真正转化为社会财富，才是知识产权从业者、权利人，乃至社会公众不懈的追求。

基于此，恰逢四川恒和信律师事务所成立20周年，特组织编写本书。本书以典型案例分析的形式，对相关知识产权案例进行办案思路分析和知识介绍，向相关专业学生、知识产权从业者、创新主体，尤其是创业者提供具有系统知识体系并有一定深度的知识和经验参考，以期创新主体在实践中能更好地运用知识产权保护创新成果，维护自身权益，助力市场经营和发展。

本书中，总论部分由刘坤律师完成；专利确权篇由吴亦雨律师完成；专利维权篇及商标篇中的金属管案例由刘坤律师完成；商标篇中的优普案例由秦永芝律师完成，商标篇其余内容由庄晓伟律师完成；著作权篇中的区块链案例和九层妖塔案例由付璟玉律师完成，琼瑶于正著作权纠纷案由秦永芝律师完成，著作权篇其余内容由郭琛律师完成；商业秘密篇由曾小春律师完成。

因为时间关系和编写者专业水平的局限，书中不足之处敬请读者谅解和拔冗指正。

前言

一个自拍杆，值多少钱？普通的可能5元、10元；带有附加功能或特殊造型设计的，可能30元、50元；出门忘带，在景区临时买一个，加上景区溢价，估计也就100元左右。

你能相信一个自拍杆可以“卖”上亿元吗？在“自拍杆”专利横扫江湖前，没有人相信。刘向东在2002年成立源德盛塑胶电子（深圳）有限公司（下称源德盛）时，恐怕也没能想到，在13年后的某一天，一个小小的自拍杆会和公司的命运紧密相连，为公司带来诸多荣誉、财富……和诉讼。

在世界范围内，自拍杆的出现早于时代的需求。早在20世纪80年代，日本发明家上田宏就已将自拍杆发明在美国申请了专利。在那个照相机还属于奢侈品的年代，自拍杆专利显然难以发挥真正的实力，甚至还一度被认为是无用的发明，被收录在《101项并非无用的日本发明》一书中。直至2003年，第一件自拍杆专利权到期时，该专利也没能派上用场。

2005年，一位名为韦恩·弗洛姆的发明者对自拍杆进行改进后，再次申请了一件关于相机支撑器的专利，但当时智能手机尚未流行，该专利依然“生不逢时”，并未引起人们的重视。

直到2008年7月11日，苹果公司推出iPhone 3G，智能手机逐渐流行起来。随着时代的不断发展，人们对自拍的需求也日益增加，希望一次性拍更多的人，有更合适的拍摄角度，拍到身后更多的背景，以及显得脸更小……这些需求使得自拍杆重新回到人们的视野。

为了获得更好的拍摄体验，自拍杆的支撑杆越做越长。而自拍杆远离人脸的一端为夹持端，用于夹持手机；夹持端必须和支撑杆间形成一定的角度，使手机朝向人脸，才能实现拍摄。已有的自拍杆过于笨重，不便于携带，虽然可以直接借鉴当时的技术，做成像伞柄一样的伸缩结构，但无论支撑杆如何伸缩，夹持手机的一端始终要与支撑杆保持一定的角度，造成自拍杆占据空间较大。

为了解决这一问题，早期的自拍杆将夹持手机的部分做成可拆卸结构。日常收纳、携带时，夹持部分可以从支撑杆上拆下，单独收纳，从而节约空间。但这种设计又带来了新的问题。一方面，可拆卸结构的自拍杆无法随取随用，每次使用前需要安装，使用后需要拆卸、收纳，烦琐的操作方式极大降低了用户的使用意愿。另一方面，夹持结构与支撑杆间需要通过螺钉螺母等旋钮结构连接，制作自拍杆这样价格低廉的产品，很难要求厂家选用质量一流的零部件。因此，拆装多次后，自拍杆的连接处经常会出现“滑丝”、安装不紧等情况，影响使用体验甚至导致无法使用。

虽然在今天看来，上述问题可能根本不是问题，但在2015年以前，市场上并未出现能够解决这一问题的自拍杆。事实证明，在需求和利益的驱动下，发明创造的主观能动性是巨大的。回到我们开篇提到的源德盛。2002年到2013年，源德盛申请了9件专利，没有一件与自拍杆及相关技术有关。2014年，源德盛先后尝试申请了多件自拍杆相关专利，包括手柄式拍摄遥控装置、夹持装置等，为建立“自拍杆专利王国”打下基础。但这些专利并未在市场中引起太大的反响和过多的关注。

随着智能手机逐渐风靡世界，自拍杆重回大众视野，大众对自拍的需求与日俱增。此时自拍杆的市场环境，可以说是，“万事俱备，只欠东风”。

“东风”终于来了。2014年9月11日，源德盛申请了第一件“一种一体式自拍装置实用新型”，又在2015年申请了技术相关的另外3件同名实用新型专利。第一件实用新型于2015年1月21日获得授权。根据源德盛围绕这项专利先后进行的一系列操作，我们有理由相信，其在申请专利时，或者在申请专利前，就已经预料到这项专利将在自拍杆领域“激起千层浪”，并且也想好要如何应对了。

关于源德盛的先见之明，让我们且从专利的申请类型说起。很多发明人对申请专利存在一个误区，即认为必须是技术含量很高的，甚至是独创性或开创性的技术，才能申请专利，日常生活中常见、常用的物件，由于技术过于简单，能对这些物件做出的改进相对较小，此类改进不可能符合申请专利的要求。

然而事实并非如此。我国专利分为发明专利、实用新型专利和外观设计专利三种类型。关于三者的异同，后文会有详细阐述，此处只对自拍杆案例涉及的内容稍做解释。

发明专利虽然保护年限更长，可保护的客体范围更广泛，但与之相对的，对创造性的要求更高，申请费等各项费用更贵，审理期限更长，获得专利权的难度也更大。因此，如果是结构类的小改进，申请实用新型专利往往更省时省力。根据现行规定，只有获得专利权后，才能诉他人侵权。对于自拍杆这样结构简单、极易被模仿的产品，如果申请发明，在技术公开后至授权前这段时间内，很可能被他人模仿甚至照抄生产，但申请人无法合理主张自己权利。这种情况下，申请实用新型以快速获得授权显然更为有利。同时，因为只有确定予以授权的实用新型才会被公开，这就可以避免发明专利在公开到授权期间被抄袭，但又不能维权的损失了。另外，申请实用新型还有一个不可忽视的优点，即对创造性的要求低于发明。创造性是判断发明、实用新型能否获得稳定权利的关键之一。实践中，对是否具有创造性是有一套相对完善、严格的评价标准的，在此不进行展开。

实用新型之所以能快速获得授权，主要原因就在于：审查员在审查的时候，只审查实用性（不存在技术上的明显缺陷，可以在工业上进行生产和复制）和新颖性，不审查创造性。实用新型专利产业化，出现侵权情况涉诉时，再具体判断其创造性。这也形成了实用新型侵权、维权时各方常用的一个重要手段——专利权无效。如果专利权被判无效，那就当然无效、自始无效，连权利都没有了，就更加谈不上是否侵权了。

这就回到了上文提到的实用新型又一好处——对创造性的要求低。既然对创造性的要求更低，使用创造性不足这一观点来无效实用新型的难度自然也就比相同情况下无效发明的难度更大。

据此，我们也就不难理解源德盛以实用新型的形式申请自拍杆专利的意图了。而其获得专利权的时间也证明了上文观点：源德盛 2014 年 9 月 11 日申请专利，2015 年 1 月 21 日即获得专利授权，前后不到半年时间；而且专利的申请往往会早于制作出实际成型的产品，因为有图纸、有完整结构即可申请专利，并不要求制作出产品后才能申请专利。因此，在源德盛拿到专利时，恐怕刚研发的自拍杆的流水线才刚搭建好；从而实现专利授权和产品上市的完美衔接。当然，现在有优先审查、专利预审等多种途径可以有效缩短包括发明在内的专利审限，让几个月内获得发明专利权成为可能。但这些途径往往对申请人、申请文件等有诸多限制，在申报流程上也更为烦琐。正常情况下，实用新型依然是快速获得专利权的最常规途径。

专利权拿到后，更重要的还是要将其用起来。如果不用，专利权证书也就只是一张纸。源德盛显然并不满足于只拿到一张纸。在 2015 年 1 月 23 日，即刚拿到专利权的第三天，源德盛就主动向国家知识产权局申请了《专利权评价报告》。而这一报告，也成为源德盛往后几年在自拍杆领域所向披靡的核心武器。

要了解《专利权评价报告》的重要性，还要从专利权无效说起。上文我们已经提到，实用新型在审查阶段并不会审查其创造性，对创造性的判断往往延后到后续实际应用中。当专利权人发现有人侵权，向法院提起诉讼主张相关权利时，被诉侵权方总是倾向于向专利复审委员会（以下简称复审委）提出无效宣告，以期将专利权人的权利无效。专利权被无效了，自然也就不再存在专利侵权，这一招可谓是对专利侵权诉讼的“釜底抽薪”。至于哪些专利权可以维持有效，哪些专利权又将被宣告无效，由复审委内部组成合议组审查合议后决定。

如果被诉侵权方在法院审理侵权案件中，向复审委提出无效宣告，则可以申请法院中止审理，等待复审委的决定。但如果被诉侵权方没有提出无效宣告，是否有其他途径可以证明专利权无效呢？而权利人是否也存在证明己方专利权稳定有效的途径呢？

这些问题的答案是肯定的，途径之一，就是申请《专利权评价报告》。《专利权评价报告》是国家知识产权局对已授权的实用新型或外观设计进行检索后，作出该专利是否符合授权条件的评价报告。该报告经过审查员专业检索和审查后做出，可以起到重要的参考作用。在已有《专利权评价报告》时，法院和复审委多数情况下不会再做出与报告相反的结论。

基于上述说明，可以看到源德盛的又一先见之明：在获得专利权后立刻申请了《专利权评价报告》。一方面，这是对自身技术的自信；另一方面，不得不说也是预料到其自拍杆必然会被大量仿造，从而事先为后续可能发生的诉讼奠定坚实的基础。

根据源德盛的申请，国家知识产权局于 2015 年 2 月 11 日出具了对应的评价报告。报告认为，权利要求1不符合授权要求，其余权利要求都符合授权要求。

而在这些符合授权要求的权利要求中，保护范围最大（权利人可以获得的最大权益）的权利要求是："一种一体式自拍装置，包括伸缩杆及用于夹持拍摄设备的夹持装置，所述夹持装置包括载物台及设于载物台上方的可拉伸夹紧机构，其特征在于：所述夹持装置一体式转动连接于所述伸缩杆的顶端；所述载物台上设有一缺口，所述夹紧机构设有一与所述缺口位置相对应的折弯部，所述伸缩杆折叠后可容置于所述缺口及折弯部"。

简言之，对应的技术方案为：自拍杆包括一根伸缩杆和一个夹持装置，夹持装置可以相对于伸缩杆转动，夹持装置上有个与伸缩杆对应的缺口。使用状态时，夹持装置转动至与伸缩杆间存在一定角度，使手机等拍摄装置朝向用户；收纳状态时，夹持装置转动至缺口与伸缩杆对应，从而将夹持装置折叠起来。收纳状态如图1所示。

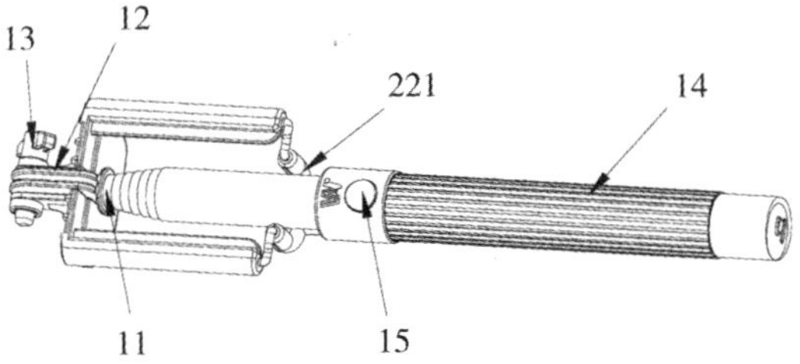

图1　收纳状态的示意图

伸缩杆、夹持装置这些都是以往自拍杆有的结构，源德盛真正的改进点也就在于将夹持装置设置为可折叠结构，并且在折叠后设置了一个与伸缩杆对应的缺口。就这么简单，看起来没有任何技术难度，似乎也非常容易被想到。许多个人、商家在后续看到源德盛靠自拍杆专利"轻松"获得大量收益时，恐怕肠子都悔青了。不知有多少人午夜梦回时会想：这么简单的技术，我也能想到，为什么我当时就没去申请个专利呢？

但不管后来的人如何悔恨和眼红，在源德盛申请这个专利前，确实鲜有人真正看得起自拍杆这个小小的产品，也确实没有人想到对夹持装置做如上改进。同时，根据前文分析，源德盛在申请自拍杆专利前，就已经在开始进行自拍杆方向的专利布局。外人只看到源德盛"轻松"靠自拍杆专利获利甚多。但事实上，从前期专利布局、到及时申请专利、再到选择合适的专利类型，最后是申请专利权评价报告，自拍杆专利的成功可能有一定运气和时势加成，但更多的是专利背后的眼光、方法和专业思维的体现。

专利权和《专利权评价报告》都已在手，接下来，源德盛做了几件事。一是正常销售生产新的自拍杆，二是广泛关注市场上可能存在的侵权产品，三是继续进行自拍杆技术的研发和专利布局。

不出源德盛所料，新的自拍杆一经上市，立刻受到广泛追捧。追捧者不仅包括消费者，也包括生产厂家。许多生产厂家一看，这个自拍杆好呀，可以折叠，解决了之前消费者不断抱怨的问题，结构也简单，那还想什么，模仿！

国内的知识产权保护一直是“老大难”问题。一方面，因为国人的知识产权保护意识相对淡薄；另一方面，也是因为诉讼成本较高，花费了大量人力、物力、财力、精力进行诉讼，最后还不一定能成功，即使维权成功，最终获得的赔偿额不高，往往得不偿失。所以很多小的被侵权方没有精力和能力进行维权。但源德盛不一样。可以说，源德盛在申请自拍杆专利前，就已经做好了被侵权的多手准备。拿到权利后，需要做的是找到侵权方，然后告他！赢他！

事实也确实如此。据不完全统计，源德盛获得专利权后，先后已发起了4000余起维权诉讼，已结案的2000余起维权案件全部胜诉。被诉侵权方为了免除赔偿责任，更是为了以后能继续销售被诉侵权的自拍杆，先后共对源德盛的自拍杆专利发起了20余次无效宣告请求。但正如我们在前文所说的，在已经存在《专利权评价报告》的情况下，法院和复审委多数时候不会做出与报告相反的结论。事实再次验证这一观点：自拍杆专利在历经这么多次无效后，依然屹立不倒。根据业内人士的估计，源德盛在多次维权诉讼中，共计获得赔偿可能上亿元。

因该专利的权利非常稳定，且多次实践和诉讼证明其确实具有极大的商业价值，源德盛的自拍杆专利在第20届“中国专利奖”中荣获专利金奖，再次为自拍杆专利的光辉履历添上浓墨重彩的一笔。

并非所有具有良好商业价值的专利都可以获得专利金奖；该奖项的评选标准第一项即包括：专利授权文本质量优秀。也就是说，既写得好又用得好的专利才有可能获得专利金奖。因此，专利金奖的殊荣，也让另一个问题走入大众视野：难道自拍杆专利的成功，不仅归功于权利人的应用，还归功于撰写方吗？

确实如此。用得好是权利人的本事，写得好则是撰写方（往往是专利代理机构）的本事。要写好一个专利，需要平衡好权利稳定与保护范围之间的关系。写的内容过多，权利有可能更稳定，但保护范围更小，权利人可应用和发挥的空间也相应降低。同时，优秀的专利代理机构，往往在发明人进行研发立项、构思技术方案时即开始介入。通过检索和分析，帮助发明人进行前期分析、协助发明人及时调整研发方向、进行专利权的合理布局，并针对后期的实际应用提供专业建议。可以说，自拍杆专利的成功，是申请人和专利代理机构精诚协作所带来的。当然，笔者认为，自拍杆专利在撰写上还存在可优化空间，但这一讨论与本文无关，在此不进行展开。

专利金奖的荣获也为自拍杆专利维权新增一大“杀器”。例如，2018 年 4 月，源德盛诉被告苏州越田公司、苏州果禾公司侵害其专利权，苏州中级人民法院判决，被告立即停止销售侵权的自拍杆，并赔偿源德盛经济损失 15,000 元。苏州果禾公司不服苏州中级人民法院的民事判决，向江苏省高级法院提起上诉。上诉请求中称：自拍杆专利无技术含量、无科技含量，源德盛系通过维权诉讼谋利。简言之，被告认为源德盛是专做“专利碰瓷”的。

这就不是简单的维权诉讼了，也不再是赔偿一两万元的问题，而是事关专利金奖的荣誉和源德盛的尊严。于是，针对被告的上述说法，源德盛在二审时提交了新证据：自拍杆专利荣获第 20 届专利金奖的相关证明文件。据此，江苏省高级人民法院认为，自拍杆专利能够荣获第 20 届专利金奖，证明其具有一定的科技含量，被告上诉理由不成立，对其上诉请求不予支持。源德盛大获全胜。

直至今日，源德盛依然在不断利用 5 年前获得的自拍杆专利进行各种维权诉讼。随着源德盛的“地毯式维权”，被诉侵权人不断增加，网上关于源德盛“专利碰瓷”的言论也日益增加，很多人认为，自拍杆专利在维权中的不断胜诉阻碍了技术进步，助长了“碰瓷”行为的气焰；甚至认为，源德盛这样的企业如果再多一些，各行各业的技术发展都将受到限制。

但笔者认为，源德盛这样的企业不是太多，而是太少。专利设置的初衷是“公开换保护”。权利人将自己的技术方案公开、告知给公众，作为交换，国家赋予权利人在一定期限内对专利享有独占实施权。从而促使更多有想法、有技术的创新主体申请专利、公开技术，让公众可以看到某一领域内的技术发展情况，了解他人在该技术上的构思；进而促进更多新技术的产生和发展。

虽然初衷良好，但由于我国的知识产权事业起步晚、发展慢，知识产权维权难，导致很多有想法、有技术的创新主体不愿意申请专利，担心专利公开了自己的技术，后期却无法真正将专利变为武器，无法维护自己的合法权益，得不偿失。在这种情况下，如果公权力机关反而站在侵权的一方，知识产权维权依然非常困难，申请专利的创新主体就会越来越少。这样一来，一方面，可供公众参考的技术大幅减少；另一方面，很多技术（如自拍杆这样的结构类产品）一经生产、销售就非常容易被模仿，会极大损害整个社会的创新积极性，不利于科学技术的发展和进步。

为了我国知识产权事业可持续性、良性健康发展，鼓励合理、合法、合规维护自身权益是重要手段。只要应用得当，灵感与财富之间并不存在不可跨越的鸿沟。源德盛的专利布局和维权还在继续，其“自拍杆专利王国”也还在继续搭建。自拍杆暂时不能复制生产，但自拍杆专利的成功模式可以复制学习。本书将帮助你搭建灵感和财富间的桥梁，打造属于你的知识产权王国，你准备好了吗？

刘坤律师、专利代理师

目·录

第四章 商标

第五章 著作权

第六章 商业秘密

第一章

总　论

中国知识产权保护制度的发展历程

中华民族历来是极富创造力的民族。从仓颉造字到蔡伦造纸，从木牛流马到诸葛连弩，在漫长的历史岁月中，中华儿女有着太多辉煌的创造。

但在我国，长期以来，一直没有建立知识产权保护的相关制度，人们也没有形成“知识付费”和“知识收费”的意识。这些辉煌的创造，使我国的历史文明更加流光溢彩，却鲜少为发明者直接带来财富和地位。

“洛阳纸贵”的故事相信很多朋友都非常熟悉。晋代文学家左思潜心研学，耗费10年创作了《三都赋》。该书面世后好评不断，人们竞相抄阅。因抄写之人众多，导致洛阳的纸张供不应求，全城纸价大涨，出现“洛阳纸贵”的现象。如果《三都赋》创作于当代，单凭收版权费恐怕就足以让左思富甲一方。但在缺乏著作权保护的晋代，即使《三都赋》流行到如此地步，也没能让左思靠卖书发家，反而让纸价大幅上涨，或许左思创作成本增加，生活可能更拮据了。

类似这样的故事不胜枚举。例如，活字印刷术是我国古代四大发明之一，但其发明者毕昇并未想过要独占技术、据此牟利，更没能因此而飞黄腾达。恰恰相反，在发明活字印刷术后，毕昇毫无保留地将相关技术教授给同门师兄弟。而且，当时活字印刷术并未引起当权者的重视，没能获得推广。据传，毕昇晚年生活颇为艰辛凄苦。

再如，中国古代四大名著之一的《红楼梦》，一经问世即广受追捧。据《梦痴说梦》记载，嘉庆初年，《红楼梦》一书“遍于海内，家家喜闻，处处争购”；《京都竹枝词》甚至写道，“开谈不说红楼梦，读尽诗书是枉然”；其流行程度可见一斑。但反观曹雪芹，晚年生活极为落魄。其生活之困顿，可从《赠曹芹圃》一诗中略窥一二：

满径蓬蒿老不华，
举家食粥酒常赊。
衡门僻巷愁今雨，

废馆颓楼梦旧家。
司业青钱留客醉，
步兵白眼向人斜。
阿谁买与猪肝食，
日望西山餐暮霞。

一代文豪沦落至此，让人不胜唏嘘。如果曹雪芹生在今日，凭借《红楼梦》这个大 IP，收取小说出版的版权费和版权改编权的许可费，发行红楼梦相关的游戏、玩偶等文化周边，打造"红楼 IP 帝国"，不仅可以过上富足的生活，哪怕想重振曹氏家族也绝非难事。

从上述例子可以看出：虽然在今天看来，合理的知识产权保护制度可以鼓励创新，促进科技发展，但这一观念在中国古代不甚流行；直至清代，知识产权保护这一概念才随着西方列强的武力真正进入中国。19 世纪，鸦片战争爆发，随着战争和苦难一同到来的，还有西方的诸多新奇产物。与此同时，国际上日益繁荣的贸易往来也使得许多国家逐渐认识到知识产权保护的重要性；并建立了知识产权保护的相关法律和国际公约。例如，1883 年签订的主要保护专利和商标的《保护工业产权巴黎公约》（Paris Convention on the Protection of Industrial Property，以下简称《巴黎公约》），及 1886 年签订的主要保护版权的《保护文学和艺术作品伯尔尼公约》（Berne Convention for the Protection of Literary and Artistic Works，以下简称《伯尔尼公约》）。这些法律和公约在国际上为各类新产品等提供了知识产权保护。但中国却并未加入上述公约，也未在国内建立相应的制度。而且，彼时中国人并没有知识产权保护的意识。因此，这些新产品在中国被仿制的现象极为严重；西方商人对此颇为不满。

另外，西方列强强势打开中国大门，也让清政府意识到科技发展的重要性。在西方列强的不断施压和国内迫切需要科技革新的双重驱动下，清政府草拟或颁布了系列知识产权相关制度，形成了中国近代知识产权制度的雏形。

太平天国的《资政新篇》首次提出建立专利制度的建议。1881 年，买办商人郑观应向李鸿章上书，请求清政府给予上海机器织布局一项机器织布的技术以专利权，保护期限为十年。1882 年，光绪皇帝对此予以批准。这也成为中国历史上首例真正意义上的专利权，光绪皇帝则客串了中国历史首位专利审查员。

为了鼓励科技发展，实现"智民富国"，光绪皇帝于 1898 年颁布了《振兴工艺给奖章程》。随后，于 1904 年，清政府又在西方列强的胁迫和参与下颁布了《商标注册试办章程》，对商标注册相关事项进行了规范。1910 年，清政府颁布了《大清著作全律》。这也是我国历史上第一部版权法。

但上述各制度的诞生多出于被动而非主动，多出于保护外国先进技术在我国的利益，限缩了我国模仿国外技术的渠道，反而一定程度上制约了我国科技的发展。由于各种历史原因，这些制度最终未能真正实施。但无论如何，中国迈出了知识产权保护的第一步，为知识产权制度的萌芽埋下一颗种子。

迈出第一步，很重要。但接下来朝什么方向走、如何走，更为重要。

自清政府对知识产权保护相关制度的摸索建立以来，至中华人民共和国成立以前，清政府、北洋军阀政府、国民党政府均先后、分别、数次通过了各类与知识产权相关的制度。但这些制度中往往直接大量引用德日等国的相关规定，并未结合国内实际情况——没能考虑到当时的法官素质和国民素质，更没有考虑到诉讼以外的其他因素，与当时的国情不符，所以未能发挥预想的作用。

时间来到 1949 年，知识产权保护制度在国内尚属空白。1978 年 12 月，改革开放的提出打开了我国科技腾飞的大门。1979 年年初，中美双方对系列双边协定进行了友好协商。协定包括：《中美科技合作协定》《中美高能物理合作协定》等。协商中，美方提出，中方应保护美国知识产权的在华权利，以便于双方贸易的开展和往来。但时值改革开放初期，国内不仅没有知识产权相关的法律制度，甚至谈判人员都不太理解“知识产权”的概念。经过协商，双方约定对上述协定中有关知识产权的问题予以保留，后续另行约定。这一保留条款，也成为中华人民共和国成立以来关于知识产权条款的首次文字约定。

1979 年下半年，在美国的坚持下，我国最终在《中美贸易关系协定》中加入了知识产权的双边条款，对专利、商标、版权的保护进行了简单约定。为了履行上述协定，更重要的是，为了更好地促进我国的科学技术发展，鼓励国内技术创新，同年，我国开始进行《专利法》、《商标法》和《著作权法》的起草工作。

可以看出，中国近代及中华人民共和国成立初期，我国一直没有对知识产权制度给予足够的重视，即使开展了一些工作，一定程度上也是“外因”大于“内因”。这与我国古代的“重农轻商”有关，与长期视科学技术为“奇技淫巧”有关，与中华人民共和国成立初期的历史原因也有一定关系。以《专利法》为例，第一部《专利法》自 1979 年即开始起草，历经波折，甚至一度被贴上政治标签，至1984年才正式颁布。当时有意见认为，专利制度是为资本主义国家服务的，不符合我国社会主义国家的性质；且中外技术水平差异较大，建立专利制度后，主要服务于西方先进国家，对我国的技术发展反而不利。

虽然存在反对的声音，但时代的洪流势不可当，国家需要发展，而科学技术是第一生产力。不建立知识产权制度，虽然短期内可能能够在国内“合法”“不付出代价”地模仿西方先进技术，但终究不是长远之计。短期的“不付出代价”，反而需要付出更大的代价——牺牲了与世界技术接轨和国际贸易往来的机会。同时，不建立知识产权制度，会使得推动科学技术发展的动力一直且主要来自下发任务，从而容易出现“吃大锅饭”的现象，研发人员和企业的内在研发驱动力不强。

为了充分调动研发人员和企业的科研积极性，为了更好地与国际接轨，1982年9月24日，国务院召开常务会议，会议指出：“从全局和发展的观点来看，我国应该建立专利制度。”随着会议的定调，1984年，我国第一部《专利法》终于颁布。从此真正拉开了我国专利制度的帷幕。

与《专利法》同期，我国的知识产权制度完成从无到有的过程，先后颁布了《商标法》《著作权法》《反不正当竞争法》等，完成了法律制度的初步建立工作。之后，陆续加入了《巴黎公约》、《世界知识产权组织公约》（World Intellectual Property Organization，WIPO）、《商标国际注册马德里协定》（Madrid Agreement Concerning the International Registration of Marks，以下简称《马德里协定》）等国际主要的关于知识产权保护的相关公约和协定，逐渐与国际接轨。

我国知识产权制度完成初建工作后，立刻投入使用。例如，《专利法》颁布的次年，人民法院即受理了专利纠纷案件，实现了知识产权制度从“有法可依”到“有法必依”的跨越。

当然，世界上没有完美的制度；社会处于不断发展的状态，法律制度自然也会随之不断发展。我国的知识产权制度在使用中不断接收反馈信息，并随着时代的发展不断进行调整。以《专利法》为例，自1984年颁布至今，其先后经历了4次修改。

首次颁布的《专利法》中，发明专利权的保护期限仅为15年，实用新型和外观设计的保护期限仅为5年（到期后可申请续展3年）。且专利权保护内容非常有限，药品、食品、饮料、调味品、用化学方法获得的物质等均不属于专利权的保护客体。1992 年，结合我国当时的实际情况，《专利法》进行了首次修改，将发明的专利权期限延长为 20 年，将实用新型和外观设计的专利权期限延长至 10 年，并将食品、药品、饮料等纳入专利保护的技术领域内；向国际发展趋势靠近。

次年，最高人民法院成立知识产权审判庭，加速了我国知识产权保护在司法化、专业化道路上的进程。

1985 年到 2000 年，随着改革开放的不断推进，科学进步的不断发展，我国知识产权制度的发展也逐渐从“外因驱动”转为“内因驱动”，欧美国家对我国知识产权制度在立法和实施层面的影响越来越弱。

2000 年，为满足加入世界贸易组织的要求，我国围绕《与贸易有关的知识产权协议》（Agreement on Trade-Related Aspects of Intellectual Property Rights，即 TRIPs 协议）再次对《专利法》进行了修改。本次修改中，明确了专利法的立法目的是促进科技进步与创新，完善了专利审批程序和维权程序，并提供了提交国际专利申请的法律依据。

同时，2001 年修正了《商标法》和《著作权法》，承诺打击网络盗版行为；知识产权海关保护条例也相应做了修改；最高人民法院、最高人民检察院公布了《关于办理侵犯知识产权刑事案件具体应用法律若干问题的解释》，加大对知识产权犯罪案件的打击力度。知识产权制度在立法上的适应性调整和在司法上的有力保证，不仅进一步促进了国内科技的快速发展，也为中国顺利加入世界贸易组织保驾护航。

时间来到 2008 年。这一年，《国家知识产权战略纲要》正式颁布、实施；《专利法》也随之迎来了第三次修改。本次修改进一步完善了专利的审批程序，并结合国情平衡了专利权人与公众利益间的关系。欧美国家对我国知识产权制度的影响日渐式微，如何更好地促进国内科技发展，平衡与国际知识产权制度间的关系，成为我国修改、颁发相关制度时主要考虑的问题。

随着制度的不断完善，专利、商标申请量逐年攀升，知识产权维权行为也逐年增加。1986 年全国法院审结的知识产权案件仅 85 件，到 2008 年，这一数字达到 22, 308 件，是 1986 年的 260 余倍。

与普通的民事案件相比，知识产权案件具有自身的特殊性，不仅涉及法律问题，还可能涉及技术问题，对法院、法官的要求更高。为了满足日益增加的知识产权案件审理需求，2013 年 11 月，十八届三中全会提出：“探索建立知识产权法院。”2014 年 11 月，第一家知识产权法院——北京知识产权法院揭牌。随后，广州、上海也先后建立了知识产权法院。自 2017 年开始，苏州、武汉、成都、杭州等地先后获批设立知识产权法庭。

至此，我国从缺乏知识产权保护意识的国家成长为名副其实的保护知识产权大国。在知识产权制度上，实现了从被动植入，到主动接受，再到积极修改的转变；实现了从无到有、从有到优的转变。我国专利申请量已经连续 10 年位居世界第一；2019 年，我国国际专利申请量也跃居世界第一。

凡是过往，皆为序章。成为知识产权大国，只是实现了阶段性目标。随着我国科学技术的快速发展和专利申请量的不断增加，如何由知识产权大国成长为知识产权强国，如何提升知识产权质量，如何进一步加强知识产权的保护力度，成为接下来的任务。

2020 年，我国对《专利法》进行了第四次修改，并于 2021 年 6 月 1 日正式实施。新修的《专利法》加大了对侵犯专利权的惩罚力度，完善了专利的行政保护制度；新增了专利开放许可相关制度；并将外观设计专利权的期限提升至 15 年。本次修改，一方面旨在解决“专利申请量大、成果转化率低”的问题，以促进专利技术的实施、使用；另一方面也希望解决专利侵权纠纷中“举证难、周期长、成本高、赔偿低”等问题，以进一步加大保护专利权人合法权益的力度。本次修改也是我国从知识产权大国迈向知识产权强国的重要一步。

我国知识产权制度正处于“量变到质变”的关键阶段，在这个过程中，可能还会出现多次各类法律法规及相关规定的修改。但无论如何修改，我国都始终坚定保护知识产权，始终积极鼓励科技创新。基于此，本书将以案例的形式，详细介绍如何灵活运用各种知识产权制度更好地打造自己的知识产权王国，实现知识产权“财富自由”。

作者：刘坤律师、专利代理师

中国知识产权发展现状

改革开放以来，中国知识产权保护制度从无到有、从有到优、从优到强。随着制度的建立和不断完善，知识产权在我国企业发展中发挥的作用也日益增强。诸多企业已从没有知识产权保护意识，发展到主动打造企业专属“知识产权王国”、主动规避可能的知识产权侵权风险，再发展到积极利用知识产权促进自身发展。在我国已成为当之无愧的知识产权大国的今天，部分企业甚至已经发展到将知识产权许可费和侵权赔偿款作为主要收入来源的程度。

在我国知识产权制度已趋于完善的当今社会，借鉴现有企业的知识产权保护和应用经验，形成符合实际情况的“知识产权群”，构建“知识产权护城河”，是企业立足生存、做大做强、可持续发展的核心内在驱动力。

要构建符合企业实际情况的“知识产权护城河”，首先需要了解我国知识产权大家庭包括哪些成员以及主要成员的基本情况。当提到知识产权时，人们往往想到专利和商标。但事实上，知识产权覆盖的范围非常广泛，并非所有的知识产权均能获得保护，且不同知识产权可以获得的保护方式、保护力度、保护时限等均存在较大差异。以常见的专利和商标为例。有些知识产权不适合用或者不适合只用专利权保护，甚至无法获得专利权的保护。同时，商标权的保护范围也并不能覆盖商业活动中所产生的所有标记/标志。因此，正确理解知识产权的概念，认识知识产权的种类，是建立知识产权保护的第一步。

知识产权是一个舶来词，译自“intellectual property”，本意为知识财产所有权。该词于 1967 年随世界知识产权组织（World Intellectual Property Organization，WIPO）的诞生而诞生。具体含义为：人类对其在社会实践中创造的智力劳动成果和经营活动中产生的标记、信誉所依法享有的专有权利。

根据上述定义可以看出：广义的知识产权包括一切人类智力创造成果，这也是 WIPO 划定的范围。但在实践中，并非所有在这一范围内的权利都能获得相应的保护。例如，科学发现。科学发现显然属于人类智力成果，但因其并不能直接在生产、生活中进行应用，不具有通常意义上的财产属性，因此，包括我国在内的大部分国家及地区并未将其纳入知识产权的保护范围。

在我国，传统意义上受到保护的知识产权主要包括两大类：著作权和工业产权。其中，著作权即版权，是指自然人、法人或者其他组织对文学、艺术和科学作品依法享有的财产权利和精神权利的总称。工业产权主要包括专利权和商标权，具体指对工业、商业、农业、林业和其他产业中产生的创造性构思或区别性标志/记号等的无形财产权。这一分类方式也形成了我国知识产权的“三大支柱”——著作权、专利权和商标权。

除上述“三大支柱”外，随着知识产权制度的不断完善，集成电路权、植物新品种权、专有技术与商业秘密等也逐渐纳入我国知识产权的保护范围。

在我国存在诸多不同种类的知识产权制度的情况下，对于市场主体而言，只选择单一种类的知识产权难以满足保护和应用的实际需求，极可能出现明显的保护漏洞。因此，灵活、综合利用各项知识产权保护制度，采取全方位、多角度的保护，是各市场主体更优的选择。

为更具体地展示市场主体的知识产权布局方法，我们以贵阳南明老干妈风味食品有限责任公司及其下属的各分公司和子公司（以下简称老干妈）在知识产权上的布局方式及利弊为例，进行分析。当然，企业的知识产权布局是一个长期且浩大的工程，形成的成果往往也不胜枚举；本文难以对老干妈全部的知识产权布局进行详尽且完善的分析。为此，本文只对其核心产品和主要布局方式进行分析。

老干妈的总公司注册于1997年，历经20余年风雨，至今不仅依然屹立不倒，反而越发坐稳了“国民女神”的称号。其生产的香辣酱及系列产品广销海内外，深受食客喜爱。老干妈的成功，归功于产品本身过硬的品质，归功于市场经营策略的选择得当，也归功于知识产权的合理布局。

老干妈发展至今，笔者认为其核心竞争力主要有两个：品牌和产品。两者相辅相成，共同成就了老干妈：产品品质过硬且始终如一，从而在经营中形成品牌效应；消费者信任品牌，愿意为品牌埋单，促进企业良性发展，为保证和提升产品品质进一步提供基础。企业要做知识产权布局，首先显然是要保住这两个核心竞争力。那么，老干妈是如何做的呢？

对于品牌，最重要的当然是注册商标。老干妈驰骋江湖的重要名号主要包括："老干妈"、"陶华碧"及其头像。在商标局官网检索发现，老干妈总公司最早申请注册的商标即为"陶华碧"。其于1996年12月27日，申请注册了29类（豆制品）、30类（豆制品；豆豉）的"陶华碧"商标，商标内容为"陶华碧"与我们熟悉的陶女士头像的结合。该商标的注册时间甚至早于老干妈总公司注册成立的时间。这一方面可以看出陶女士在创业初期即想要将企业做大做强的决心和信心；另一方面也可看出其眼光和远见——预先做好商标布局，可在一定程度上避免成名后被他人抢注商标、抢夺胜利果实的后果。

但陶女士也并非在商标布局上万无一失。在经济允许的情况下，如果一家企业现在做商标布局，往往会分别将核心标记/标志及其各种可能的结合尽可能地申请全品类商标注册，形成业内俗称的"商标护城河"。但老干妈当时并没有这样做。在1996年申请注册了两类"陶华碧"商标后，老干妈就暂停了申请的脚步，第三个商标申请（第30类的"老干妈"商标）直至1998年4月才提出，中间还经历了1次驳回复审。虽然最终该商标复审成功，但复审程序也延缓了老干妈获得该商标的时间，导致该商标直至2003年2月才进行初审公告。此时，距离老干妈公司注册已近6年，如此长的时间，给了他人可乘之机。

事实也确实如此。1998年4月、5月、12月及2000年7月、9月，多家公司分别就"老干妈"字样、"老干妈"字样+类似头像等方式申请注册商标，与"老干妈"的字体、排布方式等高度近似。这些公司在申请商标注册期间，还存在一定的宣传、使用"老干妈"商标对应产品的行为，给老干妈的正常生产经营造成困扰。同时，在"老干妈"商标初审公告期间，还有第三方向商标局提出了商标异议。虽未异议成功，但进一步延迟了老干妈获得该商标的时间。老干妈于2007年11月1日，才最终获得第30类的"老干妈"商标的注册证。

在这期间，湖南华越食品有限公司的行为最为突出。其于1998年至2000年先后申请注册了多个"老干妈""老干妈 刘湘球"等类似头像商标。该公司申请商标与老干妈商标高度近似，对比如表1所示。

表1　类似商标对比

<table>
<tr><th>老干妈公司商标</th><th>湖南华越申请商标</th></tr>
<tr><td>

29、30类</td><td>

29类</td></tr>
<tr><td>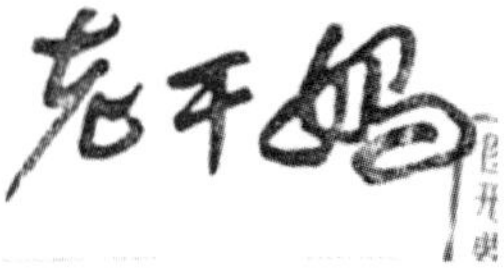

30类</td><td>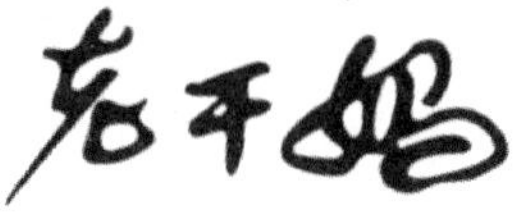

29、35、40类</td></tr>
</table>

老干妈公司与湖南华越公司曾是合作伙伴，在解除合作关系后，湖南华越未经许可继续沿用老干妈的包装瓶和类似的包装方式生产近似产品，并趁机申请数个高度近似商标。为此，老干妈认为湖南华越的系列操作属于不正当竞争行为，并将其诉至法院。该案历时多年，最终老干妈胜诉，且湖南华越申请注册的“老干妈”系列商标目前也全部处于无效状态。

老干妈在这场纠纷中看似大获全胜，却也因商标布局不当而耗时耗力，甚至出现“老干妈”商标之争，险失核心品牌，不可谓不惊险。经此一役，老干妈更加重视商标布局，在商标局检索发现，其于2000年至今，先后申请了百余件“老干妈”字样商标，覆盖商标绝大部分品类；还同时申请了“老乾妈”“干妈”“好妈妈”“老于妈”“老千妈”“老干妈陶华碧”“LAOGANMA”等简繁结合、近似字、组合词、拼音等多种相关商标，甚至还申请了“老姨妈”“老干爹”“干儿子”“干儿女”等可能与核心商标近似的字样和组合商标。截至截稿日，老干妈共计申请199件商标，防御性商标占据大半。

事实证明，这样的布局不仅必要且有效，还能更快形成自身品牌，占领更大的市场。很多人不知道的是，在老干妈成立初期，贵州除老干妈外，还有一位“老干爹”（贵州老干爹食品有限公司）与其并驾齐驱。据传，创业初期，老干妈甚至还曾作为供货商为老干爹品牌供应过豆豉。那为什么发展到今天，老干妈成为无人不知的“国民女神”，而老干爹却鲜为人知，甚至出现在市场上还可能被视为山寨品牌呢？这背后除经营策略外，还与两者对待知识产权布局截然不同的态度有重要关系。老干妈凭借敏锐的知识产权嗅觉，提前进行了大量知识产权布局，直至今日，依然在不断完善自己的“知识产权王国”。而老干爹直至2000年才申请注册第一件商标。最终，老干爹与老干妈在知识产权上的差距越来越大，占领的市场份额差距也逐渐拉大。老干妈凭借早年积累的知识产权财富，主动出击，在时机成熟时诉老干爹商标侵权，进一步拉大了与老干爹之间的差距。老干爹和老干妈的商标纠纷是另一个故事，因为篇幅原因，本文不再详细分析。但从两者今日之对比，知识产权布局的重要性可见一斑。

老干妈的商标布局还在继续，在后续商标维权中，“老干妈”商标被北京知识产权法院认定为驰名商标，从此拥有了跨类保护的机会。在2019年第四次修改的《商标法》中，加强了对恶意注册商标的打击，新增了“不以使用为目的的恶意商标注册申请，应当予以驳回”的内容，使得老干妈的“商标王国”更加稳固，更加难以被侵犯。时至今日，我国真正有效且在使用中的“老干妈”商标，已全部掌握在老干妈手中。

但老干妈成长为商业帝国，在其生产经营中产生的标记、形象等种类繁多，难以全部注册为商标，且部分形象也并不会以商标的形式进行使用。例如，产品的包装盒、包装袋、包装瓶、标签等。但如果不对这些标记、形象进行合理保护，则可能出现下述情形：某些模仿者仿造其标签、包装瓶、包装盒等全部内容，但不使用“老干妈”商标，从而搭乘老干妈的品牌“便车”误导消费者，损害老干妈和消费者的合法权益。那么，在我国，这些标记、形象可以获得哪些保护呢？答案之一是申请获得专利权的保护。

在很多人眼中，专利和发明是同义词，专利技术都是高精尖的、普罗大众无法高攀的技术。但事实上，我国现行的专利制度中，专利包括三类：发明专利、实用新型专利和外观设计专利。其中，发明专利对技术的创造性要求最高，也最难获得授权，确实需要具有较高的技术含量。而与之相对的，实用新型专利是对产品的形状、构造或其结合所进行的具有实用价值的改进方案，对创造性要求并不高。外观设计专利是对产品的形状、图案或其结合以及色彩与形状、图案的结合所做出的富有美感并适于工业应用的新设计。同时，在实用新型专利和外观设计专利的申请阶段，只会进行初审，获得权利的难度很低。

根据现行《专利法》的规定，老干妈经营中产生的包装盒、包装瓶等，在符合一定条件时，就可以分别申请实用新型专利和外观设计专利。在专利检索平台检索发现，老干妈先后获得34项外观设计专利权和8项实用新型专利权，种类涵盖瓶贴、食品包装盒、包装箱、辣椒包装瓶等。在专利权有效期内，老干妈对这些产品享有独占实施权，如果第三方未经许可进行使用则会侵权。当然，专利权的保护存在一定的保护期限，当其过期失效后，则无法继续获得保护。这也督促企业不断进行技术升级，不断形成新的专利权。

前文分析了老干妈在品牌和形象方面进行的知识产权布局。而品牌是建立在产品上的。如果只保护品牌，不保护产品，核心产品能够轻易被人模仿，恐怕老干妈也难以为继。

老干妈发展至今，旗下产品众多，形成了以老干妈香辣酱为核心的产品群。本文以香辣酱为例对其产品的知识产权保护进行分析。如果按照传统思路，香辣酱作为企业的核心产品，首先考虑的知识产权保护是申请专利，但这并不适合于老干妈这样的食品行业，主要原因如下：

1. 食品类技术获得专利权的难度大

香辣酱属于食品领域，在1984年《专利法》中，不属于专利权的保护客体，即使修改后的《专利法》将其纳入专利的保护范围，但食品领域的授权率也一直低于平均水平。截至笔者撰写日，在专利检索平台检索IPC分类号“A21”（烘焙及相关）或“A22”（肉制品及相关）或“A23”（其他食品及相关），结果显示：食品领域共申报发明42.5万件，授权发明7.5万件，授权率为17.6%。根据国家知识产权局公布的数据，我国2018年的发明专利授权率为53%，2019年为44%。授权率可能根据每年政策等影响有一定波动，同一年份的授权率也可能根据计算方式不同而有一定浮动。但根据既往经验，一般在30%~60%。可以看出，食品领域的发明专利授权率甚至连全国平均发明授权率的一半还不到。

如此低的授权率与该领域的技术方案有关。这一领域内的技术方案多为食品的配方及制备方法，大部分都属于常规技术手段，很难说服审查员认可其具有创造性，因此授权难度大。

同时，根据我国现行的专利制度，食品配方、制备方法这样的技术方案只能申请发明专利，不能申请实用新型专利。实用新型专利在确认授权后才会向公众公开；而发明专利与之不同，无论是否授权，只要符合一定的程序要求，都会向公众公开，而且公开与授权间往往还存在一段不短的时间。这就可能出现一个尴尬的情况，如老干妈将香辣酱的配方申报了发明专利，国家知识产权局将该配方对公众予以公开，但审核后认为该配方不符合专利权的授权要求，不予授权。最终，老干妈“折了夫人又赔兵”，既未能获得专利权的保护，又造成了配方公开，竞争对手可以合法地大肆仿造。

2. 专利权存在法定保护期限

专利权一个很大的特点就是具有一定的期限。根据现行《专利法》的规定，发明专利的有效期为自申请日起20年，实用新型专利和外观设计专利的有效期为10年（2021年6月1日起，外观设计专利有效期调整为15年）。专利权过期后，任何个体均可免费、合法使用专利权对应的技术方案。

如果企业的核心技术属于更新迭代较快的领域，如新一代信息技术或药品研发等，专利权的保护期限大于行业技术的更新周期，则专利的保护期限对企业影响较小。但对于香辣酱这样的食品而言，其保持竞争力的关键在于“不变”，或者变化非常缓慢，难以被消费者察觉。那么，这类产品的专利权一旦过期，就容易出现大量的模仿者，对企业的生存和发展造成冲击。

3. 申请专利会造成食品配方泄露

食客和竞争对手并不能通过品尝和简单的化学分析获得食品配方。因此，如果不主动公开或被动泄密，配方可长期以“秘方”的形式存在。

生活日用品或机械结构类产品，销售过程很可能造成技术公开。用户或竞争对手拿到产品后，对其进行简单拆卸分析，就能清楚了解具体结构。对于“销售即公开”“使用即公开”的产品，提前申请专利、获得专利权保护是很好的选择。但对于食品这样“使用几乎不可能造成公开”的产品，不主动公开，并做好技术保密，他人就很难模仿抄袭，同时也能保持一定的神秘度，更有利于技术保护。

因此，综合分析后笔者认为，老干妈的核心产品并不适合使用专利保护。经检索，老干妈名下确实没有任何食品配方及制备方法相关的发明专利。

既然香辣酱并不适合申请专利进行保护，那老干妈是如何保护核心产品的呢？老干妈的选择也是中国商贾自古以来对技术的保密方式：做好保密工作，不主动公开，也尽量不发生被动泄密，即将其作为商业秘密进行保护。

商业秘密是指不为公众所知悉、具有商业价值并经权利人采取相应保密措施的技术信息、经营信息等商业信息。与专利相比，商业秘密对持有者而言具有相当的自由性：技术不需要对公众公开；同时，法律没有规定保护期限，是否公开及何时公开由自己决定。但与此同时，商业秘密也不具有专利的排他性。如果拥有一项技术的专利权，则在保护期限内，权利人拥有独占实施该项技术的权利。即使他人后来自行研发出相同技术，也不能自行实施。但如果拥有的是商业秘密，则无法禁止他人自行研发并实施相同技术。

同时，商业秘密的“非公开性”也带来一个弊端：无论采取何种严格的保护措施，都依然存在被泄密的可能，从而造成被动公开，技术获得的保护力度降低，甚至可能不再获得保护。尤其是存在雇佣关系、委托开发关系、合作开发关系等情况下，被雇佣者或合作方可能将知悉的商业秘密转告他人，从而造成泄密。虽然《民法典》《刑法》《反不正当竞争法》分别从不同角度对上述可能的情况进行了规定，以期保护商业秘密，但在实践中，泄密依然普遍存在。

老干妈的核心产品即曾发生过被员工泄密的事故。2016 年 5 月，老干妈发现本地某食品加工企业生产的一款产品与己方产品高度近似，存在泄密的可能。经内部排查和综合考虑，同年 11 月，老干妈报案称公司重大商业秘密疑似被盗窃。经查，涉嫌窃取该商业秘密的企业缺乏相关研发能力，且从未进行过相关研发工作，不具备短期内研发并生产出涉嫌侵权产品的实力。侦查人员进一步调查后，在老干妈离职人员贾某随身携带的移动硬盘中发现大量涉及商业秘密的资料，并发现贾某在老干妈工作期间，以假名在第三方公司工作，盗窃老干妈商业秘密并在第三方公司进行使用。贾某已因涉嫌侵犯商业秘密罪被刑事拘留，涉案金额逾千万元。

本案中，老干妈与涉案人员贾某签订了《竞业限制与保密协议》，对涉及的商业秘密尽可能地采取了保密措施，但仍然发生了泄密事件。这证明采取商业秘密的方式保护核心技术，确实存在一定的风险。但这并不代表商业秘密不是一种好的保护形式。在可选的能够保护核心技术产品的知识产权种类中，专利和商业秘密是最常见、最普遍适用的，也更适合用于“香辣酱”的保护。其他知识产权种类，如植物新品种、软件著作权、集成电路布图设计等，显然都与食品技术不相关。而在专利和商业秘密中，正如笔者如上分析的，商业秘密更适合老干妈的核心产品，而专利则更适合老干妈的包装等结构类产品。

众所周知，世界上并不存在完美的、没有保护缺陷的知识产权制度，选择一种保护方式，也就相应要承担对应可能的风险。采取商业秘密进行保护，虽然存在泄密的风险，但我国关于知识产权保护的法律制度和司法程序日益完善，执法力度不断增加，很大程度上降低了这一风险。老干妈的商业秘密泄密一案虽目前还处于审理阶段，但老干妈对自身技术保护的高度警觉性与我国执法机关工作的高效性共同将损失降到了最低。

老干妈作为传统企业，以知识产权为“铠甲”和“武器”，不仅在日益激烈的市场竞争中取得一席之地，还不断发展壮大，成长为地方支柱性企业，真正实现了“走向全国、走向世界”的目标，成为让国人骄傲的民族品牌之一。通过对老干妈知识产权布局的分析，笔者希望同类市场主体能够加强知识产权保护意识，并为有需要的市场主体形成和保护自身的知识产权提供一定启示。

作者：刘坤律师、专利代理师

知识产权发展新思路

2018 年，一部热映的电影《我不是药神》使大众关注受专利权保护的药品价格与公共健康间的尖锐矛盾。2020 年年初，一场突如其来的疫情将治疗手段和药物的重要性高度凸显，再次让该话题走进大众视野，甚至几度被推向风口浪尖。不仅大众在问，药企也在问：如何做才能平衡新药专利的保护和公众利益间的关系？

这一问题看似近年来才引起广泛关注，但事实上，自知识产权相关制度建立以来，其讨论热度就一直居高不下。出于人道主义原因，包括中国在内的大部分国家及地区都不授予治疗手段以专利权。但新药属于专利权的保护范围，即专利权人拥有专利药品在一定期限内的独占实施权。

根据《专利法》的规定，独占实施权，是指未经专利权人许可，他人不得以生产经营为目的制造、使用、许诺销售、销售、进口其专利产品，或者使用其专利方法以及使用、许诺销售、销售、进口依照该专利方法直接获得的产品，几乎包括以生产经营为目的进行的一切行为。

对公众而言，如果赋予药企或其他药品研发方新药的独占实施权，很可能造成其对新药在一定时间内的垄断。这往往使药品价格超出普通人的负担能力，"一人生病，全家举债"的情况屡见不鲜。但对药品研发方而言，新药研发的周期极长、成本极高，其风险不亚于一场豪赌。药品研发行业存在一个著名的"双十"定律：研发成功一款新药，平均需耗时 10 年、耗费 10 亿美金。而且，这 10 亿美金已成为过去式。2016 年，来自塔夫茨大学药物开发研究中心团队的研究结果显示：近年来，新药研发成本持续上涨且涨幅惊人。目前，新药上市前的资本化成本高达 28.7 亿美金。如果药品研发方投入如此之大，最终却无法拥有对新药的独占实施权，无法通过高额售价和许可费从新药中获得利益甚至无法回本，显然会极大降低药企进行药品研发的积极性。这也将导致新药日益减少，更新日益减慢，最终受损的仍然是公众利益。

这一问题并非我国独有，也并非简单地高举“国家大义”和“民族大义”的旗帜就能感召药企“用爱发电”来解决的。而且，虽然专利的独占实施权与公众利益间的矛盾在医药领域尤为突出，但在实践中，这一矛盾普遍存在于各行各业。甚至在《专利法》起草之初，即存在反对赋予专利权人独占实施权的声音，认为阻止他人实施专利技术，可能会阻碍科学进步。

这样的反对并非毫无道理，但考虑到国情，无论是“一刀切”地收回独占实施权，还是给予专利权人绝对的独占实施权，都不可能满足国家发展需求。因此，如何合理进行专利布局，如何既用好各项知识产权制度保护专利权人合法权益，又在与公众利益的矛盾间取得相对平衡，是研发方、社会和国家需要共同考虑的问题，国家也在不断摸索、探讨和寻找更适合当下的解决方案。

以新药专利为例。在非紧急状态下，可能有医保等辅助解决方案，公众能利用医保减轻费用负担，缓解与药企间的矛盾。但当出现类似本次疫情这样突发、重大、紧急的公众健康安全问题时，还需要进一步的协调手段。关于这一问题，现行《专利法》给出了一个可能的答案——专利实施强制许可（以下简称强制许可）。

强制许可，是指国务院专利行政部门依法定条件和程序，不经专利权人许可，授权他人实施专利技术（发明或实用新型）的法律制度。被许可方无须再经专利权人同意即可实施对应的专利技术，但应支付合理的使用费。目前，以下五种情况适用于强制许可：

（1）无正当理由未实施或者未充分实施其专利的；

（2）专利权人行使专利权的行为被依法认定为垄断行为，为消除或者减少该行为对竞争产生的不利影响的；

（3）在国家出现紧急状态或者非常情况时，或者为了公共利益的目的；

（4）为了公共健康目的，对取得专利权的药品，可以给予制造并将其出口到符合中华人民共和国参加的有关国际条约规定的国家或者地区；

（5）一项取得专利权的发明或者实用新型比之前已经取得专利权的发明或者实用新型具有显著经济意义的重大技术进步，其实施又有赖于前一发明或者实用新型的实施的，国务院专利行政部门根据后一专利权人的申请，可以给予实施前一发明或者实用新型的强制许可。在依照前款规定给予实施强制许可的情形下，国务院专利行政部门根据前一专利权人的申请，也可以给予实施后一发明或者实用新型的强制许可。

其中，上述条款（3）（4）可能适用于本次疫情的情况。但实际上，至今我国依然未实现专利“强制许可”零的突破；而且按目前的趋势来看，不进行“强制许可”的可能性更大。可能的原因是，“强制许可”虽然可以在短期内将专利技术强制许可给他人使用，暂解燃眉之急，但这也一定程度上损害了权利人的权益。同时，目前缺乏“何时可以进行强制许可”的参考标准。这就容易使部分研发方认为，即使获得专利权，权利也可能在某些时候“失效”，且并不清楚“失效”会在何时来临。长期来看，可能会降低专利制度的公信力，从而降低研发方申请专利的欲望。

强制许可的局限性问题在新药专利上更为突出。新药的专利申请是促成医药领域技术公开、促使技术交流、促进技术发展的重要途径。这一领域的核心技术多为新化合物结构、复合物配方、制备方法等。与机械等领域技术不同的是，这些技术很难通过使用和反向分析掌握和破解。如果研发方不主动公开，这类技术很可能长期成为商业秘密。例如，云南白药的核心配方就属于商业秘密，不为他人所知晓。如果人人都将研发的新技术隐藏起来，不予公开，则技术交流受阻，相关领域的技术发展也会极为缓慢。因此，“公开换保护”的专利制度在赋予权利人一定期限独占实施权的同时，也促使其将技术详细告知给公众，这对促进行业技术发展功不可没。

这也就不难理解，为什么我们虽存在强制许可制度，但至今仍未实现零的突破。综合考虑，在有其他可选手段时，尽量不使用这一制度，以维护专利制度的公信力，保持和提高研发方申请专利的动力和热情，具有长远的战略意义。

同时，强制许可制度可使用的情况极为有限。在实践中，由于各类原因，权利人可能不愿意或不能够使用专利技术，或技术使用不充分，无法满足市场需求，而希望使用的厂家却无法或难以获得专利许可，从而导致我国的专利转化率非常低。据科技部数据，2019 年中国全社会研发投入为 2.17 万亿元，占 GDP 比重的 2.19%。与之相对的，我国的科技成果转化率仅为 10%，远低于发达国家的 40%。这其中，绝大部分未进行成果转化的情况，都尚不满足申请“强制许可”的条件。

因此，为了促进专利发展，进一步提升研发方申请专利的积极性，提高专利转化率，结合本次疫情的实际情况，综合考虑国际形势，我国进行了第四次《专利法》的修改，并于2021年6月1日正式实施。本次修改对专利的申请、保护、实施（许可）都进行了较大调整，一定程度上提供了解决“专利权和公共利益”间矛盾的方案，致力于进一步保障专利权人合法权益的同时，促进专利权的成果转化，实现专利申请量和使用率的双重提升。

我们以屠呦呦研究员获得诺贝尔生理学或医学奖的青蒿素技术为例，尝试探讨在现行《专利法》环境下，可能的专利布局方式及利弊，希望为类似需求方提供一定参考。

1972年，屠呦呦及其团队（以下简称屠呦呦）从中药青蒿中分离得到一种新的化合物，并命名为青蒿素。经研究发现，该化合物具有良好的抗疟效果，一定情况下，对鼠疟、猴疟的原虫抑制率可达100%。但这一发现并不意味着青蒿素可直接作为抗疟药物投入使用。新药从研发到上市，至少需要经历临床前研究（药物靶点确认、化合物合成、化合物筛选、药理等评估、制剂开发等）、多期临床研究、上市前多重审批等环节。其中，根据各国法律规定不同，上市审批的要求和程序不尽相同。可以看出，从分离获得青蒿素，到青蒿素形成抗疟药物，再到该药物能够被购买、使用，有相当长的路要走。

产品不能上市，专利可以先行。产品在研发阶段，甚至在立项阶段，就可以开始进行专利布局。屠呦呦团队是如何进行专利布局的呢？在专利检索平台检索发现，自1985年至今，屠呦呦团队只申请了四项发明专利，全部为中国专利。其中两项获得授权，两项未获得权利，且获得的两项专利目前也均处于失效状态。四项专利中，缺乏最重要的青蒿素化合物专利（可能由专利布局失误或在先论文公开导致）。

屠呦呦在专利布局上的做法也是我国大部分老一辈科学家的做法——将全部精力和热血投入科学研究，淡泊名利。正是有无数像屠呦呦老师这样的前辈，我国的科学技术才能高速发展，我们才能生活在今天这样安定、富足的环境中。但在知识产权制度已相对完善的今天，如果依然不重视专利布局，辛苦获得的成果很难获得保护，极易被他人甚至他国剽窃。同时，缺乏合适的成果保护和转化方案，成果无法转化为可利用资源，也难以为进一步的研发提供能动力。

如果青蒿素发现于今天，作为一种新发现的化合物，在确定其结构式和一种及以上可能的作用时，就至少可以先进行如下专利布局：青蒿素（化合物专利）；

青蒿素在 × ×上的应用（制药用途专利）；青蒿素的制备方法（方法专利）。上述三项发明创造，可根据实际情况在一个发明专利中进行保护，也可以分别申请多个发明专利进行保护。具体申请方式不是本文重点，不进行展开。

在如上专利布局下，对青蒿素及其制备方法和已知应用分别进行了保护。在申请专利的同时，可继续进行相关研究和新药研发、上市工作。

继续研究中，屠呦呦发现青蒿素衍生物——双氢青蒿素对疟原虫有良好的杀灭作用。针对这一发现，可以继续进行如下专利布局：双氢青蒿素（化合物专利）；双氢青蒿素在 × ×上的应用（制药用途专利）；双氢青蒿素的制备方法（方法专利）；重要中间体（化合物专利）；中间体制备工艺（方法专利）；特殊专用设备、测试方法；等等。双氢青蒿素系列专利与青蒿素系列专利形成专利池，在技术内容和保护期限上相互补充。后续的研究中，如果发现了新的青蒿素衍生物，也可以使用类似方法持续申请专利，不断更新专利池。需要说明的是，青蒿素及其衍生物在治疗某种疾病上的应用/用于治疗某疾病的用途等主题，其实质属于疾病治疗方法，目前不属于我国专利权的保护客体，无法申请专利。

无论接下来进行何种深入研究，显然都是建立在青蒿素及其衍生物基础上的。因此，青蒿素及其衍生物的化合物专利是系列专利池中最重要的核心专利，其获得授权的时间，直接决定了专利权人的权利期限。

在我国现行的专利制度下，专利权期限从申请日而非授权日开始计算；发明专利的保护期限法定 20 年，不可续展。同时，发明专利公开后才会进入实质审查程序，从实质审查到授权之间有一段不短的时间。在此期间，专利申请人尚未成为专利权人，其专利技术只能获得临时保护。即任何人可以查阅、使用专利技术，且不构成侵权；申请人只能等获得专利权后，要求自申请到授权期间使用专利技术的其他主体支付一定的使用费用。

例如，2000 年 1 月 1 日申请一项发明专利，2000 年 6 月 1 日公开并进入实质审查，2005 年 6 月 1 日获得专利权，2020 年 1 月 1 日专利权期限届满。在 2000 年 1 月 1 日至 2005 年 6 月 1 日间，其他主体使用专利技术，并不构成侵权。专利权人实际享有的专利权期限为 2005 年 6 月 1 日到 2020 年 1 月 1 日，不足 15 年。

可以看出，实质审查的时间越长，对专利权人越不利。为了解决这一问题，现行《专利法》第 42 条中新增如下规定：“自发明专利申请日起满四年，且自实质审查请求之日起满三年后授予发明专利权的，国务院专利行政部门应专利权人的请求，就发明专利在授权过程中的不合理延迟给予专利权期限补偿，但由申请人引起的不合理延迟除外。”相信在不久的将来，会颁布关于“不合理延迟”及期限补偿方法的详细解释。通过新增上述条款，一方面加强了对专利权人合法权益的保障力度，另一方面也在一定程度上减轻了审查员的工作压力和心理负担。

在研发核心产品（青蒿素及其衍生物）的基础上，屠呦呦进一步研发出可治疗疟疾的药物（复方组合物），核心组分之一即为青蒿素或其衍生物。该药物的配方和制备方法也可参照上述方法形成新的专利。

至此，我们可以看出，不仅新药研发、上市有一个较长的过程，专利池的构建也需要循序渐进，不可能一蹴而就。从立项到申请第一个真正的药品专利间，可能还存在多个化合物专利、方法专利等“过程专利”。

夜长梦多，自第一个化合物专利公开到青蒿素药物上市期间存在一段较长的时间，在此期间，可能存在这样的情况：第三方看到青蒿素化合物专利后，迅速开展相关药品研发工作，并先于屠呦呦进行对应药品的上市行政审批申报，以期抢先占领市场。但即使屠呦呦发现类似情况，基于行政审批行为起诉对方技术侵犯专利权，往往也难以成功。

这是因为，发明专利的独占实施权中，并未明确记载包括为药品上市进行的行政审批申报行为。而且，现行《专利法》第 75 条第五项还规定，为提供行政审批所需要的信息，制造、使用、进口专利药品或者专利医疗器械的，以及专门为其制造、进口专利药品或者专利医疗器械的，不视为侵犯专利权。

因此，实践中，枉顾他人专利权，抢先进行相关药品上市行政审批申报工作的情况时有发生，而专利权人往往面临“维权难、周期长”等问题。

针对这一问题，国际上有相对完善的解决方案——药品专利链接制度（Drug Approval-Patent Linkage）。该制度来自美国 1984 年颁布的《药品价格竞争与专利期补偿法》，其制度核心为：在药品进行相关注册审批中，应当考察该药品与已批准新药的有效专利间的关系，涉及专利管理相关行政部门与药品管理相关行政部门间的联动工作。

目前，我国对应的类似制度为 2007 年出台的《药品注册管理办法》（已失效）第 18 条的规定，申请人应当对其申请注册的药物或者使用的处方、工艺、用途等，提供申请人或者他人在中国的专利及其权属状态的说明；他人在中国存在专利的，申请人应当提交对他人的专利不构成侵权的声明。对申请人提交的说明或者声明，药品监督管理部门应当在行政机关网站予以公示。发生专利权纠纷的，按照有关专利的法律法规解决。

该制度只规定按有关专利的法律法规解决，而现行的专利相关制度中，并未对涉嫌侵权的药品注册应当如何处理作明确的相关规定。专利权人即使发起专利侵权诉讼，也难以中止药品的注册审批工作。而且，现行有效的2020年出台的《药品注册管理办法》中已删除对应规定。

为此，现行《专利法》进行了相关调整，增加第76条的规定，药品上市审评审批过程中，药品上市许可申请人与有关专利权人或者利害关系人，因申请注册的药品相关的专利权产生纠纷的，相关当事人可以向人民法院起诉，请求就申请注册的药品相关技术方案是否落入他人药品专利权保护范围作出判决。国务院药品监督管理部门在规定的期限内，可以根据人民法院生效裁判作出是否暂停批准相关药品上市的决定。药品上市许可申请人与有关专利权人或者利害关系人也可以就申请注册的药品相关的专利权纠纷，向国务院专利行政部门请求行政裁决。国务院药品监督管理部门会同国务院专利行政部门制定药品上市许可审批与药品上市许可申请阶段专利权纠纷解决的具体衔接办法，报国务院同意后实施。

虽然具体衔接办法有待进一步解释，但本次在《专利法》中明确了“药品专利链接制度”，迈出了“有法可依”的又一步。这也进一步打消了研发方申报专利、公开专利技术的顾虑，从立法角度加强了对专利权的保障。

通过上述专利布局和研发，既初步建立了核心专利和外围专利，也一定程度上限制了他人利用时间差窃取劳动果实。在屠呦呦接下来的工作中，很可能涉及己方研发的青蒿素相关药品的上市工作。正如前文所述，新药上市需要先进行一系列的审评、审批等工作，这些工作可能耗费较长时间。这样即使专利先行，提前获得了药品专利权，也可能因审批时间过长，导致药品上市时专利权保护期限濒临到期。

对此，经多方调研和综合考虑，为给予专利权人与其实际做出的研发贡献相匹配的权利，现行《专利法》在第42条新增如下内容，为补偿新药上市审评审批占用的时间，对在中国获得上市许可的新药相关发明专利，国务院专利行政部门应专利权人的请求给予专利权期限补偿。补偿期限不超过5年，新药批准上市后总有效专利权期限不超过14年。该条款与新明确的“药品专利链接制度”相辅相成，弥补了专利相关制度在权利保护与新药上市之间衔接的空白。

通过上述系列新增或修改的相关制度，专利权人将获得更充分的权益，相信对提高专利申请的积极性大有帮助。但申请专利、获得专利权，只是开始。专利权作为一项独占实施权，重点依然在“实施”上。我国存在大量像屠呦呦这样伟大的科学家、研究者，科研能力很强，但成果转化能力和转化的动力往往弱于企业。

在现行的专利制度中，如果专利权人不愿意主动实施专利权，或者实施不充分，似乎只能申请强制许可。关于强制许可的局限性，前文已详细分析。笔者认为，其局限性主要由“强制”带来。在实践中，很多专利权人并不需要被“强制”，其主观上也希望自己的技术能被第三方实施，从而既能收取许可费，也能实现技术推广，只是缺乏寻找可靠合作伙伴的能力，而无法许可专利权。相对的困扰也发生在希望获得许可的第三方身上。作为第三方，希望能实施对应的专利权，但难以与专利权人取得联系或达成合作，从而无法获得许可。

为大力促进专利的实施和运用，现行《专利法》新增了第 50 条，创造性地引入了一个新的制度——开放许可。开放许可的含义为：专利权人自愿以书面方式向国务院专利行政部门声明愿意许可任何单位或者个人实施其专利，并明确许可使用费支付方式、标准的，由国务院专利行政部门予以公告，实行开放许可。就实用新型、外观设计专利提出开放许可声明的，应当提供专利权评价报告。

围绕上述制度，《专利法》第 51 条和第 52 条初步明确了开放许可的实施方式、许可方式、发生纠纷的解决方式等，并通过减免专利年费的方式鼓励专利权人开放许可。

这一制度的设立，进一步解除了研发方的后顾之忧，也创造性地解决了“专利转化率低”的世界难题，让研发主体和生产企业能优势互补、合作共赢。同时，该制度也提出了一种适合我国国情、在一定程度上解决“专利权与公共利益之间的尖锐矛盾”的方案。

通过开放许可，没有充足实施能力的专利权人，不仅可以将技术开放给公众，还可以将实施权开放给公众。从而将专利权人从寻找实施方的困境中解脱出来，可以直接收取许可费；也将实施方从寻找技术和联络专利权人的困境中解脱出来，可以直接在开放许可的专利名单中寻找需要的技术并付费使用。同时，技术实施方增加，专利权人收取的许可费能为继续研发提供动力；多方实施能提供更多的研发方向，促进研发的多方向进行；多方实施还可增加市场上专利产品的供应量，加强市场竞争激烈度，从而促进专利产品向低价高质的方向发展，专利权从公共利益的相对侧转移到相同侧。

至此，青蒿素系列专利形成在技术上相互补充、时间上相互支撑的专利池。我国不断完善相关制度，系列专利的保护期限、产品上市、实施许可等都能得到充分的支持。利用开放许可获得源源不断的许可费，深入研发工作也得到更好地保障。

现行《专利法》除上述调整之处外，还进一步完善了专利的行政保护制度，加大了对侵犯专利权的惩罚力度，延长了外观设计专利的保护期限，允许局部外观设计保护等。从专利申请角度，增加了专利权人的权益，提升公众申请专利的积极性；从专利实施角度，增加了开放许可制度，减轻专利实施难度，提升专利转化率；从专利维权角度，增加专利侵权违法成本，降低权利人举证难度，加大了对专利权的保护力度。

因篇幅原因，本文仅以青蒿素技术的专利布局为例进行假设和阐述，无法对此次法律修改进行详细分析。但本次《专利法》修改的目的和释放的信号非常明确：促进专利申请、促进专利转化、鼓励专利维权、严厉打击侵权。

我们正处于中国历史上知识产权制度最完善、法律环境最好的时期，而且可以确定的是，这些制度还会更加完善，法律环境会越来越好。本书希望为需求者提供可参考、可操作的实施方案，充分、合理利用现有制度，实现研发方、实施方和公众的多方共赢。

作者：刘坤律师、专利代理师

第二章

专利确权

专利类型及布局方法概要

——从云南白药看专利布局

对公众而言，专利是一个既熟悉又陌生的词语。熟悉，是因为常常会听到，处处能看到；陌生，是因为认为自己不可能申请专利，当被问到“专利”的含义时，也没办法给出确切的答案。

作为知识产权最重要的成员之一，专利在很多人心中是高精尖技术的代名词，高不可攀、遥不可及。但事实并非如此。专利不仅可以居于神坛，位于象牙塔，也可以走进千家万户。

专利是一个舶来词，译自“patent”。该词在世界范围内尚无统一的定义。在我国，其被广泛认可的含义如下：(1) 专利权的简称，即专利权人对发明创造所享有的独占实施权。(2) 受专利法保护的发明创造，即俗称的专利技术。(3) 专利证书或专利文献，是专利技术的文件形式载体。

《专利法》的规定，发明和实用新型专利权被授予后，除专利法另有规定的以外，任何单位或者个人未经专利权人许可，都不得为生产经营目的制造、使用、许诺销售、销售、进口其专利产品，或者使用其专利方法以及使用、许诺销售、销售、进口依照该专利方法直接获得的产品。外观设计专利权被授予后，任何单位或者个人未经专利权人许可，都不得为生产经营目的制造、许诺销售、销售、进口其外观设计专利产品。

根据定义可以看出，专利权实际是一项权利较大的专有权，拥有专利权后，如无特殊情况，其他创新主体未经许可均不能实施专利。因此，专利权是一项特殊的无形资产，权利人可以通过使用、许可、转让专利及专利维权等方式获利。近年来，拥有并使用某一技术领域的核心专利，从而帮助个人实现财务自由或成为企业重要收入来源的案例屡见不鲜，如前言中提到的“自拍杆”专利。

那么，如何才能拥有属于自己的专利权呢？在我国，专利分为三类：发明专利、实用新型专利和外观设计专利（以下分别简称发明、实用新型、外观设计）。

这三种类型的申请要求、获得难度、受保护力度、保护期限等均不相同，各有利弊。根据有专利申请需要的主体（以下简称申请人）的实际需求和技术情况不同，对应的专利布局策略也不相同。我们以云南白药集团股份有限公司（以下简称云南白药集团）的专利布局策略为例，对专利申请及可能的布局方式进行介绍。

云南白药是云南，乃至我国著名的中成药，具有活血止痛、化瘀止血等功效，被誉为“伤科圣药”。拥有云南白药配方的云南白药集团，成立于1993年。其成立至今，先后并持续使用了商业秘密、商标、专利、软件著作权、作品著作权等多种知识产权，对自己的各类智力成果进行了全方位、多角度的布局和保护。

其中，最核心的技术是云南白药配方，以商业秘密的方式进行了保护。关于商业秘密，在本书其他章节有详细介绍，在此不进行展开。对于核心产品而言，只对配方进行商业秘密保护是否足以满足需求呢？答案是否定的。商业秘密的重点在于其保密性和秘密性，而不具有独占性和排他性。这意味着，商业秘密至少存在如下缺陷：（1）如果他人自行研发出云南白药的核心配方，则可以自行使用而不会侵权。（2）如果配方因某些原因导致被公开，为公众所知，则该配方不再成为商业秘密，不再受到保护。（3）他人购买云南白药后，利用云南白药制备相关产品，如喷雾、创可贴、牙膏等，也不受商业秘密的限制。

因此，即使拥有商业秘密，专利也是必要的。专利可能不是保护最为核心的云南白药及其制备方法的最佳方式，但却可用于保护利用云南白药制备的周边产品。

云南白药集团利用云南白药，制备了系列产品，包括气雾剂、创可贴、透皮剂、分散剂、口腔崩解片、牙膏等。如果要申请专利，则面临如下问题：能否获得权利？能获得什么样的权利？能获得多大的权利？

我们先来看第一个问题：能否获得权利。这也是专利布局的前提。专利相关法律法规中，对赋予专利权设置了诸多要求。其中，对于发明和实用新型而言，最重要的评价标准为“三性”，即是否同时具有实用性、新颖性和创造性。实用性，是指对应技术能够被制造或使用，且能够产生积极效果。新颖性，是指专利中要求保护的技术方案与现有技术间存在区别。创造性，是要求这一区别足够大、取得足够优异的效果。当然，上述说法只是为了便于读者快速对“三性”建立直观认识，并不完全准确和全面。在实践中，有一套相对完善严格的评价标准并需要进行个案分析。后文有详细阐述，在此不做展开。

对于云南白药系列产品专利而言，能否获得授权，除“三性”的要求外，还需要考虑在不公开云南白药配方的情况下，技术方案公开是否充分。专利权成立的基础是以公开换保护。意即权利人将专利技术完整公开，国家对应赋予其独占实施权。因此，“公开是否充分”也是能否获得专利权的评判重点之一。

这一限制导致很多选择以商业秘密、保密配方等方式进行知识产权保护的企业或个人放弃了专利保护，他们担心不公开核心技术方案，导致“公开不充分”，无法获得专利权；公开核心技术方案，则失去了技术的秘密性，得不偿失。

但事实上，根据2017年修订的《专利审查指南》中对说明书公开充分的记载：“要求保护的技术方案应当是所属技术领域的技术人员能够从说明书充分公开的内容中得到或概括得出技术方案”，并未要求把所有核心技术方案全部公开。也就是说，如果不要求对云南白药这一核心配方的权利保护，就不必将云南白药的具体配方公开；如果只要求保护使用了云南白药的某一产品，云南白药只是作为产品中的一项组分，那么，只需要保证云南白药这一组分能被公众获得即可。云南白药作为一种上市产品，公众自然可以从普通商业途径获得。在这一前提下，“不公开云南白药的核心配方”并不构成“包含云南白药的产品”获得专利权的障碍。

云南白药集团在专利上的布局也证明了上述观点。目前，在公开专利检索平台检索发现，云南白药集团共申请发明专利124项，获得授权73项；其中，有多项已授权专利均为包含云南白药这一组分的延伸产品。

在确认可以申请专利后，面临的第二个问题是，能获得什么样的权利？即申请什么类型的专利？根据现行《专利法》规定，专利分为三类：发明，是指对产品、方法或者其改进所提出的新的技术方案；实用新型，是指对产品的形状、构造或者其结合所提出的适于实用的新的技术方案；外观设计，是指对产品的形状、图案或者其结合以及色彩与形状、图案的结合所作出的富有美感并适于工业应用的新设计。

上述规定从保护客体上对专利进行了分类。其中，发明的保护客体最为广泛，除相关法律法规中明确禁止不得申请专利的技术方案外，几乎所有的产品、方法及其改进均可申请发明。而实用新型的保护客体限定为产品的形状和构造，将方法和不具有实体结构的产品（如新的化合物、药品组合物等）排除在外。外观设计可保护的客体范围更为狭窄，只包括形状、图案、色彩及其组合构成的外观，且还有一些排除性条件。

根据上述规定，发明适用范围最广。同时，从保护期限来看，自申请日起，发明专利的保护期限为二十年，实用新型专利和外观设计专利均只有十年（自2021年6月1日起，外观设计专利的保护期限延长至十五年）；2020年修正的《专利法》对特定情况下发明专利的保护期限也进行了适应性延长。

这样看来，发明优势明显，除外观以外的技术，全部申请发明即可，似乎没有探讨专利申请类型的必要。但在实践中，还需考虑到申报成本、获得专利权难易程度和速度快慢、权利稳定性、权利维持成本等诸多问题。

根据现行规定，从申报专利的成本来看，如果不办理费用减免，申请发明的官方申请成本为3450元/件，申请实用新型的官方申请成本仅为500元/件；撰写服务费由案件实际情况而定，但发明的撰写服务费一般也在实用新型的两倍以上。获得专利权后，每年需要缴纳年费以维持专利权，年费还会递增，发明的年费也高于实用新型；对于拥有大量专利的权利人而言，年费也是一笔不小的成本。

更重要的是，专利的维权建立在获得权利的基础上。相较于实用新型，获得发明专利权的难度更大。这是两者对创造性的要求不同及审查制度不同共同带来的。

从对创造性的要求来看，发明对创造性的要求更高。如果技术本身只是现有技术的简单结合、常规替换、惯常设计，往往难以获得专利权。同时，从审查制度上来看，发明在授权前，需要先后经历初审和实审，需要包括“三性”在内的所有条件均满足授权要求，才能获得权利。而实用新型在审查时，只进行初审，不进行实审。初审只审查“三性”中的实用性和新颖性，不审查创造性。上述两个制度的设置使得实用新型的授权率几乎必然远高于发明。事实也确实如此。参照国家知识产权局公布的《知识产权统计简报》，2019年1～9月，我国发明授权率仅为34.7%，实用新型授权率高达71.7%。而且，上述审查制度为实用新型带来另一优势——可快速获得专利权。因为其只进行初审，故递交申请后，如无不予授权的缺陷，一般六个月左右即可获得权利。而如果申请发明，六个月很可能才刚完成初审，实审往往还需要花费更长时间。

专利权的“生命”在于时间，其“生命”包括“法定生命”和“实际生命”。法定生命，是指专利权的法定保护期限，该期限从申请日而非授权日开始计算，审查的时间越长，授权后可行使权利的时间就越短。实际生命，是指专利权对应技术在市场具有竞争力的时间，“审查时间过长会缩短甚至使权利丧失实际生命”这一问题在计算机、信息技术等技术迭代较快的领域尤为凸显。

另外，与发明相比，实用新型还有一个不可忽视的优势：未授权的实用新型不会被公开。这在一定程度上保护了申请人的合法权益。与之相对的，公开是发明进行实审的前提。初审合格后，国家知识产权局会先将发明技术予以公开，随后再对其进行实审。在公开到授权这段时间，申请人并未成为专利权人，无法对实施其技术的其他主体提起侵权诉讼；只能等获得专利权后，再要求实施方支付一定的使用费用。同时，经过实审后，发明如若不符合授权条件，申请人无法获得任何权利，该技术即视为贡献给社会公众。这一制度的设置，既是为了更好地在专利权与公众利益间取得平衡，也是为了促使更多技术被公开给公众，促进技术进步。但从申请人的角度，如不希望承担“未获得专利权且技术被公开”的风险，那么申请实用新型可能是更好的选择。

上述只是简单分析了各专利类型的利弊，在做专利布局时，并无“申请某一类型更好，申请另一类型不行”这样的绝对答案，还需要根据技术实际情况和申请人需求综合判断。实践中，专利布局是一项长期、持续、多管齐下的工作，需要以“核心技术与外围技术结合申报”扩展权利宽度，以“多种类型共同进行”加大权利保障，以“不断进行技术更新、不断获得新的专利权”延长权利生命。

云南白药集团的专利布局即充分考虑了上述方案。从申请数量和类型上来看，截至目前，其共申请发明124项，实用新型37项，外观设计223项。从专利覆盖技术种类上来看，其专利布局情况也符合云南白药集团生产产品的性质。集团核心产品主要为药品组合物，根据《专利法》的规定，这类技术只能申请发明。同时，云南白药集团将以药品组合物等为核心制备的有实际结构的产品（如眼罩），及药品加工、制备过程中用到的装置等，辅以申报了实用新型。既节省了申报成本，也降低了申报难度。另外，在经营中，云南白药集团产生了大量包装盒、包装瓶、标贴等，这部分技术被申报为外观设计进行保护。从时间上来看，云南白药集团第一件专利申请于公司成立之初，1996年5月，用于保护集团最核心产品——云南白药气雾剂及其制备方法。自此以后，保持持续申报状态，最近一件专利的申请日为2020年4月。

确定专利布局的基本方案后，我们接着讨论第三个问题，能获得多大的权利？即授权文本中权利要求的保护范围有多大？这一问题是专利确权阶段的重点。在专利使用中，权利人能够行使多大的权利，很大程度上取决于专利文本的撰写质量。因此，撰写专利时，权利要求的布局非常重要，撰写人往往也倾向于以获得更大保护范围的方式进行撰写。

例如，如前文所述，云南白药可能能够作为组分，应用在包括喷雾、牙膏、创可贴等诸多产品上。如果云南白药集团研发了一款含有云南白药的牙膏，希望申请专利。在撰写时，若只要求保护该具体配方的牙膏，则能够获得的权利较小。第三方对该配方稍做调整，就很容易规避云南白药牙膏的专利权保护范围，从而可能在不侵权的情况下生产类似产品。如果在撰写专利时，撰写人并不在独立权利要求中详细记载具体的配方、参数等，只记载云南白药在牙膏及相关口腔用品中的应用，则要求的保护范围非常大。如果该保护范围获得权利，第三方无论如何调整配方，只要其生产、许诺销售、销售的牙膏及相关口腔用品中含有云南白药，就很可能侵犯了云南白药集团的该专利权。

我们以云南白药集团申请的云南白药应用专利为例，讨论其申请专利时的具体做法。申请号：200610010777.1，申请日：2006 年 3 月 24 日，专利名称：云南白药的新应用。根据递交的申请文本“CN101040829A”，权利要求布局如下：

“1. 本发明涉及云南白药在牙齿清洁用品中的应用。

2. 本发明涉及云南白药在口腔保健用品中的应用。

3. 本发明涉及云南白药在牙膏中的应用。

4. 本发明涉及云南白药在漱口剂中的应用。

5. 本发明涉及云南白药在牙粉中的应用。

6. 本发明涉及云南白药在口腔喷雾剂中的应用。

7. 本发明涉及云南白药在口腔贴膜剂中的应用。

8. 本发明涉及云南白药在口腔软膏剂中的应用。

9. 如权利要求 1 ~ 8 所述的云南白药的应用，其特征在于：所述有效成分云南白药活性成分在用品中的加入量为重量百分比 0.1% ~ 4.0% 。”

这套权利要求中，除权利要求 9 以外，其余权利要求全部为概括性的应用，并未涉及具体配方，也未涉及详细参数，更没有记载明确的制备方法。如果这套权利要求获得授权，那么，在未获得许可的情况下，其他市场主体出于商业用途将云南白药用于牙齿清洁用品、口腔保健用品、牙膏等产品上，无论具体使用中的配方、制备工艺如何，都很可能会侵犯云南白药集团的专利权。

虽然撰写人出于尽量扩大保护范围的目的，递交了上述权利要求，但审查时，并非任何撰写都能得到审查员的认可和支持，都能获得授权的。能否获得授权，关键在于权利要求对应的技术方案是否符合授权条件。经过审查，审查员找到多篇现有技术，分别公开了云南白药在口腔溃疡、口腔清洁、口腔用中药膜剂、牙膏等中的应用。其中，关于云南白药在牙膏中应用的现有技术，甚至来自云南白药集团自身的产品公开。专利申请于2006年，但2005年已有云南白药牙膏上市。这一公开破坏了上述部分权利要求的新颖性和全部权利要求的创造性，直接导致云南白药集团获得最大保护范围的希望落空。再次证明了“专利先行”的重要性。通过和审查员的沟通及修改权利要求，最终获得授权的权利要求如下：

“1. 一种云南白药活性成分，其特征在于由以下方法制备：经筛选取合格品原料云南白药1~3kg，水洗、烘干、粉碎成一定的粒度，5~10倍量50%~95%乙醇提取，温度30~70℃，提取1~2小时，同上条件再重复提取2次，合并提取液，用三效减压浓缩器在60~80℃条件下减压浓缩，至浓缩液相对密度达1.0~1.3，以大孔吸附树脂为吸附剂，进行柱层析，先用水洗脱，去掉水溶性杂质，用50%~90%乙醇洗脱有效成分，以脱色大孔吸附树脂，进行脱色，脱色后有效成分溶液，用三效减压浓缩器在上述相同条件下进行浓缩，至浓缩液相对密度达1.0~1.3，在一定的温度和压力下喷雾干燥，即得有效活性成分的干燥粉末。

2. 权利要求1所述的云南白药活性成分在牙齿清洁用品中的应用。

3. 权利要求1所述的云南白药活性成分在口腔保健用品中的应用。

4. 权利要求1所述的云南白药活性成分在牙膏中的应用。

5. 权利要求1所述的云南白药活性成分在漱口剂中的应用。

6. 权利要求1所述的云南白药活性成分在牙粉中的应用。

7. 权利要求1所述的云南白药活性成分在口腔喷雾剂中的应用。

8. 权利要求1所述的云南白药活性成分在口腔贴膜剂中的应用。

9. 权利要求1所述的云南白药活性成分在口腔软膏剂中的应用。

10. 如权利要求2~9任意一项所述的云南白药活性成分的应用，其特征在于所述云南白药活性成分在用品中的加入量为重量百分比0.1%~4.0%。”

云南白药集团将说明书中记载的、将云南白药制备为活性成分的详细方法补入权利要求1中，构成新的独立权利要求1，使其具有创造性；其余权利要求也均引用了新的权利要求1。通过上述修改，虽然最终获得了相应的专利权，但该权利的保护范围较申请版本有了极大的缩减。这体现了国家在试图取得的专利权和公众利益的平衡上做的努力，也体现了专利先行、专利布局、专利检索等的重要性。当然，因为该发明为十余年前的专利，其撰写方式在今天看来还有很多可优化之处，并不建议直接将其作为参考模板。具体优化方式与本文无关，不进行展开。

云南白药集团的专利布局策略说明：随着科学技术的不断发展，及我国专利制度的不断完善，合理使用专利制度，做好专利布局，不仅可节省不必要的成本，还能有效提高企业核心竞争力，实现“用专利保护技术，用技术助力发展，用发展促进研发”的良性循环。后文将通过案例分别从专利确权和专利维权的角度，分享专利布局的实操方案。

作者：吴亦雨律师、专利代理师

合理的保护范围为专利转化打下坚实基础
——价值百万元的“小蘑菇”

与欧美国家相比，我国专利制度建设起步较晚，但我国的科学技术发展速度较快。因此，近年来，专利领域不断涌现出新技术领域、新技术类型的案例。2020年3月，北京知识产权法院审结的微生物专利侵权案件就属于知识产权领域新类型案例。该案为我国首例微生物专利侵权案件，引起了业内的广泛关注。但截至目前，这些讨论主要集中在维权问题上，而缺少对确权问题的讨论。维权建立在确权的基础上，如果权利本身无法确定，或确定后的权利不够稳定，或确定的权利保护范围不够合理，都会直接影响维权的过程和结果。本文即以该案为例，从确权的角度对微生物类型专利的权利要求布局方法进行分析和探讨，以期对类似案件的撰写和应用提供有益启示。

案情概要

专利基本情况：专利申请号“201310030601.2”，专利名称：“纯白色真姬菇菌株”，专利类型：发明。申请日：2013年1月25日，授权公告日：2015年7月22日。专利权人：上海丰科生物科技股份有限公司。涉案专利授权版本的权利要求：“1. 一种纯白色真姬菇菌株Finc-W-247，其保藏编号是CCTCC NO：M2012378。”

专利侵权纠纷案基本情况：原告（上海丰科生物科技股份有限公司）发现被告（天津绿圣蓬源农业科技开发有限公司、天津鸿滨禾盛农业技术开发有限公司）未经其许可生产、销售被诉侵权产品，侵犯其专利权。原告请求法院判令被告立即停止生产、销售被诉侵权产品，销毁库存的被诉侵权产品；两被告各向原告赔偿500万元，并赔偿原告为调查、制止侵权行为所支付的合理开支30万元。对此，被告辩称：被诉侵权产品未落入涉案专利的保护范围，故不应承担法律责任。本案争议焦点：被诉侵权产品是否落入涉案专利保护范围。

法院观点

法院认为，涉案专利要求保护特定保藏号的纯白色真姬菇，要判断被诉侵权产品是否落入涉案专利保护范围，形态学特征判断和分子生物学特征判断缺一不可，故委托鉴定机构分别对保藏中心保藏的食用菇和被诉侵权产品的 ITS rDNA 序列和特异性 975bpDNA 片段进行检测。鉴定机构鉴定并得出结论：涉案专利要求保护的食用菇和被诉侵权产品为同种菌株。法院对鉴定结果予以采信，判令两被告立即停止制作、销售专利产品的侵权行为，并判令两被告各赔偿原告损失 100 万元，并各赔偿原告为制止侵权行为所支付的合理开支 8 万余元。

律师分析

要讨论涉案专利权利要求的写法优劣及可能的改进方式，需要先了解如下关于权利要求的基础知识：

（1）专利文件一般包括 5 个部分，其中最重要的部分为权利要求书，其记载的内容直接限定了专利权人可以获得的保护范围大小，即所获得的权利大小。

（2）保护范围大小判断所依据的基本原则为“全面覆盖原则”。当某一被控侵权技术方案包括了该项权利要求的全部技术特征时，该技术方案落入权利要求的保护范围内。

（3）权利要求书可以包括多项权利要求，权利要求分为独立权利要求和从属权利要求。独立权利要求指从整体上反映发明或者实用新型的技术方案，记载解决技术问题的必要技术特征，其限定的保护范围为本项权利要求中直接记载的所有技术特征之和。从属权利要求直接或间接引用某项独立权利要求，是对引用的权利要求的进一步限定，其限定的保护范围不仅包括该项权利要求中记载的全部技术特征，还要同时包括其引用的权利要求的全部技术特征。因此，从属权利要求的保护范围小于独立权利要求的保护范围。

（4）当权利要求书限定的保护范围存在一定争议时，可以结合说明书记载的内容进行进一步判断。

（5）在我国，递交专利申请时，固定缴纳的官费中包括十条权利要求的审查费。如果权利要求项数超过十条，每条需付一百五十元的附加费。

结合上述基本知识来看涉案专利的权利要求书。首先，从权利要求项数上来看，其只设置了一项权利要求，并未将已缴纳费用内包括的 10 条权利要求项数用尽。而且，经查阅对应的申请文件发现，该专利递交的申请文件中也只有一项权利要求，并非在与审查员争辩过程中删除了部分权利要求。这样的撰写方式造成了一定的权利浪费。

当然，判断一套权利要求的优劣时，更重要的是看权利要求的质量而非数量。根据“全面覆盖原则”的判断标准来看这条权利要求的质量，可以发现，该权利要求所要求的保护范围很大。其只记载了保藏编号，即保护范围是该微生物本身。从这个角度来看，该权利要求为专利权人争取了足够大的保护范围，质量很高。

既然专利权人已经获得了涉案专利的专利权，根据《专利法》的相关规定，未经专利权人的许可擅自生产、许诺销售、销售该微生物显然是侵犯该项专利权的。被告销售的微生物为专利权中对应的微生物，似乎可以简单、明确地判定被告侵权。

但本案的难点和争议焦点在于：如何判断被诉侵权的产品是否落入涉案专利的专利权保护范围内。即如何确定被告销售的微生物就是专利权中对应的微生物。从专利撰写（确权）的角度来看，权利要求划定的保护范围很大，但这个保护范围的边界并不清晰。

对于普通专利而言，保护范围的边界相对好判断。如一个纸巾盒的权利要求，授权文本为：“1. 一种纸巾盒，其特征在于：包括盒子本体，所述盒子本体上设有抽取口，所述盒子本体内设有容纳腔，所述抽取口与所述容纳腔连通。”那么，该权利要求的保护范围为：盒子 + 抽取口 + 容纳腔 + 抽取口与容纳腔连通。只要被诉侵权技术方案同时包括上述技术特征，就落入该权利要求限定的保护范围内；无论是否新增了其他特征，也无论新增加了多少其他特征，只要同时包括上述 4 个特征，就侵犯了上述纸巾盒的专利权。

但与普通产品不同的是，微生物是一种生物，具有自身的特殊性，当其作为专利权的保护范围进行限定时，就较难通过上述多个技术特征叠加的方式进行判断。

这主要因为，单从形态学特征来看，无法直观、客观判断两个微生物是否就是同一种微生物。涉案专利的微生物是一种食用菇，虽然在申请专利时，专利权人按相关规定在保藏中心对其做了菌种保藏，在诉讼中也购买了被诉侵权产品，以便进行比对。单从形态学分析，即使两者的菌盖、菌褶、菌柄颜色、形状排列等形貌特征都高度近似，但因为真姬菇同属的蘑菇形态都基本相同，单纯根据肉眼可见的形态显然不足以判断被诉侵权的蘑菇是否就是涉案专利中要求保护的蘑菇。

北京知识产权法院在审理本案时也注意到这一问题，“涉案专利要求保护特定保藏号的纯白色真姬菇，要判断被诉侵权产品是否落入涉案专利保护范围，形态学特征判断和分子生物学特征判断缺一不可”。

因此，涉案微生物不可能通过简单外观比对即明确保护范围，还需要结合分子生物学特征进行判断。但即使结合分子生物学特征，也依然存在判断难点。因为微生物在保藏过程中处于存活状态，存在基因突变的可能性。即使是同一种微生物，保藏中心保藏的菌株与实际使用中的菌株对应的基因序列也可能不完全一致。而目前业内也并未就“基因序列相似度达到百分之多少时，可以判断两个微生物属于同一种微生物”这一问题达成共识。

为解决上述问题，法院委托鉴定机构分别对保藏中心保藏的专利食用菇和被诉侵权产品的ITS rDNA序列和特异性975bpDNA片段进行检测。鉴定机构检测结果为：两者ITS rDNA序列相似度为99.9%，特异性975bpDNA片段完全相同，且形态特征基本相同。据此得出鉴定结论：涉案专利要求保护的食用菇和被诉侵权产品为同种菌株。法院对鉴定结果予以采信。

被告针对上述结论辩称：（1）专利权的保护范围应以其权利要求的内容为准，应采取全基因测序而非只检测特定基因片段，否则扩大了保护范围。（2）鉴定机构采取的鉴定方法为涉案专利实施例中的方法，不一定准确。

针对上述质疑，法院认为：（1）鉴定方法选用准确。（2）在被告未提出相反证据否认涉案专利真实性的情况下，应当认可涉案专利记载内容的真实性和准确性。最终，本案法院判定被告侵犯了原告的专利权。

根据法院的审理过程及被告的争辩，至少可以得出如下结论：（1）判定权利要求的质量，不单要看其字面要求多大的保护范围，还需要看要求的保护范围能否确定边界。（2）针对微生物这类较难确定保护范围边界的专利，权利要求的撰写显得尤为重要。

虽然原告胜诉，但笔者认为，涉案专利的权利要求撰写还存在一定的优化空间。不同的权利要求写法，可能对应维权中不同的取证方法，也对应不同的诉讼和答辩思路。例如，涉案专利在撰写时只从保藏编号这一个角度对微生物进行了保护，从而为被告留下了“专利权的保护范围应以其权利要求的内容为准，只检测特定基因片段扩大了保护范围”这样的争辩空间，增大了胜诉的难度。

如果能在撰写时考虑到微生物的特殊性，并预设多项不同的独立权利要求，从多种不同角度分别对微生物进行保护，则有望在专利确权时为专利权人争取到更合理的保护范围。

笔者在专利撰写实践中，多次遇到类似案例。考虑到微生物“难以直接从形态学特征进行鉴定”“保藏中可能发生基因突变”等特殊性，为能在确权阶段帮助申请人获得更为合理、更利于维权的保护范围，在撰写时，笔者对权利要求的布局思路为：分别从保藏编号和特异性基因片段等角度设置多项独立权利要求，必要时，还会增加形态学特征的独立权利要求，以期分别对微生物进行多重、单独保护。

例如，一株芽孢杆菌的独立权利要求写法为：

“1. 一株芽孢杆菌，其特征在于：于××××年××月××日保存在中国微生物菌种保藏管理委员会普通微生物中心，保藏编号：×××。

2. 一株芽孢杆菌，其特征在于：其特异性基因片段×××测序结果如 SEQ ID NO. 1 所示。”

权利要求 1 和 2 之间没有引用关系，分别为独立权利要求，权利要求 1 从生物保藏的角度保护微生物，权利要求 2 从特异性基因片段的角度保护微生物。如果权利要求 1 限定的保藏中心保藏的微生物发生了基因突变，而且该突变甚至导致特异性基因片段也发生了一定的改变，那么专利权人也可以根据权利要求 2 限定的特异性基因来确定保护范围。这也在一定程度上避免了被告在本案中辩称的“权利要求未从特定基因片段的角度进行限定，因此只检测特定基因片段扩大了保护范围”的情况。

同时，将权利要求 1、要求 2 均设置为独立权利要求，而非将其中一项权利要求设置为另一项权利要求的从属权利要求的做法，也一定程度上扩大了专利权人可以获得的保护范围。

如果两项权利要求间存在引用关系，根据前文所述，从属权利要求的保护范围由其本身的全部技术特征和引用权利要求的全部技术特征共同限定。这种写法不仅保护范围会小于独立权利要求，更重要的是，从属权利要求限定的保护范围是“既必须与保藏中心保藏的微生物是同一种微生物，又必须具有特异性基因片段”。这不仅增大了证明难度，而且如果保藏中心保藏的微生物发生了较大的基因突变，则可能无法很好地保障权利人的合法权益。

但上述写法并非总是能得到审查员的认可与支持。在实践中，有时审查员可能提出如下质疑：权利要求 1、2 的保护范围实质是否相同；两者是否属于对同一微生物的重复限定和保护。因此，上述写法不符合《专利法》第 64 条第 4 款中有关权利要求应当简要的规定。

针对上述质疑，笔者有不同的看法。笔者认为，权利要求 1、2 看似限定的都是微生物本身，但实际上两者在《专利法》意义上的保护范围仍然存在一定差异，不属于保护范围重复的权利要求。

首先，从专利确权的角度。权利要求 1 限定的保护范围是保藏中心保藏的特定芽孢杆菌；权利要求 2 限定的保护范围则是具有特异性基因片段的芽孢杆菌。两者有法律上的区别，甚至权利要求 2 的保护范围要略大于权利要求 1 的。这是因为，权利要求 1 实际保护的是保藏在保藏中心内的特定微生物。在判断侵权微生物时，很可能不仅要求特异性基因片段相同或高度近似，还要求非特异性基因片段相同或高度近似。这也是前文提到的“蘑菇维权案”中法院和鉴定机构的实际要求和做法。与之相对的，权利要求 2 限定的是具有特异性基因片段的这一类芽孢杆菌。在判断侵权微生物时，就很明确地可以只要求特异性基因片段相同或高度近似即可，对非特异性基因片段没有要求。当然，权利要求 2 的写法可能存在得不到说明书支持的问题，如何克服这一可能的缺陷及如何在答复时同审查员沟通以获得对应权利要求的授权，与本文讨论无关，在此不进行展开。

其次，从专利维权中取证方法和证明难度来说，根据权利要求 1 限定的保护范围，取证时需要从保藏中心调取微生物。但微生物在保藏过程中，不仅存在基因突变的可能性，还存在被污染或者失活等可能性，导致取证时难以从保藏中心直接获得有效证据，或获得的证据（菌株）与申请人实际要求保护的菌株间存在较大差异。而独立权利要求 2 从基因信息的角度对保护范围进行了限定，在取证时可以直接采取基因测序等手段。这样的设置，一方面，可以在一定程度上避免保藏的菌株因发生意外情况导致取证失败或取证结果对专利权人不利；另一方面，也可以形成多个相对独立的证据，相互补充、相互支持。

因此，从确权和维权两个角度来说，分别从微生物保藏和特异基因序列角度撰写的两项独立权利要求是保护范围不同的，不违反《专利法》第9条关于重复授权的规定，也不违反《专利法》第26条关于权利要求应该简要的规定。

在实践中，笔者与多位审查员就上述问题进行过多次讨论，审查员们一般会接受上述观点，并最终对多项独立权利要求并存的专利文本予以授权。

律师建议

1. 根据需要合理合规地设置多项权利要求

多项独立权利要求与从属权利要求相结合的布局方式，不仅可以帮助专利权人争取更合理的保护范围，也为确权过程中可能发生的修改留下更充足的空间。同时，已缴纳的申请费和审查费中，包括10项权利要求的费用，合理的权利要求布局还可以尽可能地将费用内的权利用尽。

2. 重视独立权利要求的设置与布局

微生物专利涉及活体，需要考虑“难以直接从形态学特征进行鉴定”“保藏中可能发生基因突变”等特殊性，设置多项独立权利要求，分别从不同角度保护微生物，则有可能获得更合理的保护范围。

3. 重视说明书对权利要求的支持

更大保护范围的权利要求需要内容更翔实的说明书对其进行支撑。设置了多项权利要求时，应注意在说明书中须对每项权利要求均进行充分的解释说明。

结　语

无论在确权方面还是维权方面，微生物领域的专利都属于国内较新的类型。业内并未就“何种撰写方式的专利文本可为后续维权打下更好的基础”这一问题达成共识，不同的专利代理师根据自身的专业知识、实践经验、撰写习惯等会形成不同的文本。笔者在本书中只是就部分优化的撰写方式作讨论，希望对类似案件的撰写、应用提供有益启示。

作者：吴亦雨律师、专利代理师

专利中开放式写法和封闭式写法的选择

——一字之差带来的权利差异

根据《专利法》及相关规定，动物和植物是有生命的物体，不属于《专利法》保护的客体，不能被授予专利权。但细菌、真菌、病毒等微生物在满足一定条件的情况下，可以获得专利权的保护。但其专利的确权和维权都相对常规技术领域更复杂。在微生物的范畴内，病毒属于尤为特殊的种类。与大部分微生物都有完整的细胞结构所不同的是，病毒不具有细胞结构，一般由核酸（DNA 或 RNA）与蛋白质构成，特殊的病毒甚至只由蛋白质构成（如朊病毒），其遗传物质容易发生突变。因此，病毒类专利的撰写方式与普通微生物专利又有所不同。针对这类专利，权利要求中能否使用类似开放式写法以获得更大的保护范围，在业内尚未达成共识。本文中，笔者将以病毒突变体专利的确权过程为例，对这一问题进行讨论。

案情概要

专利基本信息：专利申请号“201810913521.4”，专利名称：“一种提高 H7N9 亚型禽流感疫苗毒株增殖滴度的方法”，专利类型：发明。授权公告日：2020 年 8 月 28 日。

专利核心技术方案：提供一种 H7N9 亚型禽流感病毒 HA 基因突变体，该突变体为 H7Re1 疫苗毒株 HA 基因序列的第 56 位氨基酸由异亮氨酸突变为丙氨酸。

申请文本权利要求 1：“一种 H7N9 亚型禽流感病毒 HA 基因突变体，其特征在于，所述 H7N9 亚型禽流感病毒 HA 基因突变体为 H7Re1 疫苗毒株 HA 基因序列的第 56 位氨基酸由异亮氨酸突变为丙氨酸。”

对此，国家知识产权局的审查员认为，申请文本的权利要求 1 请求保护一种基因突变体。其中涉及的“H7Re1 疫苗毒株 HA”的基因序列并非本领域公知的，因此并不清楚限定的基因突变体的结构特征，从而导致权利要求1不清楚，不符合《专利法》第26条第4款的规定。建议将H7Re1疫苗毒株HA的基因序列登录号补入权利要求中。

针对审查员上述意见，申请人将权利要求1修改为："一种H7N9亚型禽流感病毒HA基因突变体，其特征在于，所述H7N9亚型禽流感病毒HA基因突变体为H7Re1疫苗毒株HA基因序列的第56位氨基酸由异亮氨酸突变为丙氨酸；所述H7Re1疫苗毒株HA基因序列的GenBank登录号为CY147172。"国家知识产权局对修改后的专利文件予以授权。

律师分析

病毒虽然往往以相对负面的形象出现在人们的视野中，但如果使用得当，也具有积极价值。例如，在医药领域，可对病毒进行一些特殊处理，将其制备为疫苗或生物医药载体等，以发挥疾病防治或靶向运输等作用。当将病毒这样可自主进行特定活动的生命体作为专利权的保护客体时，专利的撰写方式会与普通的化学组合物或机械结构等类型的撰写方式大不相同。

而专利文件中，权利要求书是最重要的部分之一，其作为专利的核心，直接限定了权利的大小。根据《专利审查指南（2010）》的记载，组合物专利的权利要求分为开放式和封闭式两种写法。

封闭式写法指限定组合物中只包括记载的组分，排除其他未记载的组分。例如，"一种药物微丸，其特征在于：该药物微丸是由下述重量份的原料制成：金刚藤干浸膏45~150份、微晶纤维素50~90份、交联聚维酮5~15份。"该写法属于封闭式写法，根据"全面覆盖原则"，当一种药物微丸由且只由45~150份金刚藤干浸膏、50~90份微晶纤维素和5~15份交联聚维酮组成时，才落入该权利要求的保护范围内；如果还包括其他物质，如包括10份的水，则不落入上述保护范围内。当然，此处所称"不落入上述保护范围"是相对极端的说法，只是为了帮助读者快速理解封闭式写法的含义及对应的保护范围。在实践中，可能还会出现"等同侵权"等情况，从而最终判定"是否落入上述保护范围"，在此不进行展开。

与封闭式写法相对的，开放式写法指组合物中不排除其他未记载的组分。例如，"一种药物微丸，其特征在于：该药物微丸包括下述重量份的原料：金刚藤干浸膏 45～150 份、微晶纤维素 50～90 份、交联聚维酮 5～15 份。”在这种写法下，只要药物微丸包括 45～150 份金刚藤干浸膏、50～90 份微晶纤维素和 5～15 份交联聚维酮，无论是否还包括其他物质，都落入该权利要求的保护范围内。需要说明的是，此处的“都落入该权利要求的保护范围内”也是为了帮助读者快速理解而给出的相对极端说法。根据上述举例可以明显看出，在其他条件相同的情况下，开放式写法的权利要求所能获得的保护范围远远大于封闭式写法。

虽然原文只记载了开放式写法和封闭式写法在组合物发明中的应用，但审查指南作为专利撰写和审查的参考文件，对其他类型的专利也具有重要借鉴意义。例如，本文所讨论的病毒类发明，虽然可能不会在文字上直接使用“包括”“仅由……组成”这样常用于区分开放式和封闭式写法的术语，但在实践中，会出现分属于开放式和封闭式的情况。这是因为，申请专利时所使用的病毒并非天然病毒，而是进行了一定突变等处理后的病毒。针对突变后的病毒，在权利要求中限定为“只包括这些突变”，还是限定为“至少包括这些突变”，所能获得的保护范围具有天壤之别。

下面以本文所述专利文件进行开放式和封闭式写法分析。需要说明的是，下述分析只是根据公开的专利文本进行的，在实践中，可能出现其他情况，从而做出与下述分析结果不同的判定。

先看授权文本的权利要求：“1. 一种 H7N9 亚型禽流感病毒 HA 基因突变体，其特征在于，所述 H7N9 亚型禽流感病毒 HA 基因突变体为 H7Re1 疫苗毒株 HA 基因序列的第 56 位氨基酸由异亮氨酸突变为丙氨酸；所述 H7Re1 疫苗毒株 HA 基因序列的 GenBank 登录号为 CY147172。”

虽然原文没有明确记载该禽流感病毒突变体只发生 56 号位点的突变，但该权利要求写道：该突变体为 H7Re1 的 HA 基因序列发生 56 号位突变后获得的；并记载了 HA 基因序列的登录号。即权利要求 1 所要求保护的禽流感突变体的基因序列是完全确定的，是在具体的 HA 基因序列上发生特定的 56 号位点突变后获得的。这种记载方式类似于审查指南所规定的封闭式写法，其限定的保护范围为确定的基因序列对应的病毒突变体。

这种情况下，可以在说明书中提供将 56 号基因进行相应突变后的 HA 基因序列，记为序列 1，并将权利要求 1 改写为：“一种 H7N9 亚型禽流感病毒 HA 基因突变体，其特征在于，所述 H7N9 亚型禽流感病毒 HA 基因突变体的基因序列如序列 1 所示。”上述两种写法不同的权利要求的保护范围实质相同。经过改写，就可以更加清晰地看出该权利要求实际上限定的保护范围。

在应用中，当需要判断被诉侵权产品（病毒）是否落入上述权利要求限定的保护范围时，可直接对被诉侵权病毒进行基因测序，随后与序列 1 进行比对即可。如果被诉侵权病毒的基因序列与权利要求 1 记载的基因序列完全相同，则可以轻松地作出侵权的判断。但如果被诉侵权病毒的基因序列中，56 号位发生了权利要求 1 记载的突变，而其余基因序列并非与序列 1 完全相同，只是相似度很高，这时就需要判断是否构成“等同侵权”。

我们先了解“等同侵权”的概念。根据《最高人民法院关于审理侵犯专利权纠纷案件应用法律若干问题的解释》第 7 条第 4 款之规定，被诉侵权技术方案包含与权利要求记载的全部技术特征相同或等同的技术特征的，人民法院应当认定其落入专利权的保护范围。一般而言，等同技术特征是指以与所记载的技术特征基本相同的手段，实现基本相同的功能，达到基本相同的效果，并且本领域技术人员无须经过创造性劳动即可想到的特征。判断“是否属于等同技术特征”存在一定的主观性，往往是司法实践中的判定难点。

而具体到病毒上，因为病毒在正常生存、复制过程中存在一定的遗传物质突变的可能性，而业内并未就“微生物的遗传物质相似度达到百分之多少可以视为相同微生物”这一问题达成共识。因此，存在这样的可能性：被诉侵权产品实际就是专利权保护的病毒，但在使用过程中，病毒发生了一定程度的遗传物质变异，导致难以甚至无法判断被诉侵权产品是否与受保护的病毒为同一病毒，从而难以判定是否属于“等同侵权”，最终使得专利权人的合法权益无法受到保护。

申请文件版本的权利要求 1：“一种 H7N9 亚型禽流感病毒 HA 基因突变体，其特征在于，所述 H7N9 亚型禽流感病毒 HA 基因突变体为 H7Re1 疫苗毒株 HA 基因序列的第 56 位氨基酸由异亮氨酸突变为丙氨酸。”该权利要求虽然也限定了特定的突变位点及突变方式，但并未限定 H7Re1 疫苗毒株 HA 的基因序列。在这种写法下，凡是进行了 56 位特定突变的 H7Re1 疫苗毒株 HA，都落入该保护范围内，包括了 H7Re1 疫苗毒株 HA 发生其他自然突变的可能。与授权版本相比，该版本下专利权人实际能获得的保护范围更大。

当然，正如本案递交后受到质疑一样，这样保护范围较大的权利要求往往很难获得审查员的认可。但这也并非绝对。例如，一项于2020年6月23日获得授权的专利，申请号为202010203073.6，发明名称为“mVSV病毒载体及其病毒载体疫苗、一种基于mVSV介导的新冠肺炎疫苗”。其权利要求1要求保护一种病毒载体：“mVSV病毒载体，其特征在于：所述mVSV病毒载体包括mVSV病毒，所述mVSV病毒是水泡性口炎病毒印第安纳株的基质蛋白M的氨基酸发生突变后得到的病毒，所述突变发生在基质蛋白M第51位甲硫氨酸突变为苯丙氨酸、第110位苯丙氨酸突变为丙氨酸和第225位异亮氨酸突变为亮氨酸。”该权利要求中并未限定水泡性口炎病毒印第安纳株的基因序列，也未限定基质蛋白M的氨基酸序列，且未明确记载只发生51位、110位和225位的特定突变。这一写法类似于审查指南规定的开放式写法。在这种写法下，凡是利用在mVSV病毒的基质蛋白M上发生了51位、110位和225位特定突变后获得的病毒制作的病毒载体，均有可能落入上述权利要求的保护范围内。如果在应用中，病毒发生了一定的遗传物质变异，只要该变异不影响51位、110位和225位发生的特定突变，则也应当判定病毒落入上述保护范围内。

如果我们参照封闭式写法对该权利要求进行修改，可以改为：“1. mVSV病毒载体，其特征在于：所述mVSV病毒载体包括mVSV病毒；所述mVSV病毒是水泡性口炎病毒印第安纳株的基质蛋白M的氨基酸发生突变后得到的病毒，所述水泡性口炎病毒印第安纳株的基因序列如序列1所示，所述基质蛋白M的氨基酸序列如序列2所示；所述突变只发生在基质蛋白M第51位甲硫氨酸突变为苯丙氨酸、第110位苯丙氨酸突变为丙氨酸和第225位异亮氨酸突变为亮氨酸。”改写后，该权利要求限定的保护范围实际也为一个特定的序列。我们也可以在说明书中直接提供该特定序列，并记为序列3，从而进一步将上述权利要求改写为：“1. mVSV病毒载体，其特征在于：所述mVSV病毒载体包括mVSV病毒，所述mVSV病毒的基因序列如序列3所示。”

经过上述修改，该权利要求与本文讨论案例的权利要求简化后的写法相同，权利要求限定的保护范围也可以参照前文的分析。即较难保护到“使用过程中，病毒的遗传物质发生一定程度的改变”的情况，即使这些改变很小，且不会影响发明目的的实现。

为了获得更合理的保护范围并综合考虑发明人实际做出的贡献，以及病毒这一特殊微生物的实际情况，在撰写时笔者往往倾向于参照开放式写法撰写权利要求。

当然，正如前文所述，在实践中，并非任意写一个保护范围很大的权利要求都能获得授权。如果权利要求体现的是发明人希望获得的权利大小，那么说明书体现的就是发明人实际做出的贡献大小。获得的权利应当与做出的贡献相匹配，这在专利上的专业用语为：权利要求书需要得到说明书的支持。

病毒类专利中，说明书的撰写方式及如何使权利要求书获得说明书的支持，与常规技术领域的专利也有较大不同。这一问题并非本文讨论重点，在此不进行展开，后文再详细讨论。

律师建议

撰写专利申请文件时，倾向于使用开放式写法撰写权利要求。这样做至少有如下好处：

（1）可以争取更合理的保护范围，为后续的专利应用奠定坚实基础。例如，本文提到的申请号为 202010203073.6 的案例，如果按照封闭式写法进行撰写，权利要求中限定只进行特定突变，那么，后续有其他市场主体意图仿制该疫苗时，就较易实现专利权规避。仿制方可以在记载的特定突变基础上，任意进行一个或多个无优化作用但对实现目的也无明显副作用的无意义突变，从而绕开专利权的保护范围，但其实质仍然是使用的专利权人的专利技术。这就造成专利权人维权困难甚至无法维权。而如果采用开放式写法，仿制方想要规避专利权的难度就会激增，侵权成本增加，专利权人的维权难度降低。

（2）即使审查员质疑该保护范围不合理，也可以为权利要求的修改留下一定的空间。实践中，申请文本完全不修改就直接获得授权的情况非常少，审查员可能会找出一些不符合授权条件的缺陷要求回答和修改。例如，本文提到的申请号为 201810913521.4 的案例，审查员认为申请文本的保护范围太大，申请人据此对保护范围做了相应调整以获得授权。如果申请文本已经将保护范围限缩得很小，改无可改，审查员就可能进一步审查并提出一些更难回答和修改的问题，甚至可能影响专利的确权。

结　语

截至目前，国内尚未出现已结案的病毒类专利侵权案例，暂时无法从维权的角度进一步验证和探讨何种撰写方式更适合。但确权是维权的基础，一份撰写质量高的授权专利能更好地帮助权利人维护自身的合法权益。笔者希望本文能从确权的角度对这类专利的权利要求撰写方式提供一些参考，并引发读者进一步的思考。

作者：吴亦雨律师、专利代理师

病毒类专利如何撰写说明书以支撑权利要求？
——保护范围过大的权利要求难以获得授权

在之前的病毒案例中，我们分析了病毒类专利中权利要求的写法，并具体讨论了分别使用开放式写法和封闭式写法撰写权利要求时，可能获得的权利差异。虽然开放式的权利要求能够获得更大的保护范围，但相应地，也要求说明书中公开更多的内容对其提供支持。由于微生物专利的特殊性，说明书的撰写也与组合物专利的撰写不太相同。按普通专利的说明书撰写方式撰写这类专利，有可能根本无法进行，或者提供的内容无法有力支持权利要求。本文中，笔者将继续以前文中的病毒突变体专利的确权过程为例，对这一问题进行讨论。

案情概要

专利基本信息：专利申请号：201810913521.4，专利名称：一种提高 H7N9 亚型禽流感疫苗毒株增殖滴度的方法，专利类型：发明。授权公告日：2020 年 8 月 28 日。

专利核心技术方案：提供一种 H7N9 亚型禽流感病毒 HA 基因突变体，该突变体为 H7 Re1 疫苗毒株 HA 基因序列的第 56 位氨基酸由异亮氨酸突变为丙氨酸。

申请人于 2018 年 8 月 13 日递交的申请文本中，权利要求 1 记载的技术方案为："一种 H7N9 亚型禽流感病毒 HA 基因突变体，其特征在于，所述 H7N9 亚型禽流感病毒 HA 基因突变体为 H7Re1 疫苗毒株 HA 基因序列的第 56 位氨基酸由异亮氨酸突变为丙氨酸。"

申请文本的权利要求 1 请求保护一种基因突变体。国家知识产权局的审查员经审理后认为，该申请所涉及的"H7Re1 疫苗毒株 HA"的基因序列并非本领域公知的，因此并不清楚限定的基因突变体的结构特征，从而导致权利要求 1 不清楚，不符合《专利法》第 26 条第 4 款的规定。建议将 H7Re1 疫苗毒株 HA 的基因序列登录号补入权利要求中。

申请人收到上述审查意见后，将权利要求 1 修改为："一种 H7N9 亚型禽流感病毒 HA 基因突变体，其特征在于，所述 H7N9 亚型禽流感病毒 HA 基因突变体为 H7Re1 疫苗毒株 HA 基因序列的第 56 位氨基酸由异亮氨酸突变为丙氨酸；所述 H7Re1 疫苗毒株 HA 基因序列的 GenBank 登录号为 CY147172。"在申请人对权利要求做如上修改后，国家知识产权局对修改后的专利文件予以授权。

律师分析

前文已经提到，本案申请文件权利要求限定的保护范围大于授权文本的保护范围。但因为说明书中没有记载更多可支持申请文件版本权利要求的内容，为了获得授权，最终申请人（专利权人）对保护范围做出了让步。这也是申请人在申报本类专利时常常会遇到的问题：如何使权利要求获得说明书的支持，如何通过说明书的合理撰写，获得更大的保护范围。

《专利审查指南（2010）》规定："在使用开放式或者封闭式表达方式时，必须要得到说明书的支持。例如，权利要求的组合物 A + B + C，如果说明书中实际上没有描述除此之外的组分，则不能使用开放式权利要求。"即如果说明书体现的贡献小于权利要求希望获得的权利，这种情况下要求的权利要求就难以获得支持。当然，撰写中还会出现说明书中公开的贡献大于权利要求希望获得的权利的情况，此处不进行展开讨论。

以前文中提到的药物微丸为例。如果药物微丸采取开放式写法，权利要求中记载该药物包括金刚藤干浸膏、微晶纤维素、交联聚维酮三种组分，希望获得"当包括上述三种物质以外的其他物质时，依然落入该权利要求的保护范围内"这样的保护范围，则需要在说明书给出对应的实例。例如，在说明书中记载如表 1 所示实例。

表 1　案例呈现

组别	金刚藤干浸膏	微晶纤维素	交联聚维酮	其他物质
实例 1	45 份	50 份	5 份	/
实例 2	45 份	50 份	5 份	物质 A 5 份

续表

组别	金刚藤干浸膏	微晶纤维素	交联聚维酮	其他物质
实例 3	45 份	50 份	5 份	物质 B 5 份
实例 4	45 份	50 份	5 份	物质 C 5 份

如果说明书中只提供了实例 1，并未提供实例 2 ~ 4，或者提供了实例 1 ~ 4，但实例 2 ~ 4 的效果无法实现发明目的，则不能在权利要求中使用开放式写法。即使使用了，审查员也不会予以认可，并要求修改为封闭式写法。

需要提供多少案例才算“支持权利要求”，审查指南中没有明文规定。但对于常见的组合物类发明，在特定领域内可以使用的物质类型有限。正常情况下，对每个类型的物质分别提供一个实例即可视为满足要求。例如，药物微丸的组成中，除有效成分外，往往还需要添加一些辅料，如溶剂、黏合剂、填充料、调味剂、防腐剂等。对上述各类型的辅料分别提供一种物质作为实例，一般就认为足以支持权利要求。

参照上述要求，如果想要获得病毒类专利的开放式权利要求，就应该在说明书记载除包括权利要求记载的突变外，还包括其他突变时的各种情况。但遗憾的是，病毒类专利中，病毒属于存活状态，其遗传物质会发生各种随机性突变，这些突变不仅无法穷举，甚至无法预期，难以像普通的组合物发明这样，将其他可能的情况进行分类、归纳，再分别举例。而且，虽然大部分突变都不会直接影响病毒的主要结构和核心功能，但不排除某些突变发生后，会导致编码的蛋白质结构发生巨变，从而导致功能发生改变，甚至出现无法实现发明目的的情况。

从这个角度来看，病毒类专利的说明书很难提供足够的支持，从而导致其难以获得开放式权利要求的保护。如本文讨论的案例，其说明书中只记载了特定基因序列的病毒发生特定突变这一种情况，并未记载更多实施例，无法证明在进行特定突变的基础上，该病毒再进行更多其他突变也可以实现发明目的。因此，审查员没有认可更大的保护范围，并要求申请人对权利要求进行修改。

笔者在实践中也遇到过这一问题。笔者按照开放式写法撰写权利要求并递交申请文件后，审查员认为，这种写法并未将权利要求的保护范围限定到某一具体序列上，病毒还可能突变为说明书提供的具体序列以外的其他序列，而氨基酸序列的微小变化都可能导致空间结构的巨变，进而导致功能发生改变，因此这种写法得不到说明书的支持，并要求将权利要求修改为确定的序列。

笔者对此有不同的看法。首先，以封闭式写法获得的病毒类专利权较易被规避。根据现行的专利制度，普通专利的全文都会被予以公开，专利权人的竞争对手能够轻松获得专利对应的全部技术方案。竞争对手在看到技术方案后，可能会为了规避侵权风险，在对病毒进行权利要求记载的突变基础上，再随意进行一些其他无正面效果但也无负面影响的突变，从而绕开专利权保护范围，但其实质上仍然使用的本发明的技术方案。这种情况在实践中非常容易出现，而要判定其是否落入封闭的权利要求保护范围或者主张“等同侵权”，都有一定难度。

另外，即使竞争对手不主动对病毒做出其他修改，病毒在复制中也存在遗传物质突变的可能，且 RNA 类病毒等的遗传物质结构比普通微生物的双链结构更不稳定，更容易发生突变。因此，即使直接使用专利权所保护的特定病毒，在实际使用中，其遗传物质序列与专利权记载的确定序列也很可能不完全一致。这也进一步增加了判定侵权的难度。

《专利法》的立法目的在于：一方面鼓励申请人公开更多的技术方案，做出更多的技术贡献，共享更多技术信息，以推动科技进步和社会发展；另一方面也帮助申请人在贡献范围内获得合理的权利（保护范围）。而申请人获得权利的前提在于：将要求保护的技术方案予以完整公开，即“公开换保护”。如果完全按照封闭式写法对权利要求进行修改，那么专利权人能够获得的保护范围将非常狭窄，在维权时几乎必然只能争取“等同侵权”，这极大地增加了维权难度，降低了发明人进行研发和申请专利的积极性，与《专利法》的立法初衷相悖。

虽然病毒类专利的权利要求也需要得到说明书支持，但笔者认为，不应直接套用组合物发明对“得到说明书支持”的要求，而应当考虑到病毒本身的特殊性。病毒的遗传物质可能发生的突变情况难以一概而论，更不可能穷举，如果简单要求像组合物发明这样，对可能的情况进行概括，再一一举例，并不符合病毒相关专利的实际情况。

参照审查指南第二部分第二章 3.2.1 “以说明书为依据” 部分的明确记载：“对于权利要求概括得是否恰当，审查员应当参照与之相关的现有技术进行判断。开拓性发明可以比改进性发明有更宽的概括范围。”根据这一规定，对病毒类专利的权利要求概括可以参照类似的已授权专利进行。

但为难的是，授权文本中，采用类似开放式写法的权利要求和采用类似封闭式写法的权利要求均存在。而且，采用开放式写法的权利要求对应的说明书，在写法上也并未形成相对统一的形式。例如，于2020年6月23日获得授权的专利，申请号为202010203073.6，发明名称为“mVSV病毒载体及其病毒载体疫苗、一种基于mVSV介导的新冠肺炎疫苗”。其权利要求1要求保护一种病毒载体，但并未限定具体的基因序列，也未明确记载只发生特定的基因突变，类似于开放式权利要求。该专利的说明书中，也并未对病毒可能具有其他突变的情况进行举例和详细记载，但依然获得了授权。该案授权与鼓励“新冠病毒”防治相关技术研发的大环境不无关系，但这种临时性的鼓励政策远远不足以解决整个病毒相关领域专利申请的普遍现实问题。

病毒类专利还属于较新的技术类型，代理实务和审查实务领域都尚未对“说明书中实施例公开到何种程度足以支撑开放式权利要求”这一问题达成统一观点。但根据已有案例及笔者在先的实践经验，如果说明书中完全不对其他突变进行举例说明，那么获得保护范围较大的权利要求的可能性偏低。与此同时，客观情况限制不可能对病毒的各类型突变进行穷举。因此，相对稳妥的做法是在权利要求记载的突变基础上，额外进行2~3个的其他突变试验，并详细记载在说明书中；以期证明在进行了要求的突变基础上，同时具有其他突变也能够实现发明目的。这样记载后，更容易获得审查员对开放式权利要求的支持。

更稳妥的做法是将已知的常见突变类型尽可能地在说明书中举例说明。一方面，可以增加对权利要求的支持程度，增加获得更大保护范围的可能性；另一方面，即使审查员依然要求修改权利要求，也为权利要求的修改预留了一定空间，至少可以保护到说明书记载的全部突变类型，而非只能直接修改为进行且只进行特定突变的情况。另外，尽可能例举已知的突变类型，还可以一定程度上降低他人在该专利基础上进行进一步研发后申请新的专利，并据此要求“交叉许可”的可能性。“交叉许可”不属于本文的讨论重点，在此不进行展开。

律师建议

权利要求中限定的保护范围应当与说明书中公开的内容相对应，要求过小的保护范围会造成权利损失，要求过大的保护范围则可能得不到说明书的支持。对于微生物类专利，要支持更大的保护范围，不能简单套用组合物发明的写法，而应当考虑到微生物的特殊性。建议在说明书中将已知的常见突变类型尽可能地进行举例说明。这样至少有如下好处：（1）增加获得审查员认可的可能性；（2）扩大权利要求的修改空间；（3）增加他人进一步研发并申请专利的难度，降低他人进一步研发后要求“交叉许可”的可能性。

作者：吴亦雨律师、专利代理师

预料不到的效果在答复“创造性”问题中的应用

——“以彼之矛，攻彼之盾”，巧用对比文件数据帮助“花椒油”专利授权

在获得专利权前，专利申请文件需要经历一系列的必经流程。与实用新型和外观设计所不同的是，发明专利在授权前需要先进行实质审查。实质审查中，一个重要的审查环节是审查发明专利是否符合《专利法》及相关规定所要求的创造性。而创造性问题，尤其是创造性问题中的实质性特点问题，是专利授权路上最大的“拦路虎”。很多发明也因为无法解决这一问题，导致最终被驳回。根据实际情况和专利代理师的经验，创造性问题有诸多不同的答复方法。笔者将在本文中分享其中一种方法——证明发明取得了预料不到的技术效果。

案情概要

专利基本信息：专利申请号：201210479141.7，专利名称：一种花椒籽油的提取方法，专利类型：发明。申请日：2012 年 11 月 22 日，授权公告日：2014 年 6 月 4 日。

专利核心技术方案：提供一种花椒籽油的提取方法。将花椒除杂、洗净、去壳、粉碎后，分散到水中，进行酶解；随后将酶解液反复冻融 5 ~ 8 次；再将酶解液与有机溶剂混合，抽滤、静置，将静置后的下层液减压蒸发，剩余液体即为花椒籽油。

申请文件与授权文件权利要求相同，具体如下：“1. 一种花椒籽油的提取方法，其特征在于：步骤包括：

a. 将鲜花椒去除杂质、洗净；

b. 洗净后的花椒去壳得到花椒籽，干燥至含水量≤10%；

c. 去壳干燥后的花椒籽经粉碎机粉碎成40~60目的花椒粉；

d. 将花椒粉均匀分散于20倍重量的蒸馏水中，调节pH至6.5~7.5，加入相当于花椒粉重量6%~10%的纤维素酶和中性蛋白酶；或者调节pH至9.0~10.0，加入相当于花椒粉重量6%~10%的纤维素酶和碱性蛋白酶；纤维素酶和蛋白酶按重量比1∶10添加；上述混合液在50~60℃下恒温酶解3~5小时；

e. 酶解液冷至-40℃，然后加热至40℃融化，如此反复冻融5~8次；

f. 冻融后的酶解液加入按体积比9∶1混合的正己烷和乙醇混合溶剂，搅拌抽滤，滤液在分液器中静置4~6h分层，将下层液减压蒸发蒸出残留溶剂即得花椒籽油。

2. 如权利要求1所述的花椒籽油的提取方法，其特征在于：所述的纤维素酶和蛋白酶先加入相当于其10倍质量的蒸馏水中，于50~60℃搅拌保温半小时。

3. 如权利要求1所述的花椒籽油的提取方法，其特征在于：所述的调节pH至6.5~7.5的调节剂为0.05mol/L的NaH_2PO_4和0.05mol/L的Na_2HPO_4混合而成的0.05mol/L磷酸盐缓冲液。

4. 如权利要求1所述的花椒籽油的提取方法，其特征在于：所述的调节pH至9.0~10.0的调节剂为加入碳酸钠溶液的0.05mol/L磷酸盐缓冲液。”

国家知识产权局审查员审理后认为：权利要求1请求保护一种花椒籽油的提取方法，对比文件1（吴珺婷等：《水相酶解结合溶剂萃取生产花椒籽油工艺研究》，载《食品与机械》第28卷第2期）公开了一种采用水相酶解及有机溶剂萃取工艺生产花椒籽油的方法。

对比文件1与权利要求1的区别技术特征在于：（1）两者的花椒粉碎目数、固液比略有不同，且权利要求1限定了纤维素酶和蛋白酶的重量比；（2）权利要求1限定了酶解液经反复冻融后再加入有机溶剂萃取，并限定了冻融参数和萃取的工艺参数。

对于区别特征（1），参数、用量的不同属于常规选择，且并未带来预料不到的技术效果。对于区别特征（2），对比文件1指出单纯的反复冻融无法完成油水分离，因此其采用有机溶剂从酶解液中提取油脂。在此基础上，本领域技术人员容易想到将反复冻融工艺与有机溶剂萃取联合使用。而冻融参数和萃取参数属于常规选择，并未带来预料不到的技术效果。综上，权利要求记载的技术方案不具备创造性，不符合授权要求。

专利代理师分析相关文件后发现，对比文件1公开了一种提高花椒籽油出油率的方法，但其花椒籽油出油率比申请文件的提取率低35%以上。同时，对比文件1为了提升出油率，不得不牺牲花椒油中所含有的大量不饱和脂肪酸。而使用本专利记载方法，花椒籽油的出油率和油中的不饱和脂肪酸含量均高于业内平均水平。这样的效果是本领域技术人员无法预期的，取得了预料不到的技术效果。因此，对应的技术方案应当被认定为具有创造性。

申请人按专利代理师的建议进行答复后，审查员接受了答复意见，并下发了办理登记手续通知书。申请人按期缴纳相关费用后，国家知识产权局对该专利公告授权。

律师分析

根据《专利审查指南（2010）》的规定，发明专利的创造性，是指与现有技术相比，该发明有突出的实质性特点和显著的进步。突出的实质性特点，是指对所属技术领域的技术人员来说，发明相对于现有技术是非显而易见的。显著的进步，是指发明与现有技术相比能够产生有益的技术效果。

根据上述概念可以看出，“显著的进步”的判断相对客观，也较容易满足，关键在于突出的实质性特点，或者说“非显而易见”性，其判断似乎具有一定的主观性，往往成为专利能否授权的争议焦点。

根据审查指南中的记载，如果发明取得了预料不到的技术效果，则发明必然具有突出的实质性特定和显著的进步，具备创造性。预料不到的技术效果，是指同现有技术相比，其技术效果产生“质”的变化，具有新的性能；或者产生“量”的变化，超出人们预期的想象。这种“质”或者“量”的变化，对所属技术领域的技术人员来说，事先无法预测或者推理出来。因此，对效果的讨论重点集中在该效果“事先是否可以预测或推理到”。下面结合案例进行具体分析。

针对本文讨论的案例的申请文件，审查员提供了一篇关于花椒籽油工艺研究的报告作为对比文件，并认为：（1）本发明与对比文件相比，差异在于制备参数略有不同；参数选择属于常规技术。（2）本发明采用的是反复冻融后加入溶剂萃取的工艺；而对比文件没有冻融，采取的是加入溶剂后在高速搅拌下萃取的工艺。同时，对比文件指出，单纯的反复冻融无法完成油水分离，所以其才采用有机溶剂结合高速搅拌技术以提取油脂。因此，在对比文件公开信息的基础上，本领域技术人员容易想到将反复冻融与有机溶剂萃取相结合的技术方案，且没有取得预料不到的技术效果。据此，审查员认为本发明没有创造性，不具有授权前景。

这样一份审查意见在发明专利评审中非常常见，相信有一定专利申报经验或从业经验的读者也时有遇到。审查员一般会引用一篇或多篇对比文件，认为申请文件与对比文件间相同或近似方法上的参数差异可以通过有限次试验获得，与对比文件不同的方法是容易想到的，或者是本领域的常规选择，且没有取得预料不到的技术效果，并据此认为申请文件的技术方案不具有创造性。

对于这类审查意见，突破口之一是"效果"。如果申请文件记载的技术方案非常明显地取得了预料不到的效果，如在文中的有益效果部分直接写出，并有明确分析，或者专利属于开拓式发明，显然就很容易答复，也很容易说服审查员。但问题在于，如果取得的预料不到的效果如此明显，往往审查员也能直观地看出并做出专利具有创造性的判断。真正需要斟酌、思考、与审查员进行反复沟通，以争取获得授权的，往往是预料不到的效果并不明显，无法直接从文中看出的申请文件。

之所以存在大量需要反复与审查员沟通以期获得授权的申请文件，其中一个原因是检索。很多申请文件在撰写前并未进行检索，或者即使检索，因检索人认知局限和检索工具的局限，客观上不可能存在完美的检索，导致审查员审查时引用的对比文件可能是撰写时撰写人并未检索到的文献。因此，根据对比文件重新确定的技术问题也很可能不是撰写时记载的主要想解决的技术问题，使得文件中直接记载的有益效果并不能很好地支撑申请文件的创造性。这类申请文件能否授权，一方面依赖于技术方案本身，另一方面也依赖于案件处理人是否有足够的专业知识和答复经验，能挖掘出申请文件与对比文件间的差异点和潜在的预料不到的效果。

回到上述案例。专利代理师通过仔细对比申请文件和对比文件后发现，两者主要差异集中于"分离步骤"：申请文件的分离是反复冻融+有机溶剂萃取，对比文件是有机溶剂+超高速搅拌提取。审查员认可两者的分离步骤上确实存在一定差异，但认为该差异为常规选择。

专利代理师进一步研究申请文件后发现，申请文件的效果数据中，除记载了出油率这一标准指标外，还记载了获得的花椒油中 α－亚麻酸的含量，该含量在

25%以上。但文中并未对这一指标进行详细分析，且对比文件中没有记载α－亚麻酸的含量。

经补充查阅资料后发现，α－亚麻酸是一种不饱和脂肪酸，在体内可转化为DHA、DPA、EPA等，具有降低胆固醇、提高智力、延缓衰老等功效，且人体无法自合成，属于一种必需脂肪酸。因此，如果能提高花椒油中的α－亚麻酸含量，将极大提高花椒油的商业价值。文献记载，使用现有提取工艺获得的花椒籽油中，α－亚麻酸的含量一般为15%～20%，而申请文件达到了25%，比现有技术高25%～33%。但对比文件中并没有记载获得的花椒油中α－亚麻酸的含量，无法直接进行数据对比。

那么，如何证明申请文件中这一数据相较于对比文件也具有相当的优越性呢？专利代理师分析发现，对比文件记载：单纯的反复冻融无法完成油水分离，所以其采用有机溶剂结合搅拌技术以提取油脂，而搅拌技术的搅拌速度达到3500r/min。如此高的搅拌速度，会使被搅拌的液体处于高温、高剪切环境中，非常容易导致α－亚麻酸分解变质，从而降低花椒油中α－亚麻酸的有效含量。而α－亚麻酸是本领域技术人员在提取花椒油时渴望获得的重要物质。因此，合理推测：对比文件的技术方案无法避免高速离心的处理，否则不可能为了提高花椒油的提取率而选择大量损失不饱和脂肪酸。

根据对比文件的提取方式和上述分析，可以合理推导：对比文件为了提高出油率，采取了牺牲部分α－亚麻酸的提取工艺，最终获得的花椒油中α－亚麻酸的含量应当低于行业平均水平，或者最多与行业平均水平持平。而申请文件的该数据比行业平均水平高25%以上。从而证明申请文件的α－亚麻酸含量相对于对比文件而言也具有相当的优越性。

同时，对比文件中公开了花椒油出油率的计算公式，通过计算发现，其提取率比申请文件的提取率低35%以上。即对比文件采取了一种可以提高花椒出油率的提取工艺，为了提高出油率，甚至不惜牺牲了大量不饱和脂肪酸。申请文件虽然看似只是简单地将冻融与有机溶剂萃取结合起来，但规避了对比文件中高速搅拌这一损失不饱和脂肪酸的技术，同时兼顾了出油率和不饱和脂肪酸（α－亚麻酸）含量两个提取指标，最终获得的出油率和α－亚麻酸含量均明显优于对比文件。这样的技术效果是通过冻融和有机溶剂萃取这样看似简单的技术结合起来后获得的。本领域技术人员在不进行创造性劳动、不进行实际试验前，显然无法预料到上述效果，因此，申请文件取得了预料不到的技术效果，具有创造性。通过上述分析和答复，审查员认可了申请文件的创造性，并最终对其予以授权。

该案例是一个典型的具有“潜在预料不到技术效果”的发明。在撰写申请文件时，发明人希望将重点放在出油率上，因此全文的数据分析和有益效果均着墨于出油率的优越性上，并未明确记载α－亚麻酸含量的优越性及与现有技术间的对比。但审查员找到一篇与申请文件技术方案差异较小的文献作为对比文件，并据此否定了技术方案的创造性和出油率的优越性。此时，能否根据对比文件快速转变答复思路，仔细分析申请文件中每个技术特征及带来的效果，耐心挖掘可能隐含的预料不到的效果，就成为能否获得授权的关键。

律师建议

1. 客观看待“无授权前景”的审查意见

在实质审查中，发明专利常常会收到“不具备授予专利权前景”的审查意见通知书。该通知书并非表示对应的申请文件一定不能获得授权，只是代表审查员“当时”的个人意见。在收到这类通知书后也不用灰心，申请人还可以采取意见答复、复审等救济手段，争取获得专利权。

2. 深挖技术内容是争取授权的关键

如果审查员已经初步认为申请文件不具备授权前景，那么只复制文中已记载的技术方案内容和效果进行答辩，较难改变审查员的看法。简单、不深入的答复反而可能带来加速被驳回的结果。这时往往需要结合相关法律法规及规定，对技术内容进行深挖和仔细分析，才有望获得专利权。

3. 预料不到的技术效果是针对本领域技术人员而言的

在陈述和证明技术方案取得预料不到的技术效果时，需要注意的是，该效果是针对本领域技术人员而言的。本领域技术人员是《专利法》及相关法律法规、相关规定中创造出来的假想的人。具体是指了解申请日前的所有现有技术，但不具备创造能力的技术人员。因此，证明过程需注意从本领域技术的角度出发，而不能单纯从普通大众的视野出发。

作者：吴亦雨律师、专利代理师

技术构思在答复“创造性”问题中的应用

——番茄酱也能获得专利权

在“花椒油”案例中我们提到，创造性问题是造成很多发明专利无法授权的决定性因素，并分享了处理这类问题的其中一种方法——挖掘和利用申请文件中预料不到的技术效果。本文中，笔者以一项食品类授权专利的答复过程为例，分享另一种答复方法——深入理解专利的“技术构思”。

案情概要

专利基本信息：专利申请号：201210346568. X，专利名称：风味番茄酱的制备方法，专利类型：发明。申请日：2012 年 9 月 18 日，授权公告日：2013 年 12 月 4 日。

申请人递交的申请文件和最终获得授权版本的权利要求 1 相同，具体为：“1. 一种番茄酱的制备方法，步骤包括：

a. 选料：选择成熟、无损坏变质的番茄果实为主料；成熟、无损坏变质的青椒、大蒜为辅料；

b. 备料：番茄洗净捞出控去表面水分，切除果蒂及表皮瑕疵部分，入搅拌机粉碎搅拌成浆；剥皮的大蒜和青椒去蒂洗净，粉碎成末；

c. 初步炒制：番茄酱入锅加热搅拌，浓缩排除水分，使番茄酱的浓度为 28% ~38% 得浓缩番茄酱；青椒、大蒜末混合炒熟；

d. 炒制调香：按每千克浓缩番茄酱加入 200 克植物调和油计，加入植物调和油烧熟，加入浓缩番茄酱和青椒、大蒜末快速炒至 89 ~99℃；达到规定工艺温度后加入调味料；

调味料用量：每千克浓缩番茄酱加老抽酱油 48 ~60 毫升、蚝油 90 ~110 毫升、蘑菇粉 40 ~56 克、孜然 220 ~280 克；加入调味料后炒制 10 ~22 分钟；

青椒、大蒜用量为：每千克浓缩番茄酱加青椒 200 ~250 克、大蒜 200 ~

250 克；

上述所有加热过程中需快速加热但物料不焦煳。”

对于上述权利要求 1，国家知识产权局的审查员审理认为：该申请请求保护一种番茄酱的制备方法，对比文件 1（孙义章：《番茄酱的制作》，载《农村实用工程技术》1999 年第 9 期）公开了一种番茄酱的制作方法。与对比文件 1 相比，权利要求 1 具有的区别技术特征在于：（1）添加了青椒、大蒜为辅料；（2）加入青椒、大蒜后炒制的工艺及参数有所区别；（3）添加了调味料，并明确了调味料的组分。

针对区别特征（1）（2），对比文件 1 公开了大蒜和红辣椒可用于番茄酱制备的技术启示，且对比文件 2（CN 1631182 A）进一步公开了一种新鲜辣椒罐头的制备方法，公开了利用辣椒和大蒜做原料制备食品调味酱的方法，也提供了使用大蒜和红辣椒制备番茄酱的技术启示。而青椒及参数差异属于常规选择。针对区别特征（3），调味料中各组分均为常见调味品，其选择及参数配比均属于常规选择。综上，权利要求 1 记载的技术方案不具备创造性。

针对上述审查意见，本申请的专利代理师从发明构思出发，详细阐述了申请文件的技术方案与对比文件间的差别及具有创造性的理由。审查员接受了答复意见，并下发了办理登记手续通知书。申请人按期缴纳相关费用后，国家知识产权局对该专利公告授权。

律师分析

《专利法》、《专利法实施细则》及《专利审查指南》中，关于“构思”存在两个术语：发明构思和技术构思。其中，“发明构思”出现在“单一性”部分，主要用于判断多项技术方案间是否具有相同或相应的特定技术特征，从而判断这些技术方案可否在一个专利中进行同时申报并获得保护。“单一性”问题不属于本文讨论重点，在此不展开。“技术构思”出现在判断显著的进步之处。我们知道，发明的创造性要求技术方案同时具有“突出的实质性特点”和“显著的进步”。审查指南记载：如果发明提供了一种技术构思不同的技术方案，其技术效果能够基本上达到现有技术的水平，则该技术方案具有显著的进步。

根据上述法律法规及相关规定的直接记载，“构思”与创造性问题的相关之处似乎只存在于“显著的进步”，无法用于解决实际更为棘手的“突出的实质性特点”问题，即似乎无法用于证明技术方案的“非显而易见性”。

但事实上，“构思”是发明的灵魂和基础，贯穿整个专利文件。没有“构思”，就不会有发明，“构思”确定了，发明的方向才能确定，进而才有具体的技术方案和对应的技术效果。因此，本文中所称“构思”既与《专利法》及相关规定中的“发明构思”或“技术构思”有相同之处，也略有差异，其主要指发明人为解决技术问题而采取的技术改进思路。为便于阐述，下文统称“技术构思”。

前文提到技术构思是技术方案、技术效果的基础。如果两个技术方案的技术构思完全不同，即使这两个方案本身看起来有一定的相似之处，也应当慎重考虑其中一个技术方案对另一个方案创造性的影响。

回到本文的案例。本文涉及案例为一项食品类专利。食品及其制备方法专利的授权率低于专利授权的平均水平。截至笔者撰写日，在专利检索平台上检索 IPC 分类号“A23L”（其他食品），检索结果为：申请发明专利共计 21.66 万件，授权发明专利仅有 3.96 万件，授权率仅为 18%。授权的近 4 万件专利中，还有相当比例的专利技术中包括制备食品的设备，并最终依靠设备的技术获得授权。实际真正依靠食品或其制备方法的技术方案获得授权的专利更少。

这类专利之所以难以授权，主要是因为食品类专利本身的技术高度往往偏低；可选的食品添加物有限，并受严格的食品安全相关规范、标准等管制；添加或减少某些成分后，取得的效果一般也是可预期的。因此，很难证明其具备创造性。

本文讨论的专利就属于这种类型，审查员提出的质疑也符合上述观点。审查员认为：虽然现有技术中并未公开与申请文件记载的番茄酱组分完全相同、制备方法完全相同的技术方案，但申请文件与现有技术间的差异主要为对常见配料、常见制备工艺的选择不同，这些选择均属于常规选择，且没有取得预料不到的技术效果，因此不具备创造性。

为了争取获得本案的授权，专利代理师在与发明人反复沟通，并深度挖掘技术方案后发现，虽然申请文件与现有技术同属番茄酱，但两者的技术构思并不相同。

根据申请文件说明书背景技术的记载：现有番茄酱一般是酸甜口味。但是这样的番茄酱不适合国内大部分地区的饮食风味和口感。在我国喜欢香浓口味的北方地区或者川渝地区、徽菜、湘菜地区，酸甜口味的番茄酱难以推广。再结合申请文件的发明目的记载："提供一种适合我国消费者口味和饮食习惯的风味番茄酱的制备方法。"同时结合申请文件的有益效果记载："本发明风味与川菜、湘菜、徽菜、北方菜系等食品能更好地搭配食用；深受客户青睐；适合各种食品的蘸食；也可以作为煲汤、烹调的调味料。使用方便。尤其是深受喜爱川渝菜系、湘菜、北方菜的食用者青睐。"

根据申请文件上述明确记载，结合技术方案中青椒、大蒜的添加，可以看出，申请文件的技术构思为：改变番茄酱的制备原材料和制备方法，以期提供一种适合川菜、湘菜、徽菜、北方菜等香辣或香浓风味菜系的番茄酱。这是一个全新的技术构思，与现有技术中的酸甜风味的番茄酱构成明显差异。

针对这一新的技术构思，发明人采用了一些与本领域常见技术手段不同的方法。我国传统文化讲究食品的色、形和谐。从颜色上来说，讲究和谐美（如番茄蛋汤的红黄协调）或对比美（如木耳山药的黑白对比）；从形状上说，多追求协调美，如青椒肉丝中青椒与肉都切成丝状。遵从这一原则，对于酱制品而言，以颜色尽量单一、鲜艳，且形态一致为佳。而且，关于番茄酱的国标"GB/T 14215－2008"（番茄酱罐头）中也有明确规定：酱体均匀一致；酱体呈一致的深红色或红色（优级品），或酱体呈一致的红色或橘红色（一级品）。

为了满足上述规定，业内一般会将番茄完全打碎后再进行接下来的操作。如对比文件 1，即采取的业内常见做法：将番茄破碎、去籽后再进行制作。破碎是为了获得均一的酱体，去籽是因为番茄籽的颜色会降低番茄酱的颜色饱和度。而本专利申请的技术方案为了获得特殊风味的番茄酱，为保留番茄籽以模拟辣椒籽的口感，又避免辣椒容易引起食用者上火的问题，省去了番茄去籽的环节。

同时，一般而言，本领域为了追求鲜艳、单一的颜色，番茄酱中即使要添加辣椒，也是添加红辣椒。例如，对比文件 1 中即添加的红辣椒，以避免其他颜色降低产品成色。而且，本领域技术人员通常不会选择青辣椒等绿色原料，因为这些原料加热后会变黄，进而降低番茄酱的成色。而本专利申请的技术方案基于让番茄酱有辣椒香又避免红辣椒容易引起上火的特殊技术构思，明确要求添加青辣椒，以期获得符合整体技术构思和发明目的的番茄酱。

上述对工艺和原材料的选择，都是基于特殊的、与现有技术构成明显区分的技术构思进行的，并非常规选择，因此是非显而易见的，具有创造性。经过上述意见陈述后，审查员接受了专利代理师的观点，认可了申请文件的创造性，对其予以授权。

律师建议

1. 食品类专利多属于组合发明，深挖组合的难度对争取创造性大有裨益

组合发明指将某些技术特征、技术方案组合后构成一项新的技术方案。食品类专利中所使用的原材料、工艺等往往已被公开，技术改进点一般在于将多个技术进行组合。如果这种组合只是简单叠加，则不具备创造性。站在本领域技术人员的角度，设身处地地、客观地分析、评价组合的难度，考虑本领域技术人员是否会选择这样的组合，有益于更好地判断技术是否具备创造性。

2. 技术构思是专利的灵魂

技术构思贯穿专利申请文件始终，有构思才能有技术方案，才能针对性解决技术问题。在答复审查意见时，如果发现申请文件与对比文件的技术构思差异较大，那么即使两者的技术方案看似接近，也可以据此争取申请文件具备创造性。

结　语

技术构思是专利撰写的起点，也是专利撰写的骨架，还可能是判断专利创造性的依据之一。在撰写专利文件前，撰写人应当先充分理解发明人的技术构思，以便更好地理解技术，为撰写和后期答复打下坚实基础。

作者：吴亦雨律师、专利代理师

技术启示与证明文件在答复“创造性”问题中的联合应用

——特殊制造工艺帮助“除油网”专利复审成功案

专利审查中，如果在实质审查阶段未能说服审查员，则可能被驳回，走进复审程序。因实质审查阶段已经多次与审查员沟通，但仍然未能争取到授权，所以复审阶段说服前置审查员或复审委为该专利授权的难度更大。虽然复审阶段需要更充分地阐述专利应当被授权的理由，才可能获得成功，但复审阶段的审查内容、审查标准与实质审查阶段实质相同，答复技巧也是通用的。本文中，笔者以一个复审成功的“除油网”专利的答复过程为例，分享技术启示和证明文件在答复这类“创造性”案件中的应用方法。

案情概要

专利基本信息：专利申请号：201810199205.5，专利名称：一种除油网及其加工方法，专利类型：发明。申请日：2018 年 3 月 12 日，授权公告日：2020 年 5 月 15 日。

专利核心技术方案：提供一种过滤和去除餐饮油烟的除油网，除油网可以安装到抽油烟机的烟道中，净化油烟。除油网包括带过气孔的壳体，壳体内由扁丝蓬松堆叠构成油烟过滤层，对烟气进行过滤。

申请日递交的权利要求 1 为：“一种除油网，包括壳体，其特征在于：所述壳体的正面和背面均设置有若干过气孔（1），壳体顶部和底部的棱角处设置有出油孔（2）；壳体内设置纤维丝除油层，所述纤维丝除油层由扁丝（3）均匀堆叠构成。”

国家知识产权局审查员审理后认为：权利要求 1 要求保护一种除油网结构。对比文件 1（CN101229464A）公开了一种防火油烟净化器。两者主要区别在于，本发明的扁丝要求堆叠均匀。而为了提升除油效果，将扁丝堆叠均匀是本领域的常规设置。因此不具备创造性。

针对审查员第一次审查意见，申请人在专利代理师建议下，将纤维丝除油层的具体结构补入权利要求1中，并进行了意见陈述。权利要求1修改为："一种除油网，包括壳体，其特征在于：所述壳体的正面和背面均设置有若干过气孔（1），壳体顶部和底部的棱角处设置有出油孔（2）；壳体内设置纤维丝除油层，所述纤维丝除油层由沿壳体上下方向延伸的扁丝（3）均匀堆叠构成；所述纤维丝除油层还包括钢丝缠绕网（4），所述扁丝（3）沿钢丝缠绕网（4）的上下方向均匀蓬松的缠绕在钢丝缠绕网（4）的正反两面；所述纤维丝除油层的数量为两层，且由内至外分别为细纤维丝除油层（5）和粗纤维丝除油层（6）。"

针对上述修改，审查员认为：修改后的权利要求1与对比文件1的主要区别在于：（1）本发明的扁丝要求堆叠均匀。（2）纤维丝除油层由内至外分别为细纤维丝除油层和粗纤维丝除油层。关于区别（1），为了提升除油效果，将扁丝堆叠均匀是常规设置。且对比文件2（CN101220970A）公开了一种新型油烟净化板，具体公开了不锈钢纤维丝以较蓬松的方式缠绕在不锈钢网格板上，给出了扁丝蓬松缠绕在钢丝缠绕网正反面的技术启示。关于区别（2），本领域常用粗、细网过滤器双级过滤的方式，因此"纤维丝除油层由内之外分别为细纤维丝除油层和粗纤维丝除油层"的设置方式是容易想到的。综上，权利要求1的技术方案仍然不具备创造性。

针对审查员第二次审查意见，申请人在专利代理师建议下，继续将壳体结构补入权利要求1中，并进行了意见陈述。将权利要求1修改为："一种除油网，包括壳体，其特征在于：所述壳体的正面和背面均设置有若干过气孔（1），壳体顶部和底部的棱角处设置有出油孔（2）；壳体内设置纤维丝除油层，所述纤维丝除油层由沿壳体上下方向延伸的扁丝（3）均匀堆叠构成；所述纤维丝除油层还包括钢丝缠绕网（4），所述扁丝（3）沿钢丝缠绕网（4）的上下方向均匀蓬松的缠绕在钢丝缠绕网（4）的正反两面；所述纤维丝除油层的数量为两层，且由内至外分别为细纤维丝除油层（5）和粗纤维丝除油层（6）；所述壳体包括内壳板（7）和外壳板（8），所述外壳板（8）与细纤维丝除油层（5）之间、内壳板（7）与粗纤维丝除油层（6）之间均设置有钢丝护网（11），所述钢丝护网（11）的上边沿和下边沿朝纤维丝除油层的方向弯折构成压紧边（12），并通过压紧边

（12）抵紧纤维丝除油层的上边沿和下边沿。”

针对上述修改，审查员认为：权利要求1要求保护一种除油网结构。对比文件1（CN101229464A）公开了一种防火油烟净化器。权利要求1与对比文件1相比，主要区别在于：（1）除油网中扁丝均匀蓬松缠绕在缠绕网上。（2）纤维丝除油层由内至外分别为细纤维丝除油层和粗纤维丝除油层。（3）设置钢丝护网；护网上下边沿朝除油层方向弯折构成压紧边。关于区别（1）（2），无补充意见。关于区别（3），属于常规设置。综上，权利要求1的技术方案不具备创造性，并下发了驳回决定。

针对驳回决定，申请人提起了复审，将纤维丝除油层的制备工艺补入权利要求1中，并进行了意见陈述。将权利要求1修改为：

“一种除油网，包括壳体，其特征在于：所述壳体的正面和背面均设置有若干过气孔（1），壳体顶部和底部的棱角处设置有出油孔（2）；壳体内设置纤维丝除油层，所述纤维丝除油层由扁丝（3）均匀堆叠构成；所述纤维丝除油层由沿壳体上下方向延伸的不锈钢扁丝（3）均匀堆叠构成；所述纤维丝除油层还包括钢丝缠绕网（4），所述扁丝（3）沿钢丝缠绕网（4）的上下方向均匀蓬松的缠绕在钢丝缠绕网（4）的正反两面；所述纤维丝除油层的数量为两层，且由内至外分别为细纤维丝除油层（5）和粗纤维丝除油层（6）；且迎风的一面为外，出风的一面为内；所述外壳板（8）与细纤维丝除油层（5）之间、内壳板（7）与粗纤维丝除油层（6）之间均设置有钢丝护网（11），所述钢丝护网（11）的上边沿和下边沿朝纤维丝除油层的方向弯折构成压紧边（12），并通过压紧边（12）抵紧纤维丝除油层的上边沿和下边沿；所述纤维丝除油层制作时，先在钢丝缠绕网（4）的两面分别设置一块垫块（14），然后沿着钢丝缠绕网（4）上下方向在钢丝缠绕网（4）及垫块（14）上绕设扁丝（3）；在扁丝（3）绕设完成后抽出垫块（14）使扁丝（3）形成蓬松的状态。”

针对审查员每次下发的审查意见，专利代理师逐渐将从属权利要求和说明书的部分技术特征合并到独立权利要求中，构成新的独立权利要求1，以在尽量争取保护范围和具备授权条件间取得平衡。最终，专利代理师建议将“纤维丝除油层的制备工艺”这一技术特征补入权利要求1中。该技术特征在现有技术中均未公开，且并非本领域的惯用技术手段，也不符合《专利审查指南》对“具有技术启示”的相关规定，符合具有创造性的要求。申请人按专利代理师如上建议进行意见陈述后，复审程序的原审查部门在前置审查阶段就撤销了驳回决定，复审获得成功，案件转回实审程序继续进行审查，并在申请人做出部分形式修改后，作出授予专利权的决定。

律师分析

专利答复中，有时需要对权利要求进行修改，通过补充更多的技术特征以帮助克服权利要求不具备新颖性、创造性等缺陷。一般而言，权利要求中包含的技术特征越多，获得授权的可能性越大。但与此同时，根据“全面覆盖原则”，一项权利要求中包含的技术特征越多，保护范围也相应缩小。因此，如何修改权利要求，以在获得合理保护范围和具备授权条件间取得平衡，是需要重点考虑的问题，也是需要与审查员不断沟通、争取的问题。

通过答复审查意见通知书时对权利要求的不同修改可以看出，本文讨论的专利，在答复中也经历了和审查员反复沟通、逐步修改权利要求的过程。下面以本案中核心争论点之一“蓬松的扁丝及其制备方法”的答复过程为例，分享技术启示与证据在答复中的应用方法。需要说明的是，本案最终获得授权，并非只是因为具备该核心技术特征。

在所述专利被驳回前，申请人主要争辩的有创造性的技术特征之一为“除油网中扁丝均匀蓬松缠绕在缠绕网上”。对于该技术特征，审查员引入了对比文件2。对比文件2具体公开了不锈钢纤维丝以较蓬松的方式缠绕在不锈钢网格板上。这种设置方式下，风通过这些不锈钢网格板时，会引起不锈钢网格板的抖动，加速吸附在不锈钢网格板上油沿着不锈钢网格板流向漏油孔。据此，审查员认为，对比文件2给出了“将纤维丝上下方向多层蓬松缠绕在不锈钢网格板上”的技术启示。

技术启示是专利上的专业术语，审查指南中对该术语有明确且详细的解释。通常认为如下情况时具有技术启示：

（1）所述区别特征为公知常识，例如，本领域中解决该重新确定的技术问题的惯用手段或教科书或者工具书等中披露的解决该重新确定的技术问题的技术手段。

（2）所述区别特征为与最接近的现有技术相关的技术手段，例如，同一份对比文件其他部分披露的技术手段，该技术手段在该其他部分所起的作用与该区别特征在要求保护的发明中为解决该重新确定的技术问题所起的作用相同。

（3）所述区别特征为另一份对比文件中披露的相关技术手段，该技术手段在该对比文件中所起的作用与该区别特征在要求保护的发明中为解决该重新确定的技术问题所起的作用相同。

概括来说，审查指南对“技术启示”的要求为：无论何种情况，要具有“技术启示”，都需要具有相同或相近的技术手段，且该技术手段要解决相同的技术问题，发挥相同的作用。

参照这一指导原则，对比文件2与本发明均使用了“蓬松的纤维丝”这一技术特征，目的均在于解决“如何提升除油效率”的问题，最终也都实现了“加速油的流动从而提升除油效率”这一效果。因此，围绕“除油网中扁丝均匀蓬松缠绕在缠绕网上”这一技术特征的修改和意见陈述并未说服审查员，审查员下发了驳回通知书。

申请人发起了复审程序。在复审答复中，将“所述纤维丝除油层制作时，先在钢丝缠绕网（4）的两面分别设置一块垫块（14），然后沿着钢丝缠绕网（4）上下方向在钢丝缠绕网（4）及垫块（14）上绕设扁丝（3）；在扁丝（3）绕设完成后抽出垫块（14）使扁丝（3）形成蓬松的状态”这一技术特征补入权利要求中。该技术特征是一种获得蓬松扁丝的方法，带来的效果是“使扁丝形成蓬松的状态”。

根据新增的技术特征，同时参照审查指南中对“技术启示”的规定，对比文件2给出的是直接在不锈钢网板上以较蓬松的方式缠绕合金钢丝纤维的技术启示，并没有公开如何获得“蓬松缠绕的钢丝纤维”的方法。因此，对比文件2实际上并不具备与申请文件相同或相近的技术手段。

同时，现有技术中并没有可以在不锈钢网格板上快速、规整获得蓬松钢丝纤维的装置或方法。如果不进行创造性劳动，本领域技术人员能想到的获得“蓬松缠绕的钢丝纤维”的常规方法，是人工操作时不要缠绕得太紧，以尽可能使之处于蓬松状态。

综上，针对“获得蓬松缠绕的钢丝纤维的方法”这一技术特征，对比文件2

提供的是技术效果上的启示，而非技术特征上的启示；并不符合审查指南所规定的具有技术启示的情况。因此，修改后的权利要求记载的技术方案相对于对比文件1、2及其结合，均具有创造性。

同时，申请文件记载的技术方案通过设置如上技术特征，也获得了优越的、预料不到的技术效果。除油网的技术效果主要体现在除油率上。但一方面，申请文件中并未记载关于除油率的任何数据，无法直接体现其效果的优越性；另一方面，对比文件1、2中也没有任何数据指标的体现，难以将申请文件与对比文件1、2的效果进行对比。

机械结构类专利，在结构确定的情况下，其效果往往也是确定且可以毫无疑义地根据结构推导获得的。同时，撰写申请文件时，撰写人并不知道审查时会引用哪些文献作为对比文件，所以无法在申请文件中针对性提供相应的、可直接与对比文件进行比较的数据。对于这类专利，当需要证明的效果难以直接从结构推导获得时，可以提供一些补充证据。这些补充证据不能补入原申请文件中，但可以作为参考资料供审查员审查时参考。

对于申请日后补充的数据是否可作为证据这一问题，2017年修改的审查指南中作了明确规定，将“申请日之后补交的实施例和实验数据不予考虑”，修改为“对于申请日之后补交的实验数据，审查员应当予以审查”，为补交实验数据的审查提供了法律依据。

在审查过程中，申请人经常会存在需要提供补充实验数据，以证明申请文件确实具有相应技术效果的情况，或者存在需要证明申请文件相比现有技术具有预料不到的技术效果的情况。而且，申请人补交证据是履行其举证责任的行为，有助于审查员更好地认定事实，作出相对客观公正的审查决定。如果仅因相关证据是在申请日后提交，就否定其作为证据的资格，有失公允。因此，审查指南做出了如上修订，明确了“对于申请日之后补交的实验数据，审查员应当予以审查”。当然，“应当予以审查”，并不意味着“必须予以采纳”。是否采纳补充提供的证据，以及证据的证明力大小，还需要根据实际情况而定。

本案中，为证明除油网的除油效率，申请人提供了一份第三方机构作出的检测报告。虽然检测报告并未载明具体产品和图纸，但被检单位（申请人）只有本案所要求保护的除油网这一款产品，且将具有最高技术含量的产品申请发明专利也符合商业习惯，可推定检测报告中记载的效果即为本案产品所达到的。同时，检测报告中记载的被检地址的餐饮店也出具了相关情况说明，证明检测现场所用为申请人的除油网产品。申请人还进一步提供了检测现场的除油网产品照片作为辅助证据。照片中可看出产品结构，证明该产品确为专利中记载的除油网。至此，申请人从证据学和理论分析推导的角度，均证明了检测报告所检测的产品确为专利中的除油网。

根据检测报告记载的数据，除油网去除率达到99%以上，而国家标准GB/T18482－2001中，规定被检测餐饮店（中型餐饮店）的油烟去除率需达到75%。证明本案除油网效果远优于国标，也可推定远优于行业平均水平。

虽然对比文件1、2中并未提供相应数据，但对比文件1的申请日为2007年11月8日，对比文件2的申请日为2008年1月17日，距离本案的申请日（2018年3月12日）均已有10年之遥。而在本案产品问世前，市面上并未出现除油率在99%以上的产品，餐饮店的油烟去除问题依然是一个中国难题，甚至“炒菜导致雾霾”的段子时有出现。据此，可以推定对比文件1、2提供的除油网的油烟去除效果必定远落后于本专利申请技术的效果。

综上，申请文件记载的技术方案无法从对比文件中获得技术启示，也并非本领域的常规技术。同时，申请人补充提供了证据，证明申请文件记载的技术方案取得了远超业内平均水平的、预料不到的技术效果。审查员接受了上述意见陈述，撤销了驳回决定，并最终对该专利予以授权。

律师建议

1. 客观看待“技术启示”

审查员常常会用具有“技术启示”来质疑某一技术方案的创造性。审查指南中对“技术启示”有详细且明确的规定。当遇到这样的质疑时，结合审查指南中的规定进行仔细分析，则有望找到答复突破口。

2. 补充证据是申请人的权利

因为存在“需要证明取得了预料不到的技术效果”“需要证明技术方案确实达到了特定的技术效果”等客观情况，所以审查指南明确记载“对于申请日之后补交的实验数据，审查员应当予以审查”。补充证据时，最好提供权威机构等出具的官方文件，并注意阐述该证据应当被采纳的原因，以提高证据的证明力和被采纳的可能性。

结　语

技术启示是质疑专利创造性的常用手段，深入理解审查指南规定的“具有技术启示”的情况，有助于找到答复的突破口。在证明对比文件不具有“技术启示”后，往往还需要进一步证明技术方案取得效果的优越性。如果该效果并未明确记载在申请文件中，可以通过补充证据的方式提供。补充证据时，应当注意证据的权威性和证明力。

作者：吴亦雨律师、专利代理师

第三章

专利维权

民事诉讼策略和技巧在专利侵权案件中的运用

——芯片产品发明专利侵权案

专利侵权案件因为技术上比较复杂，导致法律事实认定更为困难。要理解和梳理清楚复杂的技术方案已经很难，同时还要运用更多的诉讼策略和技巧就更为不易。本案涉及芯片产品侵犯发明专利权，且同时涉及反诉、确认不侵权诉讼、公证封存瑕疵、当庭演示等诸多问题，因此具有一定分析和探讨价值。

案情概要

本案是原告甲半导体公司诉被告乙半导体公司侵害发明专利权纠纷案。此前，原告曾以相同专利于2018年年初起诉被告专利侵权，后该案原告未交诉讼费，按撤诉结案。2018年年底，原告甲半导体公司再次向深圳市中级人民法院起诉被告。

案件审理中，原告提供了发明专利证书、专利登记簿副本以及国家知识产权局专利收费收据，证明原告的主体资格及专利技术方案。同时，原告提供丙电子科技有限公司购买被告芯片的发票、公证购买的产品及公证书，证明被告制造、销售被控侵权产品的事实，并对被告官网发布的某型号芯片的用户手册进行了网页公证，提供公证书。其主张用户手册单独证明被告许诺销售的事实，用户手册与公证购买的产品结合证明被告制造和销售被控侵权产品的事实。在法院受理案件后，原告还向法院申请过证据保全。法院于2019年2月作出裁定，裁定保全被诉侵权产品4件。原告在法院下发该裁定后，却向法院邮寄了证据保全放弃声明，书面放弃了证据保全。原告这种看似信心十足的举动使得被告在诉讼过程中压力剧增。

被告主要抗辩观点：首先，原告当庭提交的公证购买产品的公证封存不严密，可以在不破坏封条的情况下打开包装更换内部产品。即使公证过程当时确实从被告处购买了芯片产品，也不能确认当庭展示的产品仍为被告所生产和销售的。且被告产品均带有LOGO及型号信息，而原告提供的被控侵权产品上并无被告LOGO以及类似CMS××FT×××等属于被告的规格型号等信息，进一步证明原告提交的产品与被告无关联。原告提供的被控侵权产品盒子上包裹着印有“永豊银行”的白单，白单上手写“CMS××F×××样品”字样，其中的型号“CMS××F×××”也与被告使用的型号格式不符，原告证据自相矛盾。虽然原告为了弥补这些瑕疵，当庭申请用芯片读写器设备对芯片进行通电演示，以期通过读取芯片内的厂家、型号等信息，证明被控侵权芯片为被告生产、销售。但被告对此坚决反对，并质疑读写器为既能读也能写的设备，即使从芯片内读出目标信息，也不证明该信息是芯片自带的，也可能是购买芯片后或演示过程中，再通过读写器植入的。

另外，原告将用户手册记载的电路和公证购买的芯片产品组合，以期证明被告制造和销售的芯片产品覆盖原告专利权技术方案，从而证明被告构成侵权的“组合对比方式”没有法律依据，被告拒绝对其进行质证和对比。关于被告用户手册记载的芯片及芯片内部电路技术方案单独与原告专利权利要求1进行对比，以证明被告许诺销售的主张，被告虽然认可其对比的方式，但认为用户手册公开的芯片技术方案缺少多项必要技术特征，不构成对原告专利权的全面覆盖，不构成侵权。并且，为了防止原告再次撤诉，导致被告继续处于法律风险不确定的状态，被告在证据交换期限内向法院提出了确认不侵权的反诉。

法院观点

首先，法院认可了被告对原告提供的被控侵权产品与本案和被告关联性的质疑，支持了被告认为原告所提供的实物产品无法证明或合理推断与被告有关联的主张；认可了被告关于读写器可能植入程序、信息，无法保证演示清洁性的观点，没有允许原告当庭进行演示。

其次，法院也认可了被告关于用户手册记载的电路和公证购买的芯片产品组合与专利权技术方案进行对比，这种“组合对比方式”没有法律依据的观点；支持了被告关于原告提供的被控侵权产品不能证明被告生产和销售被控侵权产品的抗辩。

最后，基于被告认同用户手册单独与专利权对比判断是否构成许诺销售的对比方式，法院也对用户手册公开的技术方案与专利权技术方案的对比结果进行了认定，认可了被告的观点，认定被告的技术方案缺少多项专利权的必要技术特征，不构成侵权。法院驳回了原告全部诉讼请求。

至于被告提出的反诉，法院认为，可以理解为是不侵权的抗辩意见，最终没有立案。但反诉的提出也引起了办案法官对原告反复进行起诉、撤诉行为的高度重视。在原告庭审后再次向法院提出撤诉申请时，法院驳回其撤诉申请，判决驳回了原告全部诉讼请求。

律师分析

本案是专利侵权案件中比较有典型性的案件，很多重点、难点的问题都可以深入分析和探究。

1. 面对产品技术含量高、没有参考案例的案件应如何着手

本案中的被控侵权产品为一种芯片，涉及发明专利侵权。芯片也被称为单片机、集成电路、微控制器、微控单元，是一种集成电路，肉眼可见的只是指甲盖大小的薄片，内部具有复杂的微电路系统，技术含量高，理解难度大。国内几乎没有在先侵权案例能够作为参考。笔者承办此案时曾检索国内案例，涉及芯片侵权的非常少，仅有的几例关于芯片的案件也是专利权属纠纷，不涉及技术方案是否全面覆盖的审查和认定。办案时毫无先例和经验可循。

虽然无先例可循，但承办案件还是首先要立足案情，全面学习和了解被控侵权产品的技术是突破技术难度的核心和基础。比如，原告为了弥补公证购买产品包装不严密的瑕疵，当庭申请用芯片读写器设备对芯片进行通电演示，通过芯片内的厂家、型号等信息来证明被控侵权芯片为被告生产、销售。笔者在被告当事人都险些要认可产品来源时，表示坚决反对，并反对读写器演示。这正是基于案件准备中跟技术人员有充分沟通，知晓读写器设备为既能读也能写的设备，原告很可能利用读写器植入软件程序以及厂家信息，故我们主张即使从芯片内读出目标信息，也不足以证明该信息是芯片自带的，也可能是读写器植入的，并据此坚决反对原告进行演示。该立足于专业的抗辩意见获得了法官的认同，避免了允许演示带来的不可预知的诉讼风险。

2. 芯片产品类案件如何在侵权判定中运用“全面覆盖”基本原则

本案中，专利侵权相关司法解释的规定和法律思维在高技术案件中获得了充分而恰当的运用。本案争议的焦点之一是被诉侵权产品是否落入专利权利要求的保护范围。

原告专利权利要求1技术方案为“一种电子炊具的触摸开关装置”，其包括8项技术特征：A. 面板微控制单元……且还包括控制集成电路。B. 主要微控单元……C. 面板微控制单元的架构，包括C－1. RC振荡器；C－2. 若干触摸式开关；C－3. 若干模拟开关；C－4. 第一第二计数器；C－5. 每一触摸开关与模拟开关耦接。D. 控制软件及软件方法。

被告认为：被诉侵权产品是芯片，也就是集成电路，尚未写入程序，属于空白芯片，缺少专利权的多项技术特征。具体比对为：专利权的特征A为“面板微控制单元……且还包括控制集成电路”，可见，集成电路只是面板微控制单元的组成部分，部分自然无法涵盖整体的技术特征，因此被控侵权产品缺少特征A。技术特征B是“主要微控制单元，接受面板微控制单元所输出的电子信号，同时控制电子炊具功率和保护机制”。此描述结合专利说明书图4理解，主要微控制单元明显是独立于控制集成电路的另一个装置，包含芯片和其他软、硬件，并具有特殊功能。故被控侵权产品也缺少B的硬件，并缺少控制电子炊具功率和保护机制的必要技术特征。

同样，与技术特征C相比，被控侵权芯片上没有可供人体触摸的触摸式开关，而C－2的文字记载为“触摸开关”，且专利说明书解释为“与人体接触”，即必然存在“按键”等实体。故缺少C－2这个技术特征。另外，芯片没有触摸开关，自然也没有触摸开关与模拟开关的连接方式，故缺少C－5这个技术特征。并且被控侵权产品是空白芯片，不含有任何软件程序，用户根据自己的使用目的，开发写入相应的程序，这个过程也叫烧录，需要借助烧写器或者叫读写器实现。故缺少D这个技术特征。

《最高人民法院关于审理侵犯专利权纠纷案件应用法律若干问题的解释》第1条规定，人民法院应当根据权利人主张的权利要求，依据专利法第五十九条第一款的规定确定专利权的保护范围。权利人在一审法庭辩论终结前变更其主张的权利要求的，人民法院应当准许。权利人主张以从属权利要求确定专利权保护范围的，人民法院应当以该从属权利要求记载的附加技术特征及其引用的权利要求记载的技术特征，确定专利权的保护范围。

第7条规定，人民法院判定被诉侵权技术方案是否落入专利权的保护范围，应当审查权利人主张的权利要求所记载的全部技术特征。被诉侵权技术方案包含与权利要求记载的全部技术特征相同或者等同的技术特征的，人民法院应当认定其落入专利权的保护范围；被诉侵权技术方案的技术特征与权利要求记载的全部技术特征相比，缺少权利要求记载的一个以上的技术特征，或者有一个以上技术特征不相同也不等同的，人民法院应当认定其没有落入专利权的保护范围。法院依据上述规定认可了被告的上述技术观点，认为即使被控侵权产品是被告生产或制造，那么，包括被告官网用户手册许诺销售的这些产品都只是空白芯片，原告也没有证据证明被告芯片写入了任何程序。被告的空白芯片只是可以用于原告专利装置的一个组成部件，其技术特征与原告专利权利要求1所记载的全部技术特征相比，缺少一个以上技术特征，没有落入专利权的保护范围，故不构成侵权。

3. 关于“确认不侵权”的反诉

本案中，原被告双方是直接竞争对手，原告两次起诉期间，向市场大肆宣传“被告侵权，原告正在维权”，给被告声誉造成了极大负面影响。被告虽认为自身不侵权，但因被诉而带来的，形成于市场和客户当中的负面影响是客观存在的，这给被告造成了很大的困扰。因此，帮助被告尽早获得胜诉判决，对解除被告法律风险、恢复被告商誉具有重要的意义。

为了防止对方再次以各种理由和原因撤诉，经过大量分析和论证，笔者代理被告在证据交换期间提出了“确认不侵权”的反诉。虽然承办法官认为，被告的反诉内容其实就是本诉的答辩意见，反诉“确认不侵权”与现行司法解释的规定不符。但被告仍然和法官进行了积极的专业沟通和交流，争取反诉立案。争取的主要理由包括：“确认不侵权”的反诉符合《民事诉讼法》第119条规定的起诉条件，“（一）原告是与本案有直接利害关系的公民、法人和其他组织；（二）有明确的被告；（三）有具体的诉讼请求和事实、理由；（四）属于人民法院受理民事诉讼的范围和受诉人民法院管辖”。而“不侵权”虽为消极的主张，但“合同无效”等消极主张作为本诉反诉都已经很常见和普遍。并且本案的反诉也符合

《最高人民法院关于适用〈中华人民共和国民事诉讼法〉的解释》规定的反诉提出时机，在案件受理后，法庭辩论结束前。至于《最高人民法院关于审理侵犯专利权纠纷案件应用法律若干问题的解释》第18条规定："权利人向他人发出侵犯专利权的警告，被警告人或者利害关系人经书面催告权利人行使诉权，自权利人收到该书面催告之日起一个月内或者自书面催告发出之日起二个月内，权利人不撤回警告也不提起诉讼，被警告人或者利害关系人向人民法院提起请求确认其行为不侵犯专利权的诉讼的，人民法院应当受理。"我们认为，不可将上述规定简单机械地限缩性理解为"必须原告不起诉"。此规定的目的更在于让被警告人可以主动起诉，从而解除法律关系和法律风险不确定的状态。既然仅仅被警告都可以请求法院确认不侵权，那么原告当事人曾起诉我方当事人，又撤诉、又起诉的行为对我方当事人造成了显然比警告更大的困扰，使得法律关系和被告的法律风险处于长期不稳定状态，明显更符合上述解释第18条之规定。本案"诉而不决"让被告更加被动，自然应获得司法解释规定的基本权利，申请确认不侵权。

虽然最终法院还是没有接受确认不侵权的反诉立案，但被告的反诉引起了法院对原告撤诉的异常行为的警惕。再开庭后，原告果然再次申请了撤诉，但法院依据《民事诉讼法》第145条"宣判前，原告申请撤诉的，是否准许，由人民法院裁定。人民法院裁定不准许撤诉的，原告经传票传唤，无正当理由拒不到庭的，可以缺席判决"，《最高人民法院关于适用〈中华人民共和国民事诉讼法〉的解释》第238条"当事人申请撤诉或者依法可以按撤诉处理的案件，如果当事人有违反法律的行为需要依法处理的，人民法院可以不准许撤诉或者不按撤诉处理。法庭辩论终结后原告申请撤诉，被告不同意的，人民法院可以不予准许"的规定驳回了原告的撤诉申请，并及时作出判决，被告达到了解除法律风险的目的。

律师建议

1. 沉着冷静应对知识产权诉讼

本案中，原告为知名芯片制造商，诉讼被告的侵权产品也涉及了被告全部型号的产品。如果原告胜诉，赔偿事小，停止侵权则会让被告当事人面临全面停产的极端处境。被告当事人在没有任何知识产权诉讼经验的情况下，没有盲目与对方和解，而是先走访各地、各所律师，委托熟悉专利诉讼的专业律师进行案情分析，后续行动都在律师的指导下进行。这种沉着冷静的态度与尊重专业的思维本身已经难能可贵，也值得广大市场主体借鉴和学习，遇到知识产权诉讼不能轻易和盲目应对。

2. 尽可能对涉案产品的技术细节进行全面了解和掌握

律师在承办案件时，应该尽可能地对涉案产品技术进行深入学习和了解。每一个细节都可能在最终的诉讼过程中产生重要的影响。如本案中，作为被告诉讼代理人如果不了解读写器的工作原理和芯片烧写的过程，贸然同意原告当庭用芯片读写器对芯片进行通电演示，就很可能出现演示结果为芯片内有被告信息甚至有相应软件程序的情况，被告将非常被动，甚至彻底改变案件走向。

3. 公证购买应当保障细节完善

公证购买是知识产权诉讼当中固定被告侵权行为、获得被控侵权产品进行技术比对或商标对比的基础。公证购买的产品在绝大部分知识产权侵权诉讼中都是关键证据。如果公证购买本身程序有瑕疵，不能证明产品与被告的关联，或者虽然购买过程本身完善但存在封存不严密等瑕疵，则后果不堪设想。本案中，原告当庭提交的公证购买产品的封存不严密，可以在不破坏封条的情况下打开包装更换产品；即使公证过程当时确实从被告处购买了芯片产品，那么也不能排除后期有替换的可能性，从而不能确认当庭展示的产品仍为被告所生产和销售。同时，被告产品均带有 LOGO 及型号信息，而原告提供的被控侵权产品上并无被告 LOGO 以及属于被告的规格型号等信息。原告提供的被控侵权产品盒子上手写的型号也与被告使用的型号不同。综合上述几点证据瑕疵，原告提供的产品与被告无关联的盖然性较高，必然得不到法院的认同。

因此，在知识产权诉讼中，要特别重视和注意公证购买的细节完善。至于"公证购买证据是否是专利侵权案件的必要证据，或者说专利侵权诉讼中技术比对的对象是否就只能是公证购买的产品"这一问题，笔者将结合另一案例做专门的介绍。

结　语

本案的胜诉有力地维护了正常的市场秩序，保护了当事人的合法权益，并且为当事人进一步市场开拓提供了基础和底气。被告通过本案为自己的原创和自主知识产权获得了正名，也提升了自身技术自信、产品自信和对法制化营商环境的信心，借着芯片国产化的产业机遇，其产品开发和销售取得了迅猛发展。截至2020年下半年，被告当事人芯片累计出货70亿片，并正式启动了上市程序。本案中的被告是积极应对知识产权诉讼，化危险为机遇的成功典范。

作者：刘坤律师、专利代理师

实用新型与外观设计侵权案分析

——橡胶圈背后的专利纠纷案

无论是从社会认可程度等外界主观评价来看，还是从保护客体范围、保护期限等直接影响专利权利的客观因素来看，似乎发明专利都优于实用新型专利和外观设计专利。但在实践中，实用新型专利和外观设计专利的技术难度往往更低，一定程度上降低了维权和侵权的门槛，且现行《专利法》中，假冒、侵犯各类专利权的赔偿额上限及赔偿额计算方法均保持一致，并不存在“发明专利侵权赔偿额一定更高”的情况。因此，实用新型专利和外观设计专利的维权案件较发明专利往往更多。

当发现他人侵犯己方专利权时，如何选择应对策略，直接关系到维权结果，及专利权的权利稳定性。本文以2017年最高人民法院公布的50件典型知识产权案例中第一件“谭莱宁与镇江新区恒达硅胶有限公司侵害实用新型与外观设计专利权纠纷案”为例，分析侵权纠纷中可能的应对方案。

案情概要

专利基本信息：该案涉及实用新型专利权1项、外观设计专利权1项。其中，涉案实用新型专利申请号：201020117558.5，专利名称：一种矩形密封圈，申请日：2010年2月24日，授权公告日：2010年9月29日；专利权人：谭莱宁。涉案专利授权版本的权利要求为：“1. 一种矩形密封圈，其特征在于包括矩形橡胶密封圈（1），矩形橡胶密封圈（1）的外缘包裹有经热压制成的厚度为0.20～0.50mm的聚四氟乙烯包裹层（2）。”涉案专利的说明书附图如图1所示。

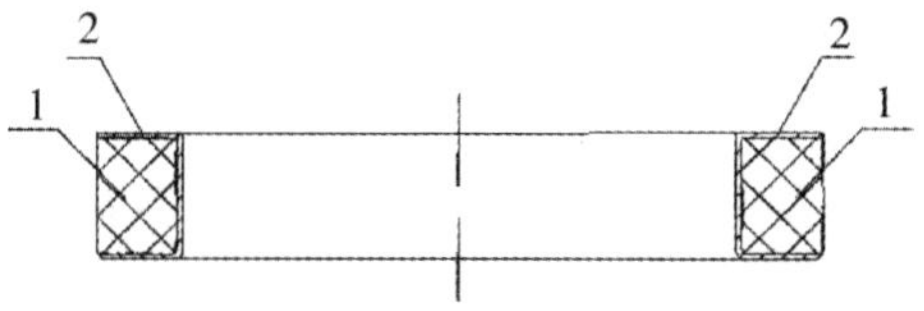

图1　涉案专利的说明书

涉案外观设计专利申请号“201330402267. X”，名称为“橡胶密封圈（包覆聚四氟乙烯）”；申请日：2013年8月22日，授权日：2014年7月16日；专利权人：谭莱宁。涉案专利的主视图（最能表明设计要点的图片）如图2所示。

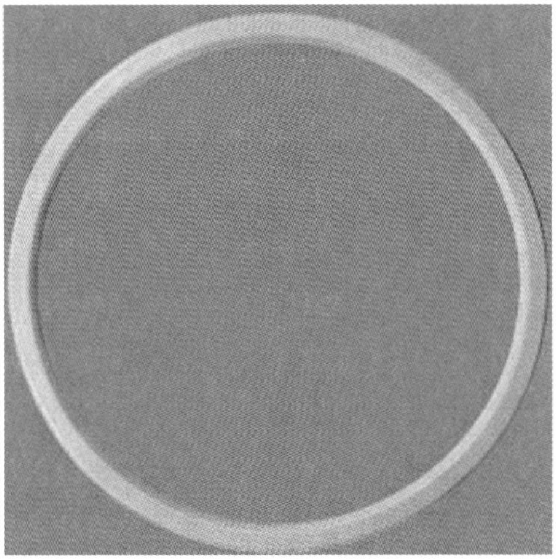

图2　涉案专利的主视

专利侵权纠纷案基本情况：原告谭莱宁诉被告镇江新区恒达硅胶有限公司未经许可生产、销售侵权产品，侵犯其专利权，给其造成严重经济损失。原告要求：被告立即停止侵权行为；被告赔偿经济损失及因制止侵权而支付的合理费用共计45万元；被告承担诉讼费用。对此，被告辩称：被控侵权产品是根据被告自己的专利制造的，未侵犯涉案专利权；被控侵权产品的技术特征与涉案专利不同，不构成侵权。一审法院认为：被控侵权产品侵犯了涉案实用新型专利权；被控侵权产品侵犯了涉案外观设计专利权。一审法院判决：被告立即停止侵权行为；赔偿原告经济损失共计30万元；承担一审案件受理费。

对此，被告不服并上诉称：被控侵权产品是根据自己的专利制造的，未侵犯涉案专利权；被控侵权产品的技术特征与涉案专利不同，不构成侵权；被控侵权产品的技术特征已被现有技术公开；30万元赔偿额显属不当。上诉人诉求：撤销一审判决，改判驳回原审原告的全部诉讼请求或者发回重审，并由原审原告承担一审、二审诉讼费。对此，被上诉人认为：一审判决认定事实清楚，适用法律正确，请求驳回上诉，维持原判。

上诉人同时补充提交如下证据：（1）国家标准“管法兰用非金属聚四氟乙烯包覆垫片 GB/T13404－2008”（以下简称国标 GB/T13404－2008）；（2）国家知识产权局针对涉案实用新型专利作出的《实用新型专利权评价报告》；（3）专利名称分别为“一种矩形双层密封圈”（CN201152358Y）、“一种 O 型密封圈”（CN201133466Y）、“一种双向密封蝶阀”（CN201180782Y）、“一种矩形复合密封圈”（CN200982527Y）的 4 份实用新型专利说明书。

本案的争议焦点为：（1）被控侵权产品是否侵犯了涉案实用新型及外观设计专利权；（2）假设侵权，一审判决确定的赔偿数额是否适当。

法院观点

二审法院认为：被控侵权产品落入涉案实用新型和外观设计专利权的保护范围，但上诉人提出的现有技术和现有设计抗辩成立，故上诉人制造、销售被控侵权产品的行为不构成专利侵权。

判决结果：撤销江苏省镇江市中级人民法院（2015）镇知民初字第 71 号民事判决；驳回被上诉人的全部诉讼请求。一审案件受理费人民币 9200 元，由被上诉人负担，二审案件受理费人民币 5800 元，由上诉人负担。

律师分析

笔者认为，本案最终以“维权失败，且专利权的稳定性也受到极大挑战”为结局，主要是因为专利布局不恰当及诉讼策略选择不当。我们围绕二审法院提出的争议焦点来进行分析。争议焦点集中在“被控侵权产品是否侵害了涉案实用新型及外观设计专利”上，如果最终认定为不侵权，自然也就无须讨论侵权赔偿金额是否恰当的问题。

关于这一争议，被告在一审中提出了两点抗辩理由：（1）被控侵权产品是根据被告自己的专利制造的，未侵犯涉案专利权；（2）被控侵权产品的技术特征与涉案专利不同，不构成侵权。

关于抗辩理由（1），《最高人民法院关于审理侵犯专利权纠纷案件应用法律若干问题的解释（二）》第 23 条规定：“被诉侵权技术方案或者外观设计落入在先的涉案专利权的保护范围，被诉侵权人以其技术方案或者外观设计被授予专利权为由抗辩不侵犯涉案专利权的，人民法院不予支持。”专利权是独占实施权，申请专利并非实施行为，不属于侵权范畴。但申请专利不侵权，并不意味着实施专利对应技术也不侵权。即使被控侵权产品其本身拥有专利权，仍然可能侵犯在先专利权。

关于抗辩理由（2），分为实用新型侵权和外观设计侵权。使用全面覆盖原则判断被控侵权产品是否构成实用新型侵权。全面覆盖原则，是指被控侵权产品是否包含与涉案实用新型权利要求记载的全部技术特征相同或等同的技术特征。

涉案实用新型的权利要求如下："一种矩形密封圈，其特征在于包括矩形橡胶密封圈（1），矩形橡胶密封圈（1）的外缘包裹有经热压制成的厚度为0.20～0.50mm的聚四氟乙烯包裹层。"该权利要求记载的特征只包括矩形橡胶密封圈、外边缘包裹热压制成的聚四氟乙烯包裹层，聚四氟乙烯包裹层厚度为0.20～0.50mm。权利要求具有较大的保护范围。

被控侵权产品也是一种矩形橡胶密封圈，其外边缘也包裹有聚四氟乙烯包裹层，聚四氟乙烯包裹层厚度为0.4316～0.4781mm（在0.20～0.50mm范围内）。因此，被控侵权产品具有涉案实用新型专利要求记载的全部技术特征，落入其保护范围内。

判断被控侵权产品是否侵犯外观设计权时，需从一般消费者的角度出发，判断两者是否构成相同或实质相同。被控侵权产品与外观设计专利的外观基本相同，主体都是矩形截面的圆形密封圈，矩形密封圈的外边缘都包裹了一层聚四氟乙烯。因此，被控侵权产品落入其保护范围内。

基于上述理由，一审法院认为被告的抗辩理由均不成立，认为被告侵犯了原告的实用新型和外观设计专利权。似乎原告大获全胜。但事实上，原告的专利布局和诉讼策略选择存在漏洞。一审判决后，被告不服并提起上诉，补充抗辩理由：被控侵权产品的技术特征已被现有技术公开。

我们先看原告在涉案专利上的布局。本案涉及两项专利，实用新型和外观设计。其中，实用新型专利的申请日为2010年2月24日，授权公告日为2010年9月29日；而外观设计专利的申请日为2013年8月22日。从时间上看，实用新型专利的申请日与公告日均在外观设计的申请日之前，构成外观设计专利的现有设计，可以用于判断其公开的设计是否与外观设计专利的设计相同或实质相同。

虽然只看实用新型专利的说明书附图和外观设计专利的主视图，两者的图片似乎并不相同，但这是因为两者展示的图片类型不同所带来的。实用新型专利提供的为绘制的二维结构剖面图，外观设计专利展示的主视图为照片或三维图。《专利审查指南》中关于“外观设计相同”处记载，需要将“全部外观设计要素与对比设计的相应设计要素”进行对比，判断是否相同。“外观设计要素是指形状、图案以及色彩”，按照这一标准，图片类型不同所带来的“看似不相同”并非真正的不相同，关键还是需要将两者的设计要素进行比对。

分析实用新型专利的说明书、外观设计专利的简要说明和截面放大图可以发现，涉案外观设计是在普通橡胶密封圈上包裹了一层聚四氟乙烯层，截面类似矩形，并未要求保护色彩。实用新型专利公开了一种矩形截面的圆形密封圈，在矩形密封圈外边缘包裹一层聚四氟乙烯。从设计要素来看，两者并无实质性差异。两者对比图如表 1 所示。

表 1　实用新型专利与外观设计专利

涉案实用新型专利	涉案外观设计专利
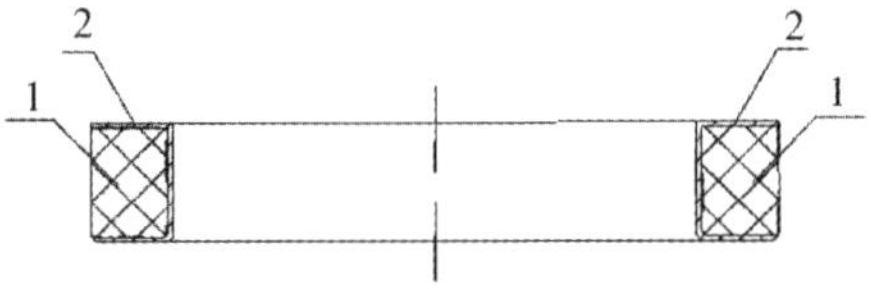 剖面图	 主视图
	 截面放大图

意即虽然被控侵权产品的外观与涉案外观设计的外观相同或实质相同，但同时也与涉案实用新型专利公开的外观基本相同，所以被控侵权产品使用的是涉案

外观设计之前的现有设计。因此，被告的现有设计抗辩理由成立。虽然被控侵权产品落入涉案外观设计的保护范围内，但不侵犯其专利权。

事实上，在先公开的实用新型专利不仅使被告的“现有设计抗辩理由”成立，还使涉案外观设计的专利权受到挑战。被告可以基于该实用新型专利，进一步向国家知识产权局提起外观设计专利的无效宣告请求，将外观设计的权利无效。当然，基于“不告不理”原则，国家知识产权局并未收到相应的无效宣告请求，原则上不会依职权主动启动无效程序。即使被告并未对涉案外观设计提起无效宣告请求，但该外观设计的实际使用价值也因此大打折扣。如果后续有第三方使用具有相同外观的相同产品，原告也较难再通过诉讼程序维权成功。因此，在二审判决后不久，原告也未继续缴纳年费维持涉案外观设计专利权，该权利目前处于失效状态。

在“现有设计抗辩理由”成立后，本案争议的焦点就集中于被控侵权产品是否侵犯涉案实用新型的专利权。要讨论这个问题，需要先了解我国的实用新型审查制度。实用新型在递交后，国家知识产权局只对其形式问题、实用性和新颖性进行初步审查，而不会审查其创造性。这使得申请人可以快速获得实用新型的专利权，但获得的权利并不稳定，极易受到挑战。在判断被控侵权产品是否侵权时，被告往往会使用“现有技术抗辩”，或发起无效宣告请求将涉案专利权无效。

因专利权不仅包括法律问题，还涉及技术问题，其权利的稳定性判断存在一定难度。为更客观、专业地评价专利权的稳定性，专利权人或利害关系人往往会根据实际情况，请求国家知识产权局出具专利权评价报告，根据评价报告的意见再做后续决策。

评价报告是国家知识产权局对涉案专利（实用新型或外观设计）进行检索后，就该专利是否符合《专利法》及相关规定的授权条件作出的分析和评价。该评价报告只是参考文件，并不能直接用于肯定或否定专利权的效力，但因出具单位具有相当的权威性，故参考意义较大。

对于专利权人而言，评价报告是“双刃剑”，在请求前需要结合涉案专利的实际情况和案情慎重考虑。如果在请求前，专利权人预判涉案专利的技术方案创造性较弱，或存在其他可能不符合授权条件的情况，则建议不主动提出请求，否则可能得不偿失。

回到涉案专利，涉案实用新型全文只包括一项权利要求和一张附图，说明书具体实施方式中也只有短短三段相关内容，且方案看似技术难度偏低。虽然不能单凭专利篇幅和主观感受评价技术的难易程度及是否符合新颖性、创造性等授权条件，但在主观评价偏低时，更应自行或委托专业机构预先检索、评价专利权的稳定性，谨慎考虑是否主动请求评价报告。

本案中，原告在起诉前，2013 年 4 月 12 日，即主动提出评价报告请求。2013 年 5 月 6 日，国家知识产权局根据请求出具了对应的评价报告。报告认为：涉案专利的权利要求具有新颖性，不具有创造性。该报告一定程度上影响了涉案实用新型的专利权稳定性，也影响了后续维权的结果。

在具体分析评价报告对诉讼结果的影响前，我们先讨论出现“评价报告不利于原告”这一结果的主要原因。笔者认为，最首要的原因是撰写方式和专利布局选择不当。从撰写方式的角度分析，涉案实用新型全文公开内容非常少。申请文本只记载了一项权利要求，且权利要求记载的特征很少，要求了一个较大的保护范围。在实际撰写中，有经验的撰写人往往倾向于撰写更多项权利要求，既可以争取更大的权利，也为后续修改预留充足空间。而且，要求较大保护范围需要建立在说明书提供充足支持和撰写前严格检索的基础上。因为技术特征越少的权利要求，对应特征被现有技术公开的可能性越大。因此，需要对权利要求 1 记载的技术特征进行尽可能完善的检索。当然，因存在使用检索平台不同、语言障碍、抵触申请等诸多情况，检索缺陷的存在是必然的。但如果存在较多在先国内专利和国家标准均可相对明显地否定专利创造性，说明其检索工作还存在一定的优化空间。

从专利布局的角度分析，通过查阅发明人针对专利权评价报告递交的更正请求发现，其还有部分核心技术内容并未记载在专利文件中。该专利的核心并不仅在于“在密封圈外边缘热压形成了一层聚四氟乙烯包裹层”，更在于通过特定的技术手段，克服聚四氟乙烯与特定形状的橡胶间难以热压结合的问题，以及克服结合后存在明显接头、“飞边”等问题。即涉案专利的核心技术实际包括一种新的橡胶密封圈及其制备方法两个技术方案。橡胶密封圈的创造性主要体现在连接处“无接头”“无飞边”上。而连接处“无接头”“无飞边”的效果，是由特定制备方法所带来的。因此，从专利布局的角度，涉案专利实际可以同时申报三项专利：制备方法类的发明专利，密封圈产品类的发明专利和实用新型专利（同日申请）。当然，出于申请成本考虑，也可以将两项发明专利合并申请。在说明书中，应当重点阐述通过何种技术手段实现现有技术无法实现的“无接头”“无飞边”这一技术效果。

遗憾的是，可能由于缺乏撰写经验，也可能是想将最核心的技术以商业秘密的方式进行保护，原告并未进行上述专利布局和撰写，只申请了实用新型，且实用新型中并未记载真正能带来创造性的技术方案。直接导致评价报告结果不理想。

如果原告选择了商业秘密，就无法享受专利的独占实施权，且需要承担因秘密泄露或反向工程研发导致秘密公开的后果。根据原告针对评价报告递交的更正请求，其提出，核心技术被公司员工盗取导致的泄露，从而引起了系列侵权行为。但因为核心技术并未获得相应的专利权，故原告后续可能的维权手段是依据《反不正当竞争法》诉被告侵犯了己方的商业秘密，难以再获得专利权的保护。

虽然专利布局不当，但在收到评价报告后，原告实际还拥有一次申辩的机会。请求人如果认为评价报告存在错误，可以自收到报告后 2 个月内提出更正请求。原告确实也提出了更正请求，并在请求中详细陈述了与现有技术相比，己方技术的优越性。但一方面，原告陈述的大部分内容并未记载在专利申请文件中；另一方面，原告递交陈述的时间为 2014 年 9 月 19 日，距评价报告的发出时间（2013 年 5 月 6 日）已一年有余，远超可以提出更正请求的时限。故国家知识产权局针对原告的更正请求发出视为未提出通知书，不接受该更正请求。

至此，对原告不利的评价报告已作出，且无法更正，也无法申请作出新的报告。同时，评价报告一经作出，即会在相关平台上公开，任何人均可下载使用；真正被更正的概率也极低。因未充分考量即请求出具了评价报告，本案刚开始，原告就将主动权交到被告手中，被告可以依据评价报告中提出的现有技术提出“现有技术抗辩”，也可以向国家知识产权局提出无效宣告请求；对原告后续的维权大为不利。

因评价报告对原告不利，原告并未主动提交该报告作为专利侵权纠纷案中的证据。在一审中，被告也未主动递交报告。在二审中，被告补充递交该评价报告，并补充递交了一份国家标准和四份在先专利作为现有技术，据此提出“现有技术抗辩”。

二审法院经审理后认为：被告提交的国家标准发布日期为 2008 年 8 月 25 日，早于实用新型申请日。该标准公开：“一种矩形密封圈，包括矩形橡胶密封圈，矩形橡胶密封圈的外缘包裹有聚四氟乙烯包裹层。聚四氟乙烯包裹层的厚度为0.5mm，顾客另有要求时由供需双方协商确定。”被控侵权产品落入涉案实用新型保护范围中的特征包括“矩形橡胶密封圈”“矩形橡胶密封圈的外缘包裹有聚四氟乙烯包裹层”“聚四氟乙烯通过热压工艺包裹在密封圈上”“聚四氟乙烯包裹层的厚度在0.4316～0.4781mm”四个特征。其中，前两个特征已经被国家标准公开。关于包裹层厚度的特征，虽然数值不完全相同，但非常接近，且国家标准也记载可以根据需要调整厚度，所以可以认定包裹层厚度的特征也被国家标准所公开。同时，根据评价报告，“聚四氟乙烯通过热压工艺包裹在密封圈上”这一工艺是加工领域的常用技术手段。因此，被控侵权产品落入涉案实用新型保护范围中的全部特征均被国家标准和公知常识的结合所公开。故被告的“现有技术抗辩”成立。虽然被控侵权产品落入涉案实用新型保护范围内，但不构成侵权。

根据上述分析也可以看出，原告技术的关键点可能在于如何将聚四氟乙烯通过热压工艺无接头地牢固包裹在密封圈上。但因申请文件中并未记载具体技术手段，所以无法以之进行抗辩。

本案现已结案，最终，二审法院认为，被控侵权产品虽然落入涉案实用新型和外观设计专利权的保护范围，但被告提出的现有技术和现有设计抗辩成立，故被告制造、销售被控侵权产品的行为不构成专利侵权。

虽然最后被告并未进一步对原告的两项专利权提出无效宣告请求，但专利权的稳定性已受到实质性挑战，实际价值也大不如前。在本案审结后，原告并未继续缴纳年费维持专利权的有效性，两项专利现均处于失效状态。

律师建议

1. 合理选择知识产权种类

专利权保护和商业秘密保护各有利弊。对于“使用即公开”的技术方案，建议在使用前申请专利权保护，以获得独占实施权。对于“使用不会造成公开”的技术方案，可以选择商业秘密保护，但相应也不享有技术的独占实施权，且需要承担泄密的风险。

2. 合理进行专利布局

专利布局包括专利申请类型、专利申请时间和权利要求撰写等多方面内容。

对于申请类型，应当根据技术的实际情况合理选择专利种类，不能仅因实用新型、外观设计专利更容易获得授权就做出选择。对于申请时间，技术相关的专利建议同日递交，避免相互之间影响新颖性甚至影响创造性。对于权利要求撰写，建议同时设置多条权利要求，预留充足的答辩和修改基础。

3. 重视实用新型专利撰写质量

实用新型专利虽然无须经历实质审查即可获得授权，但并不意味着不要求其具有创造性，只是将对其的创造性审查延后到无效等程序中。如果在撰写时，出于各种目的，递交了存在不符合授权要求的专利申请文本，即使获得授权，也很可能权利不稳定。

4. 慎重使用专利权评价报告

评价报告中的意见，对侵权判定、专利权稳定性判定等均具有重要的参考价值。国知局在作该报告时，会严格按照《专利法》及相关规定进行，作出的评价可能对专利权人有利也可能不利。因此，在请求报告前，建议自行或委托第三方对专利进行检索和预判。

结　语

随着人们知识产权维权意识的增强及《专利法》对专利权保护力度的加大，可以预见，我国的专利侵权纠纷会逐渐增多。从某种意义上而言，这有利于我国从知识产权大国发展为知识产权强国，因为大量的侵权纠纷案件，一方面意味着涉案专利技术的实际使用，另一方面也可以淘汰低质量专利。可以说，侵权纠纷是专利质量的试金石。申请主体亟须从既往“申请大量专利”的观念转变为“申请高质量专利”，才能满足时代发展的需求。

作者：刘坤律师、专利代理师

专利侵权的技术比对对象到底是什么

——窗框型材实用新型专利侵权案

专利侵权案件中，是否构成侵权的判断要以技术比对为前提。一般而言，技术比对应该在公证购买的被控侵权产品与专利权技术方案间进行。那么，是否存在例外情形呢？如果难以通过公证购买获得被控侵权产品，又该如何锁定侵权行为呢？

案情概要

案外人钱某于2015年6月申请了“推拉窗窗框型材”的实用新型专利，该专利于同年10月公告授权。该实用新型的窗框型材用于制作合金窗的“下滑”，“下滑”即使用者扶手的窗下侧窗框。该实用新型专利产品具有结构合理、扶手舒适、方便安装纱窗等优点。

本案原告成都兰某科技有限公司于2017年8月受让获得该专利权，并在国家知识产权局办理了权利转移登记手续，承继该专利的一切权利和义务，并按时交纳了专利年费。2019年，原告发现被告重庆兴某铝业有限公司在其官网、淘宝店铺和经销商门店销售、许诺销售侵犯原告专利权的产品。原告遂申请公证处对相关网站许诺销售的事实进行证据保全，获得了（2019）川成证经字第23907号公证书。

随后，原告经电话、信函联系被告，要求其停止侵权，被告均不予回应。原告遂起诉至重庆市第一中级人民法院，主张被告官网许诺销售的用于门窗的铝合金产品中，有高气密推拉窗等多款产品侵犯原告专利权。要求被告停止侵权并赔偿经济损失。

案件审理中，原告以公证书记载的被告官方网站上许诺销售的窗框型材产品截面图与原告专利权进行比对，认为被告许诺销售的产品与原告专利权保护范围一致，构成全面覆盖，侵犯原告专利权。同时，原告也主张被告在后申请的专利文献上记载的产品图样与原告专利权产品也是一致的。且因为被告是企业，而非科研机构，其申请专利必然也是向社会宣传其有相应产品出售，是许诺销售的一种形式，因此也足以证明被告许诺销售被控侵权产品。被告代理人当庭陈述其实际销售产品与其官网及被告在后申请的专利上的产品一致，但提出被告先设计和实际生产销售被控侵权产品，主张先用权抗辩，却未提供证据证明。

法院观点

法院认为，因为被告官网公开的图样清楚地展示了产品结构特征，官网也与淘宝账户关联，并可以直接进行链接和下单购买。故原告以被告官网和淘宝店公开的产品与专利权进行比对以证明被告许诺销售的方式有事实和法律依据。但是，申请专利并不等于有实际产品生产和销售，很多专利技术并未产业化。因此，专利文件公开相关产品就等于许诺销售相关产品的主张不符合商业习惯，不足以证明该行为是《专利法》意义上的许诺销售。以被告专利文件公开的产品与原告专利权进行技术比对来判断是否侵权的方式，没有法律依据。

经过技术比对，法院认可被告官网、淘宝店许诺销售的产品具备原告专利权利要求 1 的全部技术特征，对专利权形成全面覆盖，构成专利侵权。且因为被告自认实际生产、销售的产品与官网一致，故也认可了被告生产、销售、许诺销售被控侵权产品的事实。开庭后，本案由法院组织调解，原被告双方达成了和解协议，被告对原告进行了赔偿，原告撤回了起诉。

律师分析

本案技术上涉及用于制作窗户的窗框型材，其技术创新在于铝合金型材横截面的变化，因此技术上简单易懂。但在侵权比对对象等方面的专业问题上则比较有典型意义。

1. 专利侵权比对的对象到底是什么

在专利侵权案件中，原告通常是通过公证购买或申请法院证据保全两种途径获得被告生产或销售的产品。但是本案中，市场上几乎找不到零售窗框型材的商家。窗框型材常规的商业流通渠道是门窗商家从厂家以吨为单位大批量采购型材原材料，门窗商家上门给用户量尺寸，然后定制加工、上门安装，不单独售卖型材。被告在淘宝网上的销售也是相同方式，接到订单后，线下派人现场测量，然后再加工窗框、上门安装，不单独销售型材。因此，原告难以通过公证购买获得被控侵权产品。同时，又因为各种原因难以启动诉前禁令或者证据保全的相应程序。因此，如何获得比对对象进而维权成了本案的难题。本案中，原告调查发现，被告官网有侵权产品广告信息，且图纸已经完全展示了产品细节，足以和专利权进行技术比对。因此直接对被告官网信息进行了网页公证，然后以网页公证固定的被告产品图样与原告专利权要求的技术方案进行对比，主张被告许诺销售被控侵权产品。原告主张：根据《最高人民法院关于审理侵犯专利权纠纷案件应用法律若干问题的解释》第七条第一款的规定，人民法院判定被诉侵权技术方案是否落入专利权的保护范围，应当审查权利人主张的权利要求所记载的全部技术特征，司法解释规定的侵权比对的对象是“技术方案”，那么，实物产品只是技术方案的展示形式之一。除此之外，单纯图纸也可以展示技术方案，如果是方法专利的话，工艺流程的说明文件也能展示技术方案。因此，实物显然不是专利侵权比对的唯一对象。本案中网页公证的部件命名证明了被告官网广告的产品作为窗框型材的用途，图纸则清楚展示了型材的结构。因此，被告许诺销售的产品技术方案已经足够清楚，可以用于同专利权记载的技术方案进行比对。

该观点最终得到了承办法官的认可，同意原告的侵权比对方式。结案后，承办法官也谈到，自己也是第一次遇到像本案这样，专利侵权案件中没有提供实物产品进行比对的情形。

类似的情况在本书芯片产品发明专利侵权案中也有出现，原告主张被告官网公开的某型号芯片用户手册里面公开的电路等技术方案可以单独与专利权对比，以判断是否构成许诺销售。当时被告也认可了该比对方式，深圳市中级人民法院也对用户手册公开的技术方案与专利权技术方案的对比结果进行了认定。这也再次证明：产品说明、用户手册、广告宣传资料等公开的技术方案可以认定为被控侵权产品的技术方案，用于同专利权进行侵权比对，以判断是否构成许诺销售。

同样是在芯片产品发明专利侵权案中，原告还主张将网页公证的被告产品用户手册记载的技术和公证购买的芯片产品组合，与专利权技术方案进行侵权比对，我们简称为“组合对比”。原告认为，“组合对比”方式的合理性和逻辑在于：公证购买的产品证明了被告存在销售芯片产品的事实，但肉眼无法看到芯片内部的电路。而按商业习惯，相同型号的芯片产品内部电路和官网上同型号的用户手册公开的电路必然是对应一致的。故应推定被告官网公开的同型号芯片产品的用户手册的电路图、结构说明等就是该型号芯片产品实物的内部电路，两者结合可以用于同专利权进行技术比对，从而证明被告的芯片侵权。

但法院和被告都否定了用户手册记载的电路和公证购买的芯片产品组合与专利权技术方案进行比对的“组合对比”方式，认为该比对方式没有法律依据。芯片案被告进一步认为：基于公证封存的瑕疵，当庭提交的芯片并不能锁定被告，组合对比也缺乏事实基础；且专利侵权的比对应该遵循“单独对比”的原则，不能把产品组合起来与专利权比对，因为这会导致专利保护范围扩大，也不能把多项权利要求组合起来与一个产品比对，从而导致专利保护范围缩小。

2. “全面覆盖”基本原则的具体运用

本案中，原告专利权利要求 1 技术方案为：“一种推拉窗窗框型材，包括内框（1）、外框（2），其特征在于：所述内框（1）、外框（2）上分别设置有内框滑轨（11）、外框滑轨（21），所述内框（1）靠室内侧边缘设置挡板（3），所述挡板（3）端部向内框滑轨（11）端弯折形成纱窗安装滑轨（31）。”

原告主张被告官网公开的三款产品都侵犯其专利权。具体比对情况是：内框（1）、外框（2）及其上分别设置的内框滑轨（11）、外框滑轨（21）为常规必备结构，原被告双方技术方案都存在相应技术特征。而挡板（3）及其端部弯折构成纱窗安装滑轨（31）的专利技术特征在被告许诺销售的产品上也有。故根据“全面覆盖”原则，被告许诺销售的产品技术方案同时包括上述权利要求的全部特征，落入专利保护范围，构成侵权。

本案同时也是对《最高人民法院关于审理专利纠纷案件适用法律问题的若干规定》第 17 条第 1 款“专利法第五十九条第一款所称的‘发明或者实用新型专利权的保护范围以其权利要求的内容为准，说明书及附图可以用于解释权利要求的内容’，是指专利权的保护范围应当以权利要求记载的全部技术特征所确定的范围为准，也包括与该技术特征相等同的特征所确定的范围”规定的权利要求保护范围的一次典型的法律适用过程的展示。

3. 庭审技巧的合理使用

本案中，原告发现被告两位代理人中，有一位是单位技术人员，其对己方技术和产品极度自信。因此，在原告证据仅能证明被告许诺销售的情况下，原告代理人故意无中生有地提出：被告曾当庭承认过其实际生产、销售的产品与官网一致。据此，法官即向被告确认该说法，被告对此予以认可。随后，原告立即将主张的侵权事实变更为：被告许诺销售及实际生产、销售被控侵权产品，并依据《最高人民法院关于适用〈中华人民共和国民事诉讼法〉的解释》第 232 条“在案件受理后，法庭辩论结束前，原告增加诉讼请求，被告提出反诉，第三人提出与本案有关的诉讼请求，可以合并审理的，人民法院应当合并审理”，《最高人民法院印发〈关于当前经济形势下知识产权审判服务大局若干问题的意见〉的通知》第 15 条，“根据当事人的诉讼请求、案件的具体情况和停止侵害的实际需要，可以明确责令当事人销毁制造侵权产品的专用材料、工具等”的规定，向法庭申请增加诉求：要求被告销毁侵权产品的生产模具、库存产品，停止生产、销售侵权产品。

且原告主张，原告曾本着友好协商、共同开发的原则，于 2019 年先后分别以电话和致函的方式联系被告，要求被告停止侵权。但被告既不回应原告意见，也从未主动与原告进行任何联系和沟通。虽然曾经删除过其官网上部分许诺销售的产品信息，但后来又调整其官网菜单设置，继续许诺销售被控侵权产品。开庭前一日，原告登录被告官网，仍然可以看到高气密推拉窗等被控侵权产品在许诺销售。故被告恶意侵犯原告具有较大市场价值、受市场追捧的热销产品专利权，理应承担比一般侵权更为严格的惩罚性赔偿责任，并结合被告自认有生产、销售的事实，原告向法庭申请变更诉讼请求将侵权赔偿额提高。

律师建议

1. 沉着冷静应对知识产权诉讼

与普通民商事诉讼相比，知识产权诉讼案件往往还涉及技术问题，增加了理解技术和产品取证两大难题。因此，普通律师在面对知识产权诉讼时，尚未着手了解案情，即已心理预设了案件难度。这种心理预设反而会人为增加案件处理复杂。事实上，很多知识产权诉讼涉及的技术并不如想象中复杂，不预设难度，遇到案件后沉着应对，是争取到好的办案结果的重要前提。

2. 善用经验而不拘泥于经验

根据经验，专利侵权纠纷中，首要任务即为购买被控侵权产品，固定证据，进行技术特征比对。但实践中，并非所有专利纠纷涉及的被控侵权产品技术都能直接通过公证购买或证据保全的方式获得的；法律中也并未规定只能通过实物对比才能判断是否构成专利侵权。在难以获得被控侵权产品时，灵活应用各种可能的途径和手段，独辟蹊径，也有可能是“山重水复疑无路，柳暗花明又一村”。

结　语

专利侵权纠纷日益增多，新案例、新问题不断涌现。面对这些新问题，既往办案经验并非金科玉律。熟练掌握法律、司法解释记载的各项原则和规定，在原则和规定的框架下不断转变思维、与时俱进，才能更好地维护权利人合法权益。

作者：刘坤律师、专利代理师

专利权保护范围的理解与“等同技术特征”认定

——空气过滤器实用新型专利侵权案

专利侵权案件中，是否构成侵权的判断要以技术比对为前提。任何被控侵权产品、工艺方法等都要与专利权技术方案进行比对才能判断是否侵权。而如何理解专利权技术方案，恰当认定技术特征是否“等同”，将对案件的结果产生决定性影响。

案情概要

原告郭某拥有专利号：20142060××××.0，专利名称：“多面出风过滤模块及其构成的多面出风空气过滤器”的实用新型专利，专利申请日：2014年10月20日，授权公告日：2015年2月11日。该专利的权利要求书包括7项权利要求，其中权利要求1和权利要求4分别为“多面出风过滤模块”和“多面出风空气过滤器”两项独立权利要求。

原告郭某于2017年3月从被告大小科技公司公证购买被诉侵权产品。购买的被诉侵权产品侧面机身标签上注明：“产品名称：小屋森林新风净化器、产品型号：KJ240F－A02、大小科技公司制造。”原告据此起诉被告大小科技公司实施了被诉侵权产品的制造、销售行为，要求被告停止侵权，并赔偿原告经济损失461,000元及维权合理开支39,000元。

2017年9月21日，被告大小科技公司针对涉案实用新型专利权向国家知识产权局专利复审委员会提出了无效宣告请求。国家知识产权局专利复审委员会于2018年3月1日作出第35237号无效宣告审查决定，维持涉案专利权有效。

在本案审理过程中，原告郭某主张依据涉案专利的权利要求1和权利要求4进行保护。主张被告生产、销售的被控侵权产品对专利权构成了全面覆盖，应当认定侵权。

被告大小科技公司辩称：被诉侵权产品与涉案专利权利要求 1 形成凹槽体的各过滤块之间的连接方式不同，专利权利要求 1 的技术特征中，凹槽体由正面出风过滤块（1）、左侧出风过滤块（11）和右侧出风过滤块（12）顺次连接形成的。而被诉侵权产品中对应的结构是由三块相互独立可分离的过滤块相互拼合而成的，各过滤块之间没有连接关系。具体拼合方式为：将各相应的过滤块分别插入箱体内侧对应的口字型插槽内，正面过滤模块则固定在顶盖内侧的两个卡板之间。

因此，被诉侵权产品有一项或多项技术特征与权利要求 1 既不相同，也不等同，不构成全面覆盖，不侵权。专利权利要求 4 为引用权利要求 1 的空气过滤器整机权利要求，其包含权利要求 1 的全部技术特征，在被诉侵权产品与权利要求 1 间存在至少一项技术特征不相同且不等同的情况下，其自然也与权利要求 4 的一项以上技术特征不相同、不等同，因此没有全面覆盖，不构成侵权。

法院观点

一审法院认为：本案争议的关键点就在于，原被告双方技术方案的过滤块连接方式是否等同。根据涉案专利文件的说明书中对各过滤块的构成方式的记载，其设计方式有两种，除该两种连接方式外，对其所述的连接方式并无更多记载，更没有各过滤块间不连接的实施方式记载。根据其所述的两种“连接”方式可以理解，所形成的凹槽体应该是各侧面的过滤块形成的一个整体结构，或者是本来单独的各侧面的过滤块经缝纫或粘接方式相互结合成为不再独立和分离的一体式结构。而被诉侵权产品的三个过滤块则没有相互连接关系。

据此，一审法院认定被控侵权产品没有落入涉案专利权利要求 1 的保护范围，未侵犯原告专利权。由于涉案专利权利要求 4“多面出风空气过滤器的技术方案”中包括权利要求 1 至 3 中任意一项多面出风过滤模块的技术特征，被控侵权产品与权利要求 1 的一项技术特征不同也不等同，自然也与权利要求 4 的一项以上技术特征不同也不等同，因此被诉侵权产品也未落入涉案专利权利要求 4 的保护范围，未侵犯涉案专利权利要求 4。

一审判决后，原告不服，向四川省高级人民法院提起上诉。

二审法院就“原被告的不同过滤块连接方式是否等同”的核心问题进行重

点审查，并认为：虽然被诉侵权产品的各出风过滤块并未直接连接成一个联动的整体，但其在组装使用时同样需要相互“拼接”以组装形成多面出风过滤模块。通过对比被诉侵权产品的实物图片及涉案专利可以看出，在采用上述“拼接”方式组装时，各相应功能部件配合方式（各部件相互接触的位置、摆放形态等）及组装形成的结构整体与涉案专利并无实质差别。涉案专利将各出风过滤块及上、下板“连接”的目的在于组装形成一个相对密闭的空气容纳腔，从而使得从风机进入上述容纳腔的空气可经由过滤块流出而得到净化。被诉侵权产品将上述各部件“拼接”在一起，同样也是为了达到上述效果（基于空气过滤净化的需要，过滤器的各过滤块之间不可能存在明显缝隙，如此方能防止未经净化的空气经由缝隙流出导致降低净化效果的情况）。由此可见，从最终的使用形态来看，被诉侵权产品中的拼接组装与涉案专利权利要求中的连接组装相比，以基本相同的方式，实现了基本相同的功能，并产生基本相同的效果。

而“插接”或“卡合”均是本领域最常规的部件固定方式。因此，对本领域普通技术人员来说，通过阅读涉案专利权利要求和说明书，无须经过创造性劳动就能够联想到：可采用被诉侵权产品中卡合/插接的方式将相关功能模块固定到相应的组装位置，从而以“拼接”的方式来达到与涉案专利中连接方式相同的组装效果，进而得到一个外形和功能均基本相同的多面出风过滤模块。由此可见，被诉侵权产品中的“拼接”与涉案专利的“连接”属于等同技术特征。

因此，被诉侵权产品与涉案专利技术等同，落入涉案专利的保护范围，构成侵权。二审法院据此撤销一审判决，改判被告立即停止侵权，并赔偿原告郭某经济损失及合理开支共计20万元。

律师分析

1. 全面覆盖原则与技术特征的等同

本案中，关于被诉侵权产品由被告以生产和销售等方式实施这一点，双方并无争议。因被告主张不侵权，故对赔偿数额双方也没有做更多举证和争辩。唯一的争议焦点就在于“被告所销售产品上的过滤块连接方式是否与专利权中的连接方式构成等同技术特征”。

涉案专利与被诉侵权产品的技术方案相比，主要区别在于：形成空气过滤腔体结构体的各主要功能部件——左侧出风过滤块、正面出风过滤块、右侧出风过滤块、上板及下板之间的组装方式有所不同。具体而言，涉案专利权利要求描述的各出风过滤块和上、下板通过“连接”的方式组装形成一个整体，而被诉侵权产品的上述各部件却是相互独立和分离的，仅在组装形成空气过滤器使用时方才分别插接或卡合在过滤器的箱式外壳上，以“拼接”的方式组装在一起。因此，判断被诉产品侵权与否的关键，便在于上述“拼接”是否与涉案专利的特征“连接”相同或等同。如果相同或等同，则被诉侵权产品对专利权构成侵权；如果不同也不等同，则不构成侵权。

从被诉侵权产品技术特征与涉案专利技术特征是否构成相同特征的角度分析：“连接”一词在本领域通常指代借助外部物件/材料、外力或相互配合的形状等将两个以上的功能部件组合到一起，从而形成一可拆卸或不可拆卸的整体。百度百科将其通俗定义为“用螺钉、螺栓和铆钉等紧固件将两种分离型材或零件连接成一个复杂零件或部件的过程”。涉案专利将各功能部件“连接”，从而在整体上形成一个一端开口的腔体结构体，目的是方便放置于与之形状匹配的凹槽形箱体以形成多面出风过滤器，对流经腔体的空气进行过滤。涉案专利中“连接”一词与本领域的通常含义一致，均需达到使相关部件组装形成一个整体的效果。而被诉侵权产品中构成腔体结构体的各功能部件（左侧出风过滤块、正面出风过滤块、右侧出风过滤块、上板及下板）却是相互独立和分离的，其在与箱式外壳组装形成过滤器之前未形成一个“联动的整体”，与涉案专利存在区别。因此，涉案专利权利要求的特征“连接”没有包括在被诉侵权产品中，二者不相同。

从被诉侵权产品技术特征与涉案专利技术特征是否构成等同特征的角度分析：“等同技术特征”判定的法律依据是《最高人民法院关于审理专利纠纷案件适用法律问题的若干规定》第 17 条“专利法第五十九条第一款所称的‘发明或者实用新型专利权的保护范围以其权利要求的内容为准，说明书及附图可以用于解释权利要求的内容’，是指专利权的保护范围应当以权利要求记载的全部技术特征所确定的范围为准，也包括与该技术特征相等同的特征所确定的范围。等同特征，是指与所记载的技术特征以基本相同的手段，实现基本相同的功能，达到基本相同的效果，并且本领域普通技术人员在被诉侵权行为发生时无须经过创造性劳动就能够联想到的特征”的规定，以及《最高人民法院关于审理侵犯专利权纠纷案件应用法律若干问题的解释（二）》第 8 条“功能性特征，是指对于结构、组分、步骤、条件或其之间的关系等，通过其在发明创造中所起的功能或者效果进行限定的技术特征，但本领域普通技术人员仅通过阅读权利要求即可直接、明确地确定实现上述功能或者效果的具体实施方式的除外。与说明书及附图记载的实现前款所称功能或者效果不可缺少的技术特征相比，被诉侵权技术方案的相应技术特征是以基本相同的手段，实现相同的功能，达到相同的效果，且本领域普通技术人员在被诉侵权行为发生时无需经过创造性劳动就能够联想到的，人民法院应当认定该相应技术特征与功能性特征相同或者等同”的规定。

总的来说，“等同原则”是指被诉侵权技术方案中有一个及以上技术特征与专利权利要求保护的技术特征相比对，从字面上看不相同，但经过分析可以认定两者是相等同的技术特征。这种情况下，应当认定被诉侵权产品落入了专利权的保护范围。

判定技术特征等同需同时满足三个条件：(1) 被诉侵权客体中的技术特征与专利权利要求中的相应技术特征相比，以基本相同的方式，实现了基本相同的功能，产生基本相同的效果。(2) 对该领域普通技术人员来说，通过阅读专利权利要求和说明书，无须经过创造性劳动就能够联想到的技术特征。(3) 能够联想到的时间节点为侵权行为发生时。

就本案而言，虽然被诉侵权产品的各出风过滤块和上、下板并未直接连接成一个联动的整体，但其在组装使用时同样需要相互“拼接”以组装形成多面出风过滤模块。对比被诉侵权产品的实物图片及涉案专利可以看出，在采用上述“拼接”方式组装时，各相应功能部件配合方式（各部件相互接触的位置、摆放形态等）及组装形成的结构整体与涉案专利并无实质差别。涉案专利将各出风过滤块及上、下板“连接”的目的在于组装形成一个相对密闭的空气容纳腔，从而使得从风机进入上述容纳腔的空气可经由过滤块流出而得到净化。被诉侵权产品将上述各部件“拼接”在一起同样也是为了达到上述效果。基于空气过滤净化的目的，过滤器的各过滤块之间也不可能存在明显缝隙，或者即使存在缝隙，相应缝隙也必然被遮挡而不能形成空气流路，简言之，就是不能造成“漏风”，如此方能防止未经净化的空气经由缝隙流出导致无法达到净化的效果，否则就会造成空气过滤不彻底的问题。

由此可见，从最终的使用形态来看，被诉侵权产品中的拼接组装与涉案专利权利要求中的连接组装相比，以基本相同的方式，实现了基本相同的功能，并产生基本相同的效果。并且，“插接”或“卡合”均是本领域最常规的部件固定方式。对本领域普通技术人员来说，无论在专利申请的时候，还是在侵权行为发生的时候，通过阅读涉案专利权利要求和说明书，都无须经过创造性劳动就能够联想到可采用被诉产品中卡合/插接的方式将相关功能模块固定到相应的组装位置，从而以“拼接”的方式来达到与涉案专利中连接方式相同的组装效果，构造外形和功能均基本相同的多面出风过滤模块。

综上，将被诉侵权产品中的“拼接”与涉案专利的“连接”认定为等同技术特征，更符合本领域技术人员的认知，认定被诉侵权产品与涉案专利技术等同，落入涉案专利的保护范围更为恰当。

2. 专利权保护范围的解读

本案涉案专利权利要求书中用的是“顺次连接”，说明书中进一步解释和举例具体的“连接”方式有两种：第一种是各侧面的过滤块可以由一个整板的高效过滤网裁剪而成，即由一个整板的过滤网在保持板体部分不断裂的前提下沿其网孔线裁剪并分别转折90°而成；第二种是可以由几块单独的过滤网拼接后分别按照缝纫连接或粘接方式相互连接而成。

一审法院仅以涉案专利权利要求记载的“连接”文字概念及说明书中两种具体连接方式来解读专利的保护范围，不符合《最高人民法院关于审理专利纠纷案件适用法律问题的若干规定》（已修改）第17条第1款的规定。根据该规定，专利权的保护范围应该不局限于权利要求书记载的内容，而“等同的特征”显然不能局限于说明书例举的实施方式，不能将“说明书及附图可以用于解释权利要求的内容”理解为“权利要求的保护范围仅限于说明书的举例”。

《专利审查指南》第二部分第二章关于“说明书和权利要求书撰写的审查”规定：实现发明或者实用新型的优选的具体实施方式是说明书的重要组成部分，它对于充分公开、理解和实现发明或者实用新型，支持和解释权利要求都是极为重要的。因此，说明书应当详细描述申请人认为实现发明或者实用新型的优选的具体实施方式。在适当情况下，应当举例说明；有附图的，应当对照附图进行说明。这一规定也可以证明：专利说明书的举例、附图不是对权利要求保护下所有实施例的穷举，而是为了充分公开和便于理解专利技术的有限举例。因此，权利要求的保护范围不能简单局限于专利文件记载的内容，更不能局限于专利说明书举例的具体情形。

当然，一审法院的认定结果与二审法院不同，并非办案法官在办案水平上存在差异，而是专利案件本身技术复杂，而办案法官不可能熟悉各个领域的技术。技术的理解难度更大，相关法律事实的认定难度自然也就更高，出现认定结论不同的情况也难以避免。2019 年 4 月 26 日最高人民法院公布的《关于技术调查官参与知识产权案件诉讼活动的若干规定》明确了审理技术类知识产权案件的人民法院将施行技术调查官制度。在审理专利、植物新品种、集成电路布图设计、技术秘密、计算机软件、垄断等专业技术性较强的知识产权案件时，可以指派技术调查官参与诉讼活动。这一规定，将是一项非常有益而积极的尝试，有利于在技术难度较大的案件中，协助法官对技术问题、法律事实作出更全面、准确的认定。

3. 专利权的各权利要求之间的关系

本案中，原告主张依据涉案专利的权利要求 1 和权利要求 4 进行保护。其中，权利要求 1 和权利要求 4 分别为“多面出风过滤模块”和“多面出风空气过滤器”两项独立权利要求。

权利要求 1 是关于出风过滤模块的独立权利要求，保护的产品是“过滤模块”，记载的技术方案是：“1. 多面出风过滤模块，其特征在于：包括一个正面出风过滤块（1）、位于正面出风过滤块（1）左侧的左侧出风过滤块（11）……上板（2）和下板（3）、左侧出风过滤块（11）、正面出风过滤块（1）、右侧出风过滤块（12）围合构成一个一端开口的腔体结构体。”从属权利要求的作用也就是对其引用的独立权利要求或在先的从属权利要求做进一步限定，或者附加新的技术特征。本案中，权利要求 2、3 分别为权利要求 1 的从属权利要求，分别对权利要求进行了进一步限定。

权利要求 4 为一项新的独立权利要求，保护的产品是“过滤器”，具体技术方案是：“多面出风空气过滤器，其特征在于：包括权利要求 1 至 3 中任意一项多面出风过滤模块，还包括背板（7）、连接在背板（7）左端的左侧板（71）和连接在背板（7）右端的右侧板（72），背板（7）……盖板（8）设有若干个出风孔。”

根据《最高人民法院关于审理侵犯专利权纠纷案件应用法律若干问题的解

释》第7条第1款“人民法院判定被诉侵权技术方案是否落入专利权的保护范围，应当审查权利人主张的权利要求所记载的全部技术特征”的规定，则权利要求4引用了权利要求1~3任意一项的多面出风过滤模块，则其技术方案应理解为有3种，分别以权利要求1、2、3的出风过滤模块，结合权利要求4新增加的背板（7）、盖板（8）等技术特征，构成了三种多面出风空气过滤器。对三种过滤器中的任意一种构成全面覆盖，则落入权利要求4的保护范围，构成侵权。但因为权利要求4技术特征多于权利要求1，对其构成全面覆盖的技术方案必然也全面覆盖权利要求1。权利要求1保护范围大，权利要求4保护范围小。因此判断是否侵权，只需要判断被诉侵权产品是否构成对权利要求1的全面覆盖即可。如未覆盖权利要求1则不可能覆盖权利要求4等其他任意权利要求；反之，只要覆盖了权利要求1，则可以判定侵权，通常也无须再判断是否覆盖其他权利要求。这一点两审法院都持相同观点，也是专利保护当中的常态。

律师建议

1. 专利撰写中要注意设置专利保护范围梯度

本案中，既然权利要求1保护范围大，权利要求4保护范围小。侵犯权利要求4则必然侵权权利要求1，用权利要求1维权即可。那么，保护范围更小的权利要求4，是否就没有存在的价值呢？答案是否定的。实践中，撰写多个权利要求的价值更多还是体现在确权程序和专利无效程序当中。

倘若在专利无效程序中，权利要求1因为技术特征较少，专利性不足被无效；而权利要求4因为技术特征更多，技术更复杂，专利性得到认可被维持有效，则专利权人仍然可以权利要求4对外主张权利。这也就是权利要求4及其他从属权利要求虽然保护范围小，但仍然有存在价值的原因。所以在专利撰写中应尽可能设置保护范围梯度，增加权利要求项数，尤其是尽可能增加独立权利要求项数，以避免保护范围较大的权利要求被无效后，完全丧失专利权的问题。

而作为发明人，往往不具备撰写专利文件的专业知识和经验，需要委托专利代理师办理专利撰写和申请相关事务。要审查专利代理师撰写的专利质量，发明人可以从竞争对手的角度，看看专利权利要求，尤其是独立权利要求的保护范围是否可以被轻易绕过。并与专利代理师反复沟通和推敲，进行必要的修改，以提高专利撰写的质量和水平。判断专利撰写质量最基础、最直观的标准，就是权利要求的数量，尤其是独立权利要求的数量，以及权利要求是否既体现技术改进和创新方案，又没有多余限定。

2. 专利诉讼中要尽可能全面抗辩，充分陈述意见

因被告主张技术方案不构成全面覆盖，被诉侵权产品没有落入涉案专利权利要求 1 及权利要求 4 的保护范围，因此不侵权。故被告对侵权责任的承担、赔偿数额等没有做充分举证和抗辩。且一审法院判定被告的行为不构成侵犯原告专利权的行为，不承担原告主张的民事侵权责任。因此，一审法院对原告的经济损失及维权开支、被告的现有技术抗辩理由也都没有进行全面审查和认定。二审程序中，双方也没有将其作为争议焦点进行充分举证和抗辩。导致在二审法院最终对是否侵权的基础法律事实做出颠覆性结论后，只能酌情确定赔偿金额。

虽然作为旁观者难以衡量和评价赔偿额的高低，但双方没有就侵权责任的承担做充分举证和抗辩，无形中丧失了一些诉讼权利，这仍然是非常可惜的。所以，我们建议：诉讼中，对比较有把握、比较确信的证据、事实，应当尽可能全面、充分举证和主张。因为在民事诉讼中，案情都不是像考试和教科书描述的那样清晰和简单，很多法律事实、法律关系可能都存在争议，不能因过于自信导致一些疏忽和权利的丧失，更不应该轻易放弃诉讼权利。

作者：刘坤律师、专利代理师

实用新型专利权评价报告在维权诉讼中的应用与思考

——瓜果筐侵害实用新型专利权案

专利权评价报告制度是专利法规定的一项重要法律制度，因为实用新型专利和外观设计专利在审查中只进行初步审查，并未进行实质审查，因此其专利权稳定性不高。专利权评价报告制度很好地解决了这一问题。但如何在实务中运用好专利权评价报告，则需要更多的思考。

案情概要

本案原告海口来宝塑料厂及海口来宝塑料公司。被告海口市知识产权局。第三人海南南宝塑料公司（以下简称南宝公司）。因第三人南宝公司向被告海口市知识产权局投诉本案原告侵犯其持有的“一种再生PP转运瓜果筐”实用新型专利权，被告海口市知识产权局经立案调查后，于2015年10月作出海知（字）2015第2号专利侵权纠纷处罚决定书，主要内容为：

“1. 来宝塑料厂、来宝塑料公司制造、销售的瓜果筐与南宝公司的‘一种再生PP转运瓜果筐’专利权利要求书所记载的技术相比：两者的技术领域相同，采用的技术方案相同，产生的技术效果相同，落入了南宝公司专利权的保护范围，属于侵权产品。

2. 责令来宝塑料厂、来宝塑料公司自收到本处罚决定书之日，停止制造、销售侵犯南宝公司专利权的瓜果筐，并将侵权的瓜果筐模具予以销毁。”

本案原告对上述行政处罚决定不服，认为被告认定事实错误，作出的处理决定明显依据不足，遂起诉至海口市中级人民法院，请求法院撤销该行政处罚决定。

行政诉讼中，原告具体主张的事实和理由是：（1）原告制造、销售的塑料筐与南宝公司持有的实用新型专利保护的瓜果筐的技术特征完全不同，被告认定原告制造的塑料筐属于专利侵权产品没有事实和法律依据。(2) 原告在本案专利申请日前已经购买被控侵权塑料筐的模具，并已生产销售该塑料筐，构成“先用权”，原告制造、销售的塑料筐不应认定为侵权产品。(3) 国家知识产权局于2015年5月26日对涉案专利出具的实用新型专利权评价报告记载，该项专利权利要求1~3、5不具备《专利法》第22条第3款规定的创造性，权利要求4不符合《专利法》第26条第4款的规定，初步结论为：全部权利要求1~5不符合授予专利权的条件。被告在处理南宝公司提出的专利侵权纠纷过程中，未要求南宝公司出具国家知识产权局对上述专利作出的专利权评价报告，也未对涉案专利的有效性进行全面审查，就认定该专利权有效，明显缺乏事实和法律依据，被告作出该专利侵权纠纷处理决定具有违法性。

被告海口市知识产权局辩称：原告生产、销售的塑料筐产品落入第三人南丰公司专利权保护范围，构成侵权；原告主张“先用权抗辩”未提供证据证明；原告未能提供证据证明第三人专利权技术为现有技术。因此，被告作出的处罚决定书的行政决定事实清楚、证据确凿、法律依据明确。

第三人南宝公司答辩陈述意见与被告的答辩意见一致。

法院观点

海口市中级人民法院审理后认为：被告具有作出被诉专利侵权纠纷处理决定的法定职权。因实用新型专利在授予之前，国家知识产权局仅进行初步审查，而尚未对其是否存在不符合授予专利权条件的缺陷以及是否具备创造性等实质要件进行检索、分析和评价，故权利的稳定性不高。

本案中，第三人在请求被告处理侵权行为前，已获得国家知识产权局对涉案专利作出的对其专利权持否定性意见的实用新型专利权评价报告，但并未向被告提交，主观上存在过错。

本案被告在侵权行为处理过程中，针对原告在答辩中提出的对涉案专利权存在异议以及请求向国家知识产权局专利复审委员会提出专利无效宣告申请的意见，理应要求第三人提交对涉案专利的专利权评价报告，以确定涉案的实用新型专利的权利状态是否稳定，处理程序是否应当中止。在第三人未告知对涉案专利已存在否定性的专利权评价报告的前提下，被告未履行以上程序即认定原告存在侵犯第三人专利权的行为，可能对原告的实际权益造成重大影响，故被告作出的海知（字）2015第02号专利侵权纠纷处罚决定书的程序不合法，应予撤销。原告的诉讼请求，合法有据，法院依法予以支持并判决：撤销被告海口市知识产权局于2015年10月25日作出的海知（字）2015第02号专利侵权纠纷处罚决定书；责令被告海口市知识产权局重新作出具体行政行为。

律师分析

1. 专利权评价报告在专利侵权纠纷中的证据作用

根据《专利法》第66条第2款“专利侵权纠纷涉及实用新型或者外观设计专利的，人民法院或者管理专利工作的部门可以要求专利权人或者利害关系人出具由国务院专利行政部门对相关实用新型或者外观设计进行检索、分析和评价后作出的专利权评价报告，作为审理、处理专利侵权纠纷的证据”的规定，以及国家知识产权局发布的《专利行政执法办法》第11条第2款“专利侵权纠纷涉及实用新型或者外观设计专利的，管理专利工作的部门可以要求请求人出具由国家知识产权局作出的专利权评价报告（实用新型专利检索报告）”的规定，专利权评价报告可以作为处理专利侵权纠纷的证据。

专利权评价报告主要是解决因实用新型专利和外观设计专利在行政审批过程中，国家知识产权局仅进行初步审查，而尚未对其是否存在不符合授予专利权条件的缺陷以及具备创造性等实质要件进行检索、审查，故专利权的稳定性不高的问题。给处理专利纠纷的行政机关、司法机关提供初步的专利稳定性评价依据。

但专利权评价报告即使做出否定专利权的结论，也不等于专利权就直接丧失。根据《专利法》第45条的规定“自国务院专利行政部门公告授予专利权之日起，任何单位或者个人认为该专利权的授予不符合本法有关规定的，可以请求专利复审委员会宣告该专利权无效”，以及《专利法》第46条第1款“国务院专利行政部门对宣告专利权无效的请求应当及时审查和作出决定，并通知请求人和专利权人。宣告专利权无效的决定，由国务院专利行政部门登记和公告”的规定，专利权的无效必须经过向专利复审委员会请求，由专利复审委员会审查后决定和公告的程序。且生效公告前，无效决定当事人还有行政诉讼的救济机会。除此之外，只有专利权人未交年费或主动放弃专利权，专利权才会失效。因此，专利权评价报告做出否定专利权的结论，对专利权本身并无直接影响，不影响当事人的权利义务，并非行政决定。故请求出具报告的当事人即使对报告不服也不能提起行政诉讼。

根据《最高人民法院关于审理专利纠纷案件适用法律问题的若干规定》第8条“对申请日在2009年10月1日前（不含该日）的实用新型专利提起侵犯专利权诉讼，原告可以出具由国务院专利行政部门作出的检索报告；对申请日在2009年10月1日以后的实用新型或者外观设计专利提起侵犯专利权诉讼，原告可以出具由国务院专利行政部门作出的专利权评价报告。根据案件审理需要，人民法院可以要求原告提交检索报告或者专利权评价报告。原告无正当理由不提交的，人民法院可以裁定中止诉讼或者判令原告承担可能的不利后果。侵犯实用新型、外观设计专利权纠纷案件的被告请求中止诉讼的，应当在答辩期内对原告的专利权提出宣告无效的请求”以及该规定第9条第1款第1项“人民法院受理的侵犯实用新型、外观设计专利权纠纷案件，被告在答辩期间内请求宣告该项专利权无效的，人民法院应当中止诉讼，但具备下列情形之一的，可以不中止诉讼：……原告出具的检索报告或者专利权评价报告未发现导致实用新型或者外观设计专利权无效的事由的”的规定，专利权评价报告在专利纠纷案件中的作用主要在于供原被告双方当事人参考，如果报告结论对专利权持否定意见，则更有利于被告当事人启动专利无效程序，同时法院也可依据报告结论作出中止诉讼，等待无效结果的决定。如果报告结论肯定了专利权，则通常有利于双方重新聚焦到争议焦点的讨论和抗辩上，可促进和解，而不必再浪费时间进行专利无效程序。

本案中，原告在行政处理程序中曾答辩：对涉案专利权存在异议，并向国家知识产权局专利复审委员会提出专利无效宣告请求。则被告理应要求第三人提交对涉案专利的专利权评价报告，以确定涉案的实用新型专利的权利状态是否稳定，是否需要中止处理程序。但被告未按法律和司法解释的规定要求第三人提供，就作出了行政处罚决定，属于程序错误，故法院撤销原行政处罚，责令被告重新做出行政处罚。

假如被告海口市知识产权局责令第三人提供专利权评价报告，但原告却放弃请求宣告专利权无效的权利，或者未在答辩期限内请求宣告专利权无效。那么，被告继续作出责令原告停止侵权、销毁模具的行政处理则符合法律规定。

2. 专利侵权纠纷中是否一定要出具专利权评价报告

原《专利法》第61条第2款的规定，“专利侵权纠纷涉及实用新型专利或者外观设计专利的，人民法院或者管理专利工作的部门可以要求专利权人或者利害关系人出具由国务院专利行政部门对相关实用新型或者外观设计进行检索、分析和评价后作出的专利权评价报告，作为审理、处理专利侵权纠纷的证据”，这里的利害关系人，根据《专利法》第60条“未经专利权人许可，实施其专利，即侵犯其专利权，引起纠纷的，由当事人协商解决；不愿协商或者协商不成的，专利权人或者利害关系人可以向人民法院起诉，也可以请求管理专利工作的部门处理”的规定，第61条中可以请求出具专利权评价报告的“利害关系人”必然也就指“可以向人民法院起诉，也可以请求管理专利工作的部门处理的人”，即“有起诉权的人”。

那么，“有起诉权的人”在诉讼或请求行政机关调解处理中，是否必须以主动提供专利权评价报告为前提呢？答案是否定的。既然专利权评价报告并不导致专利权的丧失，而只是给司法和行政机关对程序中止提供参考证据，目前也尚无法律、司法解释规定将专利权评价报告作为民事诉讼立案或审理的必要证据，则该报告当然更不是立案起诉的要件。但是，如果行政机关、司法机关要求提供，则“有起诉权的人”，除有正当理由外，都应提供，否则将承担不利后果。同时，即使有对专利权持否定意见的专利权评价报告，被告也仍然需要在规定期限内向专利复审委员会请求宣告专利无效。如果被告放弃或怠于行使请求宣告专利无效的权利，法院或行政机关也可以做出对被告不利的结论。

律师建议

1. 请求出具专利权评价报告的时机

既然专利权评价报告不是起诉和立案的必要证据，侵权纠纷中，原告是否主动提供则需多方面考虑。如果已有肯定意见的专利权评价报告，当然应当主动向法院或行政机关提供，以利于纠纷尽快解决，避免因专利无效程序的发起而导致案件审查周期延长。如果原告自身对专利权的稳定性有顾虑，也可以在起诉前请求国家知识产权局出具专利权评价报告获得确定的答复，避免盲目发动诉讼，给自己造成损失。

但如果涉案产品对自身市场销售具有重大意义，专利权稳定性又不够明朗。此时，不建议直接请求国家知识产权局出具专利权评价报告。因为出具报告过后，专利权评价报告会在网上公告，公众都可以查阅和复制。此时，一旦出现否定结论的专利权评价报告，权利人就很被动，将完全丧失专利维权的主动性，面临或者不起诉，或者起诉也会中止诉讼甚至专利被无效的情形。这种情况下，不如请求第三方机构秘密进行专利检索和评估，以确定专利的稳定性。即使可能存在专利被无效的风险，也不会被外界知道，且无效、应诉都需要较大成本，此时专利权人仍然有维权诉讼的主动权和筹码。

私下的检索可以选择委托专门的检索机构或者委托专利代理机构进行，比如国家知识产权局专利检索咨询中心等机构。例如，在一项名为“多面出风过滤模块及其构成的多面出风空气过滤器”的实用新型专利无效中，请求人结合多项现有技术请求宣告该专利无效。但经过审理，专利复审委员会认为证据不足，做出了无效宣告审查决定，维持涉案专利权有效。但后来该专利的另一被诉企业委托国家知识产权局专利检索咨询中心对该专利进行了检索，却检索到了足以否定专利权利要求 1 ~ 3 新颖性、创造性的现有技术证据，并最终获得了不侵权判决。

2. 2020 年《专利法》修改对专利权评价报告的影响

2020 年修改的《专利法》将原《专利法》中关于专利权评价报告第 61 条，修改为第 66 条：“专利侵权纠纷涉及新产品制造方法的发明专利的，制造同样产品的单位或者个人应当提供其产品制造方法不同于专利方法的证明。专利侵权纠纷涉及实用新型专利或者外观设计专利的，人民法院或者管理专利工作的部门可以要求专利权人或者利害关系人出具由国务院专利行政部门对相关实用新型或者外观设计进行检索、分析和评价后作出的专利权评价报告，作为审理、处理专利侵权纠纷的证据；专利权人、利害关系人或者被控侵权人也可以主动出具专利权评价报告。”

现行《专利法》中，被控侵权人也被增加为有权请求国家知识产权局出具专利权评价报告的主体。这一修改可以显著提升专利侵权纠纷中被告当事人的应诉主动权和应诉策略多样性。被控侵权人可以通过申请专利权评价报告，获得对专利权稳定性的权威意见，有利于其合理评估案情，以便进一步选择发起无效程序或者主动与原告和解，从而促进高效解决专利纠纷。

结　语

通过对上述案例和分析我们可以看出，实用新型和外观设计专利因为在行政确权程序中没有像发明专利一样进行检索和实质审查，权利稳定性差。故在专利侵权纠纷中，原被告双方往往会针对专利权稳定性问题进行激烈对抗。通过专利权评价报告可以更好地明晰权利稳定性情况，有利于纠纷的解决，尤其是现行《专利法》增加被控侵权人作为专利权评价报告申请的主体后，将进一步使专利权评价报告的作用得到发挥。

作者：刘坤律师、专利代理师

外观设计专利侵权的比对和判定原则

——手电筒外观设计专利侵权案

外观设计与发明、实用新型一样，是《专利法》规定的专利类型之一。但其专利文件内容、保护客体、侵权判定原则等与发明和实用新型差异较大。而我国外观设计申请量大、发生诉讼的比例较高，其侵权比对和判定的思路、方法值得重视。

案情概要

案外人李某于2013年10月22日申请了“手电筒”的外观设计专利，该专利于2014年2月12日公告授权。该外观设计产品的用途是用于照明，其设计要点在于立体图所表达出的产品形状，最能表明该外观设计设计要点的是专利申请图片中的主视图。

案外人李某于2017年3月14日以独占许可的方式将该专利许可给本案原告广州希某商贸有限公司无偿使用，许可期限为2017年1月1日至2023年10月21日。后原告发现被告永康市冠某工贸有限公司在天猫网店销售、许诺销售侵犯其专利权的产品。原告遂申请公证处对相关网站许诺销售的事实进行保全证据公证，获得了（2017）粤广海珠第2815号公证书，亦申请公证处对相关网站销售的事实进行保全证据公证，获得了（2017）粤广海珠第2816号公证书、（2017）粤广海珠第2818号公证书。后原告起诉至广州知识产权法院，请求法院判令被告立即停止侵权行为，并赔偿原告各项损失及为禁止侵权行为产生的合理费用共计30万元。

一审中，原告以公证书记载的被告天猫网站上许诺销售的手电筒产品截图、被告天猫网站上销售的手电筒产品实物与授权外观设计图片进行比对，认为被告许诺销售、销售的产品与授权外观设计构成近似，落入原告专利权保护范围；被告实施了销售、许诺销售侵权产品的行为。

被告永康市冠某工贸有限公司一审答辩称：其销售产品与涉案专利相比具有较多区别点，其与涉案专利不相同也不近似。二审中，被告提供了新证据：六份采购合同，银行账户明细对账单及供货方宁海康某电器有限公司出具的证明。其中一份采购合同的签订时间为 2017 年 1 月 2 日，主张该合同系购买侵权产品的合同，但该合同签订时间晚于侵权产品公证购买时间。被告解释对其为因供需双方先进货后签约的交易习惯所致，并据此主张其销售产品具有合法来源。

法院观点

一审法院认为：经过比对，授权外观设计和被诉侵权设计之间的区别点难以观察到，不会对整体视觉效果产生影响，被诉侵权设计与授权外观设计构成近似，被诉侵权产品落入涉案专利权保护范围。法院进一步认为，被告主张“手电筒类产品的设计空间集中于灯头手持部灯尾的细节上，而这也正是两者的区别点所在”的观点依据不足。况且公证书记载了被告实施销售、许诺销售侵权产品行为的事实，被告亦确认其实施了这一侵权行为，故被告销售、许诺销售侵权产品有事实和法律依据。关于赔偿数额的认定。由于原告未举证证实其因被侵权所受到的实际损失及被告因侵权所获得的利益，亦未提供专利许可使用费的证据，法院综合考虑侵权行为的性质、主观过错程度、被告的经营规模、涉案专利的类型及授权时间等因素酌情确定。故法院判决被告停止销售、许诺销售原告享有独占实施许可的外观设计专利权产品，并销毁库存侵权产品；被告赔偿原告经济损失及合理维权费用共计 35,000 元。

二审法院进一步认为：授权外观设计和被诉侵权设计间即使存在细微差别，但在形状近似的前提下，这些差异仅属局部细微差异，对产品整体视觉效果不产生显著影响，故被诉侵权设计与授权外观设计构成近似，被诉侵权产品落入涉案专利权保护范围。

对于被告主张的销售产品的合法来源，二审法院认为，其提供的交易相关证据不符合交易习惯，且不能证明合同采购产品即为该案的侵权产品，银行转账凭据及对账单亦不能证明其与该案被诉侵权产品存在关联性，故其合法来源抗辩不成立。法院作出维持原判，驳回被告上诉请求的判决。

律师分析

1. 外观设计专利的侵权比对思路和方法

根据《专利法》第59条第2款"外观设计专利权的保护范围以表示在图片或者照片中的该产品的外观设计为准，简要说明可以用于解释图片或者照片所表示的该产品的外观设计"及《最高人民法院关于审理侵犯专利权纠纷案件应用法律若干问题的解释》第10条、第11条的规定，判断外观设计是否相同或者近似，应当以外观设计专利产品的一般消费者的知识水平和认知能力为标准，根据授权外观设计、被诉侵权设计的设计特征，以外观设计的整体视觉效果进行综合判断。被诉侵权设计与授权外观设计在整体视觉效果上无差异的，应当认定两者相同；在整体视觉效果上无实质性差异的，应当认定两者近似。构成相同或相近似外观设计的，落入外观设计专利权保护范围，构成侵权。

具体到本案，被诉侵权产品与涉案专利产品均属于手电筒，产品种类、用途相同，可以进行侵权比对。比对发现：两者都是由圆形灯头和柱状体手持部两部分构成产品整体。两者主要区别包括：（1）涉案专利的手持部为矩形网纹设计，在手持部与灯头连接处有一处两正方形组成的"日"字形设计，而被诉侵权设计的手持部为菱形网纹设计，在手持部与灯头连接处有一正方形和一小椭圆形指示灯上下排列组成的设计；（2）被诉侵权设计的手持部与尾部连接处有一剑形设计，而涉案专利对应部位没有该设计；（3）被诉侵权设计的灯头部位两侧均有一凹槽设计，而涉案专利的灯头部位没有相应设计；（4）从俯视图来看，被诉侵权设计是圆形螺帽，而涉案专利的螺帽近似圆形。

涉案专利简要说明记载，涉案专利的设计要点在于立体图所表达出的产品形状。从一般消费者的角度进行整体观察、综合判断，被诉侵权设计与授权外观设计不仅整体形状相同；而且，两者长条手持部的形状细节以及灯头与手持部连接处的形状亦基本相同。虽然两者在手持部、手持部与灯头连接处的花纹存在区别，但在形状近似的前提下，花纹的区别点仅属局部细微差异，对产品整体视觉效果不产生显著影响。因此被诉侵权设计与授权外观设计构成近似，落入了涉案专利权的保护范围。

2. 关于外观设计的设计空间

"设计空间"也就是外观设计的设计者、创作者在创作特定产品外观设计时的设计自由度。设计者在特定产品领域中的设计自由度通常要受到现有设计、技术、法律以及观念等多种因素的制约和影响。如汽车轮胎整体外形是圆的，这一特征就对轮胎外观设计的设计自由度具有明显限缩。

根据《最高人民法院关于审理侵犯专利权纠纷案件应用法律若干问题的解释（二）》第 14 条规定："人民法院在认定一般消费者对于外观设计所具有的知识水平和认知能力时，一般应当考虑被诉侵权行为发生时授权外观设计所属相同或者相近种类产品的设计空间。设计空间较大的，人民法院可以认定一般消费者通常不容易注意到不同设计之间的较小区别；设计空间较小的，人民法院可以认定一般消费者通常更容易注意到不同设计之间的较小区别。"例如，轮胎整体外形是圆形，设计空间较小，则轮胎的一般消费者更容易注意到轮胎面上的花纹细节图案；而汽车的整体造型设计空间较大，汽车的一般消费者不会再关注轮胎上的花纹。

就本案而言，通过原告提交的三份不同的外观设计专利文献，并结合一般消费者对手电筒类产品的通常认知以及手电筒类产品的用途，可知手电筒类产品一般由灯头和手持部构成，灯头处必然安装灯泡等发光部件。手电筒类产品的设计者在创作时，对于上述功能性结构和部位的设计自由度较小。但是，设计者对于手持部的形状及其表面图形，以及手持部与灯头的连接处位置的设计、灯头的造型及发光部件的选择等仍有较大的设计自由度。例如，涉案授权外观设计中手持部上矩形的网纹设计，原告提交的专利文献记载的"筒体握柄的反光罩灯孔排列图形"等。

通过前述的比对分析，在设计空间较大的手持部的形状及其表面图形，以及手持部与灯头的连接处位置，被诉侵权设计与授权外观设计在整体形状、图形设计以及排列都基本相同。因此，对于被告提出的"涉案手电筒类产品的设计空间往往集中在灯头手持部灯尾的细节方面，而被诉侵权设计与授权外观设计在这些细节上均不同，因而两者不相同也不近似"的主张，显然不具有说服力。

3. 侵权行为的类型

本案中，原告主张被告未经专利权人许可，制造、销售、许诺销售了侵权产品，并提交了（2017）粤广海珠第 2815 号公证书、（2017）粤广海珠第 2816 号公证书、（2017）粤广海珠第 2818 号公证书、（2017）粤广海珠第 2819 号公证书、被告工商公示信息等证据，证明被告许诺网上销售的事实以及实际销售的事实。在庭审中，被告也确认其实施了销售、许诺销售侵权产品的行为。因此可以认定被告实施了销售、许诺销售侵权产品的行为。

但由于原告未提交被告未经专利权人许可实施制造侵权产品行为的相关证据，甚至没有提供任何线索，仅以被告工商公示信息的经营范围包括制造、加工来判断其实施了制造侵权产品行为。而被告却提供了进货合同、银行凭证等否认自身存在制造侵权产品的行为。虽然被告提供的证据并不能完善证明被告合同下产品即为被控侵权产品，但具有相对证据优势，或者说不能排除被告仅从事贸易而不从事产品制造的可能性。因此，原告主张被告制造被控侵权产品明显证据不足。故法院做出的被告存在销售、许诺销售侵权产品的行为，但不存在制造侵权产品的认定并无不当。

而制造、销售、许诺销售需要承担的侵权责任并不相同。仅仅从事销售、许诺销售等贸易性行为，更容易主张“合法来源抗辩”。而制造商往往比经销商具有更大规模，还有模具、专用生产设备等生产要素，不仅承担的停止侵权义务种类更多，通常也需承担更高的赔偿。另外，单纯使用行为不构成侵犯外观设计专利权，无须承担侵权责任。故构成何种侵权行为，在专利侵权诉讼中也是应该积极争取的诉讼利益。

律师建议

1. 外观设计与发明、实用新型的组合申请

本案中，案外人李某只申请了手电筒的外观设计专利。虽然也能用于维权，但在权利布局上存在不足。外观设计专利只能保护产品的外观，而无法保护产品内部结构。因此，使用外观设计专利维权时，只能判断被控侵权产品的外观与专利权要求的外观是否相同或近似。实践中，鲜有完全相同的产品，往往都存在一些细微差异，需要进一步判断是否近似，这就导致侵权认定存在一定的主观性，最终有可能得出不利于权利人的结论。

案外人李某在设计手电筒时，很可能会涉及内部结构的改进和设计，这些设计也是外观设计专利无法予以保护的。而手电筒一经销售，他人将其拆卸后，即可轻松了解内部结构；在没有合适的专利权进行保护的情况下，他人很可能轻松

仿造而不需要承担侵权责任。因此，从这个角度而言，申请外观设计专利的同时申请发明专利或实用新型专利，进行多角度联合保护也是必要的。

2. 外观设计专利中，对设计空间的考虑

在不同情况下，同一个设计差异，既可能被认定为较大的差异，也可能被认定为细微差异。这主要是不同产品设计空间大小不同所导致。《专利法》的立法宗旨是鼓励创新，并平衡权利人和公众间的利益关系，因此提出了“设计空间”这样相对人性化的概念。

对于设计空间较大的产品，对设计者的要求更高，人民法院可以认定一般消费者通常不容易注意到不同设计之间的较小区别；设计空间较小的，则对设计者的要求相对更低，人民法院可以认定一般消费者通常更容易注意到不同设计之间的较小区别。

结　语

外观设计专利获得授权的难度较低，被仿造的门槛更低，判断是否构成侵权的难度似乎也比实用新型和发明专利更低。因此，相较于实用新型和发明专利，我国的外观设计专利的侵权纠纷案件数量巨大。但法院最终的判决结果，有时候可能与当事人的预期完全相反。这是因为，外观设计只保护形状不保护结构，而且，外观设计的近似判断背后，隐藏着“设计空间”“一般消费者”等诸多判断规则，且其判断存在一定的主观性。所以，为了更好地维护自身的合法权益，合理专利布局和积极诉讼维权同样重要。

作者：刘坤律师、专利代理师

第四章

商标

网络词汇注册商标的是与非

——“MLGB”商标确权行政诉讼

网络词汇因简洁、实用、含义丰富而颇受广大网友的喜欢，部分商家看中了这一商机，频频将其注册为商标，在商标的审查中，网络语言含义的不确定性使其能否成为注册商标引起巨大争议，本文试结合部分案例对网络语言的商标注册可行性进行分析。

案情概要

原告上海俊客贸易有限公司注册申请第8954893号“MLGB”文字商标，核定使用类别、项目为：第25类服装、婚纱、鞋、帽、袜、领带、围巾、皮带(服饰用)、运动衫、婴儿全套衣商品。后第三人姚某军向被告国家商标评审委员会申请宣告无效该商标。被诉裁定认为：争议商标由英文字母“MLGB”构成，该字母组合在网络等社交平台上广泛使用，有不良用语的含义，该含义消极、格调不高，用作商标有害于社会主义道德风尚，易产生不良影响。依照《商标法》第十条第一款第（八）项，商标评审委员会裁定争议商标予以宣告无效。

后原告不服，向北京知识产权法院起诉，要求撤销商评委的裁定，一审法院维持了商评委的裁定，二审经北京市高级人民法院审理维持了一审判决。该商标被宣告无效。

法院观点

本案的争议焦点为，涉案商标“MLGB”的注册是否有害于社会主义道德风尚，易产生不良影响？

一、二审法院经审理后均认为，该商标的注册具有不良影响。争议商标中的字母虽然并非固定的外文词汇，但是结合姚某军在行政审查阶段提交的部分形成于争议商标申请注册日前的相关网页截图，以及考虑我国网络用户数量规模之大、网络与社会公众生活密切相关等因素，在网络环境下已经存在特定群体对该字母指代为具有不良影响含义的情形下，为了积极净化网络环境、引导青年一代树立积极向上的主流文化和价值观，制止以擦边球方式迎合“三俗”行为，发挥司法对主流文化意识传承和价值观引导的职责作用，应认定争议商标本身存在含义消极、格调不高的情形。同时，考虑到虽然上海俊客公司在使用争议商标时，与英文表达一并使用，但其在申请争议商标的同时，还申请了其他存在不良影响的商标，故其以媚俗的方式迎合不良文化倾向的意图比较明显，在实际使用过程中存在对争议商标进行低俗、恶俗商业宣传的情形。因此，综合在案情形，原审判决及被诉裁定关于争议商标的注册违反2001年《商标法》第10条第1款第8项规定的认定并无不当，该商标依法应禁止注册。

律师分析

1. 如何理解商标法中的“不良影响条款”

一般而言，商标标志或者其构成要素可能对我国社会公共利益和公共秩序产生消极、负面影响的，人民法院可以认定其属于不良影响。另外，将政治、经济、文化、宗教、民族等领域公众人物姓名等申请注册为商标，也属于不良影响。

本案在审理中，一审法院合议庭也出现了比较大的争议。少数意见认为，争议商标的注册不违反2001年《商标法》第10条第1款第8项的规定，被诉裁定应予撤销，理由为：作为网络流行语，争议商标的字母组合形成时间不长，局限在网络环境，主要是年轻人群，在日常生活中并不常见。社会道德风尚取决于大多数人的认知，不能因为部分人了解其具有不文明含义，就认为两者建立了固定联系。汉语中并没有以汉语拼音首字母理解英文组合含义的习惯，不能因为不正当的联想产生了危害社会道德风尚的含义，就认为争议商标的标志本身就具有了危害道德风尚的含义，否则会不适当地限制语言文字或者拼音字母的使用。

多数意见认为，现有证据表明在争议商标核准使用日之前，争议商标具有的不文明含义已经存在，并在一定的群体范围特别是部分年轻的网络用户中使用且具有一定的影响。在争议商标核准注册后，这种指代使用和认知的范围会随着网络的发展逐渐扩展，甚至可能扩大出现在日常生活中。上海俊客公司虽然主张其使用的标志是“My life is getting better”的缩写，但并无证据表明这种缩写方式是英文中常见的表达，也没有证据表明这种用法为公众所知悉或者能够打消争议商标具有不文明含义给人带来的厌恶感。争议商标核定使用商品是第 25 类服装、鞋、帽等商品，通过上海俊客公司提供的广告宣传等证据可以看出，争议商标在品牌定位上突出新奇前卫、与众不同，主要消费群体为猎奇心理较强、追求彰显个性的青年群体。恰恰这些群体几乎都是网络的使用者，几乎都知晓争议商标的不文明含义。从商品使用的群体定位看，争议商标在申请注册时即具有迎合低级趣味和叛逆心理的意图。虽然申请注册时的意图并不是构成违反 2001 年《商标法》第 10 条第 1 款第 8 项所需要的必要要件，但是，该认定进一步确定了争议商标的注册造成危害社会主义道德风尚后果的可能性。

网络用语，特别是一些简单字母的缩写，没有特别固定的含义，均是网民自发使用形成的一些简短符号，这种符号可发展为嘲讽、开玩笑或者夸大事实的口号，其是否具有不良影响的话题非常容易引起争议。笔者认为，由于商标作为商品的符号，随着产品销量的增加，其受众也会增加。因此，各行各业特别是服装等日常领域，在使用商标时，建立良好的商标文化对树立企业文化、引导社会风气具有举足轻重的作用。在审查判断诉争商标标志或者其构成要素是否具有“其他不良影响”的情形时，一般应当根据其“固有含义”进行判断。就诉争商标标志或者其构成要素含义的理解，应以我国公众通常认知为标准，即应当在商标使用的现实条件下以主要的消费群体和接触商标的受众的认知标准为认定依据。

网络流行语言文化是自发性的自生现象，有些文化符号具有不健康的、消极的含义，这种现象是复杂社会文化现象的折射。但是商标的注册是一种法定的权利赋予，必然要经过国家行政机关的严格审慎审查。商标符号的含义是不断变动甚至是不确定的，这就要求国家机关在审查商标注册信息内容时，应以法律为准绳，适当的考量国家的政策、社会公序良俗等法律和道德标准，作出合法、有利于营造社会良好气氛的决定。

2. 其他网络语言注册商标案的启示

第 16136498 号“白富美”商标，申请使用商品项目为第 5 类：杀菌剂、婴儿食品、净化剂、兽医用制剂、杀虫剂、婴儿尿裤、牙填料、药枕商品上。商标局以“有害于社会主义道德风尚和其他不良影响”为由驳回了商标注册。该商标是否具有不良影响呢？该商标的含义代表的是当下社会群体对女性的一种认知，即部分社会人士的审美偏向于以皮肤洁白、生活富足、长相漂亮的女性为模范。这种对于美好事物的追求是值得肯定的，也是存在于不同客体的一种认知意见的自由表达。申请商标使用在“净化剂、杀菌剂”等产品上，希望以“白富美”作为描述词汇，主要是让人联想到产品使用后的洁净效果，其本身是对于产品用途的一种预期。从申请者的表达意见的立场看是中性的，并无任何贬损含义，未对其他主体丑化或者贬低。所以，从商标审查的角度看，该商标难以认定会对我国政治、经济、文化、宗教、民族等社会公共利益和公共秩序产生消极、负面的影响。

在第20439097号“吃货小分队”商标争议确权案中，核定使用服务项目为第35类：替他人推销；广告；市场营销；特许经营的商业管理；进出口代理；寻找赞助；人事管理咨询；为零售目的在通讯媒体上展示商品；会计；通过网站提供商业信息。法院在认定事实中，将“吃货”的常用含义理解为“好吃懒做的人”，具有较强的贬义，并认为即使加入汉字“小分队”，亦不会改变我国公众对“吃货”含义的认知。所以，申请商标“吃货小分队”作为商标使用，容易对我国文化等社会公共利益和公共秩序产生消极、负面影响，构成2013年《商标法》第10条第1款第8项所指不得作为商标使用的情形，应予无效宣告。笔者认为，从文义理解，不排除该商标的确有一点贬损人格的倾向，但“民以食为天”，老百姓好吃、爱吃已经成为生活常态，而且在我国的多个城市还经常举办以美食为主题的商业活动。可以看出，在物质相对比较发达的当今下，人们对爱好美食的行为已经有了极大的包容心，人们往往以能够吃到好吃的美食为乐，难以将涉案商标与“好吃懒做之人”直接画等号。

在第11625710号“屌丝男士”商标确权案中，该商标指定使用在国际分类第35类广告、商业橱窗布置、广告设计等服务上。该商标申请商标的“屌丝”一词系不规范的用语，其含义低俗，具有贬义。随着我国网络文化的兴盛，申请商标中的“屌丝”一词相对于其最初的含义，已经逐渐演变为社会性的讽刺、自嘲用语。在日常生活的口语化交流中，该词语可能衍生出一种轻松的娱乐气氛，但的确该词语不适合直接用作商标。因为商标往往以店铺招牌、电视广告语等各种公开的形式出现，这种形式很容易产生不良影响，营造一种鼓励低俗文化的价值导向。该词语的使用仍会对社会文化产生消极、负面的影响，不符合2013年

《商标法》第 10 条第 1 款第 8 项的规定。

律师建议

对商标含义的理解受到主观意识形态的影响，不同的人具有不同的认定思维模式。作为企业经营者或者商标申请人，在进行商标注册时候应如何避免触发“不良影响”条款？

首先，商标的申请注册应尽量选择大众认知中具有积极、健康含义的内容，或者选择中性的、没有不良含义的内容，这样可以从大概率上避免被认定为“不良影响”的可能。

其次，商标内容选择应尊重不同宗教民族、地域文化、性别的文化内涵和习惯风俗，尽量避免带有宗教符号，避免民族、地域、性别歧视，申请者可以在网络信息或者书籍、资料中进行预先的搜索，评估申请商标的风险。

最后，有些申请者一开始就企图炒作具有争议性的商标内容，博得社会眼球瞩目。这种短视性的商标注册行为可能在一段时间内会引起部分消费者的注意，增加产品的销量和关注度，但是就像本案涉案商标一样，在面临争议申请要求撤销的时候就会显得十分被动；而且前期的大量商业投入都可能化为泡影，最后落得商标无效、诉累缠身、财产损失的后果。所以故意注册一些具有不良影响、社会争议性强的商标是不可取的。

结　语

商标的审查是一件严肃的行政性确权行为，而网络文化是一种不确定的、自发的、个性的文化现象。将网络用语用于申请商标的行为，是获得一种法定权利的渠道。对于将具有不确定含义的网络语言文化用于申请商标的申请者而言，其应该对结果抱持超脱的心态，并在申请前做好风险预估。作为商品或者服务的提供者，还是应该以注重产品或者服务的质量为发展追求的根本路径，这也是获得消费者和社会认可的最佳方式。

作者：庄晓伟律师

如何判断商品和服务是否近似？

——为什么此金属管非彼“金属管”

俗话说：“耳听为虚，眼见为实。”但眼见的就一定为实吗？明明是肉眼可见的金属管，怎么法院就认为不是商标分类第6类的“金属管”了呢？本案原告、被告双方经过一审、二审的争辩，两审法院都给出了基本一致的意见。通过本案，可以让大家对商标分类和商标法意义上的商品和服务是否近似有更为全面和专业的理解。

案情概要

本案原告周某某起诉被告金牛区兴某建材经营部（以下简称兴某经营部）侵害商标权纠纷案，成都市中级人民法院受理并依法审理。原告周某某诉称其拥有第17142524号“兴光华”汉字注册商标专用权，被告兴某经营部在第6类金属管、金属建筑材料等产品上使用了与其外观、功能相近似的产品，侵犯其商标专用权，原告要求被告停止侵权并赔偿经济损失120,300元。涉案商品如图1所示。

图1　涉案商品

被告兴某经营部委托的代理律师答辩称：原告、被告虽然商标近似，两者产品的外观都为金属管，但被告销售的商品用途及专业属性为商标分类第9类“电子、电气通用元件”，且被告的产品标注了电气安装的行业标准，标识了用途和性能。故虽然被告使用的商标近似，但使用的商品不同、不近似，不构成相同或者类似商品上的近似商标，不符合《商标法》第57条规定的构成侵权的情形，且被告有第9类“电导线管”等商品上“兴光华”注册商标授权许可，为合法使用。请求法院驳回原告诉求。

法院观点

成都市中级人民法院审理后认为，此案的争议焦点是被控侵权商品与原告注册商标专用权核定使用的商品是否相同或相近似。

根据《国际商品尼斯分类表》，被告使用产品应界定为第9类的电导线管，而不是原告商标权的第6类建筑用金属管、普通金属管。被告在商品上依据国家标准GB/T14823.1－93《电气安装用导管国家标准》的规定进行了专业标识，标记了商品的专业属性，该领域相关公众可以区分其为电气领域专用商品，而非普通建筑金属管。且电线管、电气专用金属管为“金属管”的下位概念，在原告没有证据证明被告对商品功能和用途做扩大性宣传的情况下，被告的行为不构成商标侵权，法院驳回了原告全部诉讼请求。

一审判决后，原告不服，上诉至四川省高级人民法院，并继续强调“被告销售的商品任何人都能看到是金属管”。四川省高级人民法院审理后也支持了被上诉人的代理意见，维持了一审判决，依法驳回了上诉人的全部诉讼请求。

律师分析

本案中，原被告对商标的近似与否没有争议，原被告双方都认为商标“兴光华”三个字只是字体的差别，构成相同或近似。一审、二审的争议难点是商品是否相同、相近似。

《最高人民法院关于审理商标民事纠纷案件适用法律若干问题的解释》第11条规定：“商标法第五十七条第（二）项规定的类似商品，是指在功能、用途、生产部门、销售渠道、消费对象等方面相同，或者相关公众一般认为其存在特定联系、容易造成混淆的商品。类似服务，是指在服务的目的、内容、方式、对象等方面相同，或者相关公众一般认为存在特定联系、容易造成混淆的服务。商品与服务类似，是指商品和服务之间存在特定联系，容易使相关公众混淆。”第12条规定：“人民法院依据商标法第五十七条第（二）项的规定，认定商品或者服务是否类似，应当以相关公众对商品或者服务的一般认识综合判断；《商标注册用商品和服务国际分类表》《类似商品和服务区分表》可以作为判断类似商品或者服务的参考。”

首先，从商标分类的角度而言，原告注册商标核定使用商品为第6类的0602五金制品组群，具体核定商品：普通金属管及其配件等相关产品。国家商标局公布的《国际商品尼斯分类表》备注中更进一步说明是与11类1108组的水暖管件互为类似商品。被告所销售商品为电气安装专用管件，又叫电线管、导管（电）、电导线管，商品名“JDG管”。商标分类属于《国际商品尼斯分类表》中9类0913电器用晶体及碳素材料，电子、电气通用元件组群。

证明被告销售商为电气专用产品的依据是：被告销售商品上印有“Q235兴光华北京福事盈公司2/110030”字样，证明该产品是电气安装专用的管。被告称上述标识是按照国家技术监督局1993年12月30日发布、1994年10月1日开始实施的国家标准GB/T14823.1－93《电气安装用导管国家标准》的规定标识的。该标准第2页4.2节和附录A规定：产品上必须标识相关信息。标识的最后7位数字用于证明电气通用元件的技术参数和性能。

根据GB/T14823.1－93的4.2节及附录A，“Q235兴光华北京福事盈公司2/110030”的对应含义：“Q235材质的兴光华牌、北京福事盈公司生产的轻型、刚性导管、有电气连续性、无防入水性能、无防异物入侵性、防护能力内外均为中、无耐太阳辐射能力的电气安装用导管”。包括其中的斜杠也是按国标要求进行设置的。

显然，从商标分类的角度，被告与原告的商品是不同、不近似的。

其次，从《最高人民法院关于审理商标民事纠纷案件适用法律若干问题的解释》第11条及四川省高级人民法院发布的《侵害商标权案件审理指南》第7.3节“功能、用途、生产部门、销售渠道、消费对象等方面”的规定对比，具体如表1所示。

表 1 商品对比

商标分类	9 类	11 类	6 类
行业惯用名称	KBG 管、JDG 管、电线管、电导线管、穿线管、紧定管、电气安装用导管	金属水管、金属气管、水煤气管、水管	建筑搭架用钢管、架子管、钢架管
商品功能	起到保护内部的电缆不被压伤、划伤的作用，并配合专用连接件，起到将整个管子电性接地的作用	承受压力，密封流体	主要用于承载重量
商品用途	建筑物内的电气、消防安装和布线	建筑装修中常用于供水管和供气管，工业中的流体输送管	建筑施工中搭架使用
生产工艺	钢板、钢片弯曲成管后焊接	钢棒沿轴心冷或热加工撑开成无缝钢管	钢板弯曲成管后焊接
外观造型	4 米长标准规格出售、薄壁，有沿长度方向焊缝	无焊缝、多种常用直径规格、长度任意	有焊缝、直径一般 4 厘米以上、长度 5 米为常用规格
力学特性	对密封性无要求、不承压	密封和承压能力强	抗弯、抗折强度好
典型连接件及连接方式			

续表

商标分类	9类	11类	6类
消费和使用对象	电工、属于特种作业，应取得电工职业资格证书	水、气安装工，燃气安装需特殊资质	钢架出租经营者或单位
直径20mm规格产品价格	4元左右1米，原告公证文件和实物显示4米15.75元	8元左右1米，淘宝、京东查询价格	无20规格，常用40规格10元左右1米
执行国家标准	GB/T14823.1—93 电气安装用导管 GB/T0041.1—2015 电缆管理用导管系统（替代原GB/T14823.1） GB/T20041.21—2017 刚性导管系统的特殊要求（替代原GB/T14823.1）	GB/T 8163—2018 输送流体用无缝钢管	GB/T 3091—2015 低压流体输送用焊接钢管 GB/T 21835—2008《焊接钢管尺寸及单位长度重量》 《建筑施工扣件式钢管脚手架安全技术规范》JGJ130—2011

经对比可见，无论是加工工艺，还是用途、功能、产品力学特性、消费对象等，被告销售的电线管产品都和普通金属管不同。总体来说，电导线管产品焊接加工成本低、配合的连接件具有特殊电连通性，产品专用性强，但承压能力、强度和力学性能较低，既不能用于输送水、气，也不足以作为脚手架钢管使用，只能用来穿电线，作为电缆的保护壳，起到保护电缆的作用。并且，被控侵权产品的专业产品属性核心就体现在被控侵权产品具有特殊的电学特性。被控侵权的电导线管兼具保护内部电缆的作用和屏蔽作用以及连通接地作用，所以电线管用的连接件也是专用的，以保证线路上完全的电性连接和接地防雷、防静电效果。

因此，无论从商标分类的角度还是依据《最高人民法院关于审理商标民事纠纷案件适用法律若干问题的解释》第11条的规定分析，原告、被告双方的商品都不构成类似，相关公众也不会产生混淆。

类似这种感官上有共同点或者相似性，但不构成商标法意义上的类似商品的情形还有很多。例如，医务人员采购医用酒精，就绝不会错买普通化学原料酒精来用。虽然两种商品的差别只是纯净度和标识不同，实质都是乙醇水溶液。再如，采购医疗器械或者假肢用金属管的专业人员也不会错购普通金属管。

其原因就在于：任何产品都有其相关公众，而被控侵权产品的相关公众是电气安装工人、专业的建筑材料采购商、电气通用元件采购商等经营者，电工上岗都要考电工证，经营者也有相应培训，他们是不可能连国标的规定都不知道的。类似的情况，在任何专业商品领域里面都存在，而且常见。如电脑显示器、笔记本充电器、汽车轮胎等产品上都有其行业要求和规定的专业标识，普通大众看不懂其含义，但相关公众都必然理解其特定含义，而且这也是相关领域区分产品性能的依据。

商标的作用是区分商品来源，判断商品类似与否一定要立足于相关公众的角度。如果仅像本案的原告一样，仅仅简单、机械地理解“金属管”这个文字概念，仅仅站在普通公众的角度认为：感官上电线管为金属材质的管子，而不是站在相关公众的角度，也没有归结到区分商品来源的角度，则很容易误入歧途，得出错误的结论。

律师建议

1. 立足于相关公众的角度分析和判断商品类似问题

本案中，从普通公众的角度，可能我们只能肤浅地看到被告销售的商品为金属材质的管子，而原告有金属管商品上的“兴光华”商标，被告在其商品上使用“兴光华”商标必然构成商标侵权。但是从商标分类的专业角度以及商标法司法解释第 11 条规定的思路来分析，则会得出截然不同的结论。所以，我们承办商标侵权案件和规划商标注册方案时，都要根据《国际商品尼斯分类表》，从商品的“功能、用途、生产部门、销售渠道、消费对象等方面”进行全面分析，进而确定商标应注册保护的类别，避免错误。

2. 注册商标过程中应进行防御性注册

成都某科贸发展有限公司为 3044961 号“兴光华”商标合法权利人，该核定使用类别为9类0913“电器用晶体及碳素材料，电子、电气通用元件组群”的注册商标，核定使用商品为：配电箱；闸盒（电）；电线管；导管（电）；接线盒（电）；配电盘；母线槽；电缆接头套；电导线管；高低压开关板。被告则有3044961号商标权人的商标授权许可，且被告为成都某科贸发展有限公司授权的签约经销商。被告销售的“兴光华”电导线管商品也都从成都锦鑫宇科贸发展有限公司进货。因此，被告销售“兴光华”电线管都经过了9类电导线管“兴光华”商标权人授权许可，而3044961号商标权于2003年注册，原告商标于2016年注册，被告商标权在先。即使存在商品类似，存在6类和9类两个商标权的冲突或交叉，被告也可以构成合法使用，不存在侵权。

但是，拥有在先权利的被告为何还会被诉，甚至被上诉，面临时间、精力、诉讼成本多方面的被动和损失？究其原因在于：仅仅注册了自己核心商品电线管的9类商标，而没有将容易对自己构成模仿和攀附的6类进行注册保护。如果成都某科贸发展有限公司能及时注册6类“兴光华”商标，则可以避免后续一系列不必要的麻烦和纠纷。

3. 办理知识产权案件应当对商品、技术做全面了解

如果单看本案中的被控侵权商品，则容易造成“可能侵权”的第一印象。但是，如果将被控侵权产品配合销售的连接件一起观察，则会发现与普通流体输送管、建筑架管明显不同。被控侵权的电导线管兼具保护内部电缆的作用和屏蔽作用以及连通接地作用，所以电线管用的连接件也是专用的，保证线路上完全的电性连接和接地防雷、防静电效果。如图2~图4所示。

图2　内丝接头

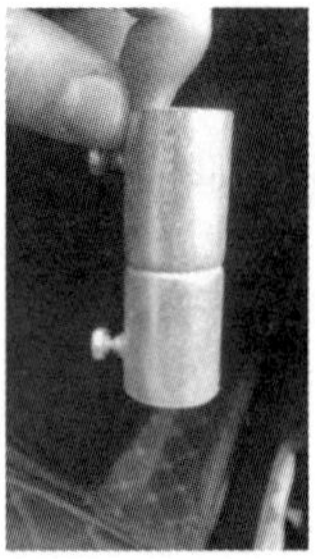

图3　直接

图4　外丝接头

实际上，本案原告公证购买时，收据和货单都记载了“20国标内丝”“20

国标直接”等连接件。如果配合这些专用连接件，则更容易与普通金属管进行区分。当然，原告为了达到自己的诉讼目的，故意隐藏了连接件，未向法院提供。但如果我们代理被告当事人，则应当主动去了解和掌握相关情况，避免管中窥豹，得出片面结论。

商标权作为企业的核心知识产权之一，及标识商品来源的主要方式之一，在当今社会的价值与日俱增。作为商标权的拥有者，为了避免他人“搭便车”“蹭热度”的行为，在注册商标时应当有意识地申请部分防御性商标。同时，商标权的保护也有一定的范围，除驰名商标外，只限定于与注册范围相同、相近似商品/服务，不能无限延伸至其他产品/服务。在判断产品/服务是否构成相同、相近似时，应当结合《国际商品尼斯分类表》，从商品的“功能、用途、生产部门、销售渠道、消费对象等方面”进行全面分析，而不能简单地判断。

作者：刘坤律师、专利代理师

前员工带着技术和“伪装”商标与老东家打对台，如何破解？

商标侵权的认定，不仅要审查侵权商标与注册商标是否相同或者近似，还要审查被诉侵权商品与诉争商标核定商品是否属于相同或类似商品。

案情概要

优普超纯公司成立于2012年5月21日，经营范围为气体、液体分离及纯净设备的研发、制造等，系超纯科技公司承继而来。

詹某（优普超纯公司法定代表人）于2007年10月21日经国家工商行政管理总局商标局（现为国家知识产权局商标局，以下简称国家商标局）核准注册了第4461800号“优普”商标，核定使用商品为第11类，包括消毒设备、海水淡化装置、水净化装置、水过滤器、水消毒器、饮水过滤器、水软化器、水净化设备和机器、消毒器、油净化器。2013年3月20日，超纯科技有限公司经国家商标局核准受让该商标，后又于2014年5月6日经国家商标局核准将上述商标转让给优普超纯公司。

优普超纯公司于2014年5月21日经国家商标局核准在第11类商品（同上）上注册了“UPT”“UPE”“UPH”“ULUP”商标，在第9类商品（包括计算机、自动计量器、量具、计量仪表、计量仪器、精密测量仪器、教学仪器、化学仪器和器具、电测量仪器、电子芯片）上注册了“ULUP”“UPH”商标。同年7月，优普超纯公司经国家商标局核准在第9类上注册了“UPE”商标。另外，“优普”商标取得省市两级著名商标的称号，具有一定知名度。

优越科技公司法定代表人李某曾于2009年供职于超纯科技公司，其离职后于2011年1月11日投资设立优越科技公司，该公司经营范围为研发、生产、销售纯水设备、工业超纯水设备、实验室专用超纯水器、水箱、实验室仪器；货物进出口。李某同时投资设立了优普电子公司，并实际控制优普生物公司，三家公司均销售纯水机设备。

2016年1月20日，优普超纯公司的代理人在律政公证处公证员梁某和公证人员汤某的监督下，在律政公证处办公室使用律政公证处电脑浏览优普超纯公司和优越科技公司的网站，律政公证处就上述过程分别作出（2016）川律公证内民字第4457号公证书和（2016）川律公证内民字第4459号公证书。

（2016）川律公证内民字第4457号公证书显示，优普超纯公司网站刊登的声明称："优普"品牌的合法使用单位仅有优普超纯公司，优普超纯公司与优越科技公司等多家公司没有任何关联。该网站在"产品中心"栏目介绍其产品包括ULUP® －Ⅰ系列、UPT® －Ⅱ系列等。

（2016）川律公证内民字第4459号公证书显示，优越科技公司的网站"产品中心"中有将"UPT""UPH""UPE""ULUP"作为其超纯水器产品型号描述的内容，并在部分网页上有字体加粗的"UPH/UPHL标准型超纯水器""ULUP－I微量分析型超纯水器"等描述。

优普电子公司与优越科技公司共同的宣传手册上介绍优普电子公司为优越科技公司的分公司，宣传册中多处将优普电子公司的名称表述为"优普"公司，也有字体加粗的"UPT－Ⅱ经济型超纯水器""UPH－Ⅲ标准型超纯水器""ULUP标准型超纯水器"等作为标题的产品介绍，在公司资质及荣誉证书栏目中展示了优越科技公司的"YY"注册商标。

据此，优普超纯公司起诉优越科技公司侵犯商标专有权，要求其停止侵害商标专有权、消除影响并赔偿损失。

另外，李某设立和实际控制的优普电子公司、优普生物公司因其使用"优普"作为企业字号，明显侵犯商标权、构成不正当竞争已另案起诉并胜诉。

法院观点

一审法院认为，本案争议焦点为：（1）优越科技公司是否使用了"优普""UPT""UPE""UPH""ULUP"标识；（2）优越科技公司使用的"UPT""UPE""UPH""ULUP"标识是否为通用名称；（3）优越科技公司是否在先使用"UPT""UPE""UPH""ULUP"标识并具有一定影响；（4）优越科技公司是否侵犯优普超纯公司的商标专用权；（5）优越科技公司应当承担的民事侵权责任。

经公开开庭审理，一审法院认定如下：（1）第4459号公证书显示，优越科技公司网站及宣传材料中介绍其产品型号时使用了“UPT”“UPE”“UPH”“ULUP”标识，法院对此予以认可，但无证据证明优越公司使用了“优普”注册商标。（2）无充分证据证明“UPT”“UPE”“UPH”“ULUP”为商品通用名称或通用型号。（3）优越科技公司提交的合同及发票仅能证明其在“UPT”“UPE”“UPH”“ULUP”商标注册前，已经在先使用“UPT”“UPE”“UPH”“ULUP”等标识，不能证明优越科技公司在“UPT”“UPE”“UPH”“ULUP”商标注册前其使用的上述标识已经具有一定影响。因此，对优越科技公司关于其在先使用“UPT”“UPE”“UPH”“ULUP”标识不构成商标侵权的辩称，不予支持。（4）其一，优普超纯公司曾为其超纯水机产品作广告宣传，且超纯水机的实际用途为包括制备实验室用超纯水的仪器。从优越科技公司提供的合同及发票中也可以看出，超纯水机的主要消费对象为医院、高校实验室等。因此，以相关公众基于一般认知力和注意力的角度判断，以及从功能、用途、销售渠道、消费特点等方面考量，超纯水机与“UPH”“ULUP”“UPE”注册商标核定使用的商品虽不属于相同商品，但构成类似商品。其二，优越科技公司除了将“UPT”“UPE”“UPH”“ULUP”与字母、数字和符号组合后作为产品型号使用，在其宣传册、网页中均出现了将前述产品型号或者“UPT”“UPE”“UPH”“ULUP”标识与文字组合后以较为突出的加粗方式使用的情形，且其作为产品型号的编制方式与优普超纯公司产品型号编制方式基本相同，能够起到识别商品来源的作用，故系商标性使用。（5）优普超纯公司提交的证据不能证明权利人因被侵权所受到的实际损失、侵权人因侵权所获得的利益以及注册商标的许可使用费，综合考虑优普超纯公司注册商标的知名度、优越科技公司侵权行为性质及影响范围、优普超纯公司为制止侵权而支出合理费用的情况，酌情支持优普超纯公司经济损失及合理开支共计10万元。

综上所述，一审法院判决：（1）优越科技公司自判决生效之日起，立即停止使用“UPT”“UPE”“UPE”“UPH”“UPH”“ULUP”“ULUP”注册商标。（2）优越科技公司于判决生效之日起30日内在其官方网站首页连续刊登声明一个月，消除影响（声明内容需经一审法院审核）。逾期不刊登的，一审法院将在相关媒体上公布判决的主要内容，费用由优越科技公司负担。（3）优越科技公司于判决生效之日起15日内，赔偿优普超纯公司经济损失及合理开支共计10

万元。（4）驳回优普超纯公司的其他诉讼请求。本案一审案件受理费 8920 元，由优普超纯公司负担 1920 元，优越科技公司负担 7000 元。

优越科技公司不服一审判决，上诉请求撤销一审判决，依法改判驳回优普超纯公司的全部诉讼请求；诉讼费费用由优普超纯公司承担。

二审法院查明的事实与一审法院查明的事实一致，判决驳回上诉，维持原判。

律师分析

本案涉及的商标有两个特点，一个是案涉字母商标的注册滞后于商标的使用；另一个是商标的非典型性使用，在本案中字母商标用作标识商品型号。要厘清商标权纠纷的要点，就要深刻了解商标的含义、《商标法》的主旨。商标最基本的功能就是识别商品的来源，《商标法》的宗旨是保护商标专用权，建立良好的市场竞争，保障各市场主体的利益。结合本案，就商标权侵权纠纷的基本概念做进一步分析。

1. 关于商标的使用

《商标法》第 48 条规定，本法所称商标的使用，是指将商标用于商品、商品包装或者容器以及商品交易文书上，或者将商标用于广告宣传、展览以及其他商业活动中，用于识别商品来源的行为。

本案的特殊之处在于，案涉公司均未将字母商标用作一般用途以标示产品来源，而是以“字母商标 + 型号 + 性能指标”方式进行使用，主要用于标示产品型号。所以，该行为是否属于使用商标成为案件审理的焦点之一。若此种方式不属于商标性使用，那么优越科技公司则不构成侵权。判断是否属于商标的使用，重点在于商标是否清楚释明产品的来源。本案中，原被告双方均以同样的方式使用商标，即“字母商标 + 型号 + 性能指标”，由于无法证明字母商标系行业通用型号标识，而此种商标性使用又是优普超纯独特的产品标识方法，优越科技公司仿照使用行为将弱化优普超纯公司上述作为型号商标的显著性，极大可能造成相关公众对两公司的产品的关联关系产生混淆或误认。加之，优普超纯公司在其网站的宣传中将其作为产品型号并明确标注了注册商标标识®，以示区分不同的产品类别，也强调了字母商标系注册商标，因此，优越科技公司的行为构成商标使用。

2. 商标侵权的认定

商标侵权的认定不仅要审查侵权商标与注册商标是否相同或者近似，还要审查被诉侵权商品与诉争商标核定商品是否属于相同或类似商品。那么，所谓的商标、商品的相同或近似性如何审查呢?《商标法》及相关司法解释等并没有给出具体的审查规定，但是商标局出台了《商标审查及审理标准》，虽然该标准多用于商标注册申请的审核，但是在法院审理相关案件时也具有重要的参考意义。对于商标的相同或近似都是基于文字商标、图形商标、组合商标情况的基础上加以审查，在此不予赘述。

对于商品相同或类似的审查，《最高人民法院关于审理商标民事纠纷案件适用法律若干问题的解释》第 11 条第 1 款、第 12 条的规定，“类似商品，是指在功能、用途、生产部门、销售渠道、消费对象等方面相同，或者相关公众一般认为其存在特定联系、容易造成混淆的商品”“认定商品或服务是否类似，应当以相关公众对商品或者服务的一般认识综合判断；《商标注册用商品和服务国际分类表》《类似商品和服务区分表》可以作为判断类似商品或服务的参考”。本案中涉及的产品为超纯水机，其在《类似商品和服务区分表》中没有明确规定，但是优普超纯提供的证据证明，其生产的超纯水机的实际用途为包括制备实验室用超纯水的仪器。从优越科技公司提供的合同及发票中也可以看出，超纯水机的主要消费对象为医院、高校实验室等。因此，以相关公众基于一般认知力和注意力的角度判断，以及从功能、用途、销售渠道、消费特点等方面考量，超纯水机与“UPH”“ULUP”“UPE”注册商标核定使用的商品虽不属于相同商品，但构成类似商品。

3. 关于通用型号

本案中，涉及字母商标，而案涉两公司均将字母标识主要用于标识商品型号。《商标法》第 59 条第 1 款的规定：“注册商标中含有的本商品的通用名称、图形、型号，或者直接表示商品的质量、主要原料、功能、用途、重量、数量及其他特点，或者含有的地名，注册商标专用权人无权禁止他人正当使用。”商品的通用名称是指在某一区域内为生产经营者或者消费者普遍用于称呼某一商品的名称，应该是能够反映某一类商品与另一类商品之间根本区别的规范化称谓。通用型号是国家规定的或是行业通用的表示产品性能、规格、尺寸等信息的型号。通用名称和通用型号往往是记载在国家标准或者行业标准之中的全国或者全行业通用的术语和概念，或者是相关公众经过长时间使用而在全国或全行业对某种商品约定俗成的统一名称或型号的称谓，应该具有广泛性和规范性的特点。因此，通用名称和通用型号应当是国家或者某一行业所共用的，并且符合一定的标准，指代明确。本案中，优越科技公司仅仅在期刊论文和学位论文中检索到他人使用字母商标标识，但仅能证明部分市场主体讲字母商标作为产品型号的一部分或者全部使用，并无任何相关行业或国家标准作明确规定，因此不认为系通用型号。

4. 关于商标的在先使用的问题

《商标法》第59条第3款规定："商标注册人申请商标注册前，他人已经在同一种商品或者类似商品上先于商标注册人使用与注册商标相同或者近似并有一定影响的商标的，注册商标专用权人无权禁止该使用人在原使用范围内继续使用该商标，但可以要求其附加适当区别标识。"

商标的在先使用应当获得保护，但保护的前提是使用商标取得一定影响，实践中一定的影响如何判断难以统一。基于商品销售的特殊性，在先使用商标一般具有地域性影响，即能在某一地区范围内有一定影响即可认定为在先使用。本案中，优越科技公司仅能证明其在商标注册前已经在使用，但无法证明其使用取得一定影响，因此不构成商标法意义上的在先使用。

5. 一般商标侵权的赔偿数额较低

《商标法》第63条第1款和第3款规定："侵犯商标专用权的赔偿数额，按照权利人因被侵权所受到的实际损失确定；实际损失难以确定的，可以按照侵权人因侵权所获得的利益确定；权利人的损失或者侵权人获得的利益难以确定的，参照该商标许可使用费的倍数合理确定。对恶意侵犯商标专用权，情节严重的，可以在按照上述方法确定数额的一倍以上五倍以下确定赔偿数额。赔偿数额应当包括权利人为制止侵权行为所支付的合理开支。权利人因被侵权所受到的实际损失、侵权人因侵权所获得的利益、注册商标许可使用费难以确定的，由人民法院根据侵权行为的情节判决给予五百万元以下的赔偿。"

由于市场行为的特殊性，本案中原告的利润实际上是逐年上升的，因此很难界定自身的损失，对于被告的获利也无法具体确定，因此法院酌情判决赔偿10

万元。

需要注意的是，2019 年《商标法》进行了修正，将原来“一倍以上三倍以下”修改为“一倍以上五倍以下”，酌情判决的数额由原“三百万”提高至“五百万”。

律师建议

本案的起因是原员工持类似商品、相同商标与原企业竞争。由于案涉的纯水机设备其新颖性和创造性没有达到专利的申请标准，难以申请专利，但是该产品又是原企业赖以生存和发展的基础，十分重要，原告在该类产品上申请了注册商标，在一定程度上对其进行了保护。虽然原告胜诉，但是这个胜诉的结果仅仅是停止使用商标，在企业网站上刊登一个月声明、消除影响，赔偿 10 万元损失。侵权企业仍旧可以继续生产销售对应产品，经过几年的发展，其客户群里已经建立，在本次商标侵权纠纷败诉后，对其公司经营能有多大影响也为未可知。10 万元的赔偿对于原企业损失的弥补也是杯水车薪。

那么，当企业技术不足以获取专利权利的时候，应该如何保护自身利益呢？笔者认为，不妨从商业秘密的角度进行考量。《反不正当竞争法》第 9 条规定：“本法所称的商业秘密，是指不为公众所知悉、具有商业价值并经权利人采取相应保密措施的技术信息和经营信息。”本案中的纯水机技术可以作为企业的商业秘密予以保护（具体参考本书商业秘密侵权部分）。在此情况下，若出现员工获取或使用商业秘密的，涉嫌侵犯商业秘密，侵权行为在民法上应当承担的责任则包括停止侵害、赔偿损失等。因此，一般技术信息作为商业秘密保护也不失为一种防止侵权的釜底抽薪的有效途径。

结　语

企业生产经营过程中应当重视自身的技术信息及经营信息，对侵犯商标权的行为坚决打击，重视知识产权的保护，同时也要未雨绸缪，防微杜渐。另外，对注册商标进行使用时注意加上注册商标标识。

作者：秦永芝律师

沉睡的商标不受法律保护

——“COBY”商标三年未使用撤销行政确权案

商标是区分商品来源的标志，注册商标专用权受到法律保护，但是注册商标如果长期未使用，成为闲置的品牌符号，则在很多国家都可能面临被第三方通过法律程序进行撤销的风险。《商标法》第49条第2款规定，注册商标没有正当理由连续三年不使用的，任何单位或者个人可以向商标局申请撤销该注册商标。所以注册商标应该正当、合法、有效的使用，充分发挥商标的商业价值，这也是避免商标被撤销的唯一选择。

案情概要

涉案商标基本情况：注册人为深圳新霸科技有限公司，注册号为3566772，注册商标内容COBY，核定使用商品类别及项目：第9类，密纹盘（只读存储器）、密纹光盘（可读存储器）、电话受话器、电子信号发射机、成套无线电话、声波定位仪器、录音机、扬声器音箱、扩音器、收音机、音频视频收音机、话筒、麦克风、车辆用收音机、声音复制器具、电视机、录像机、扩音器喇叭、密纹声像盘、密纹盘（音像）、声耦合器、音响连接器、摄像机、盒式磁带收录机、密纹唱盘机、个人用立体声装置、收音机呼喊器、头戴耳机、耳塞机、半导体（收音机）等商品。

涉案商标因未使用被他人申请撤销，商标评审委员会依法审查维持了包括头戴耳机在内的部分商品项目，本案经过北京知识产权法院一审、北京市高级人民法院二审，维持了这一决定。

本案的争议焦点在于：注册人提交的使用证据是否属于有效的使用证据。

新霸公司提交了以下主要使用证据材料：（1）新霸公司与案外第三人签订的广告代理合同、发票及广告照片；（2）新霸公司委托案外第三人检验带有诉争商标的平板电脑的报告；（3）带有诉争商标的商标许可使用协议、商标授权书和商标许可使用费收据；（4）阿里巴巴1688网页带有诉争商标的平板电脑商品信息；（5）淘宝网带有诉争商标的耳机、自拍杆商品信息和交易记录；（6）知识产权海关备案信息；（7）新霸公司委托案外第三人在淘宝网对带有诉争商标的mp3播放器、CD机、便携式CD机进行打假维权记录；（8）带有诉争商标的平板电脑、耳机的实物照片。

一审诉讼中，新霸公司补充提交了以下主要证据材料：（1）深圳市宏发物业服务有限公司出具的广告证明及电梯广告照片；（2）诉争商标网站授权书；（3）新霸公司诉案外第三人侵害诉争商标权民事裁定书、传票、受理通知书及嫌疑货物、物品通知书。

法院观点

二审法院认为：在商业活动中，公开、合法、真实的使用商标标志，表明商品或服务的来源，使相关公众能够区分提供商品或服务的不同市场主体的方式，均为商标的使用方式。其中，“使用”包括商标权人的自行使用和许可他人使用。在撤销、撤销复审及行政诉讼中，许可使用协议可以作为商标使用的证据，但不能作为单独的定案依据。对于使用注册商标的商品或服务范围，只有在核定使用的商品或服务上的使用才是对注册商标的使用。商标在注册人核定使用的商品或服务上使用注册商标的，在与该商品或服务相类似的商品或服务上的注册可予以维持。在与核定使用的商品或服务类似商品或服务上的使用，若并非对注册商标的商标性使用，则不能据此维持注册商标有效。

新霸公司提交的证据可以证明诉争商标在头戴耳机商品上进行了实际使用。因头戴耳机与录音机、扬声器音箱、扩音器、收音机、音频视频收音机、话筒、麦克风、车辆用收音机、声音复制器具、电视机、录像机、扩音器喇叭、密纹声像盘、密纹盘（音像）、声耦合器、音响连接器、摄像机、盒式磁带收录机、密纹唱盘机、个人用立体声装置、收音机呼喊器、头戴耳机、耳塞机、半导体（收音机）在《类似商品和服务区分表》中属于同一个群组，构成类似商品。因此，被诉决定和原审法院对诉争商标在上述商品上的使用一并予以维持正确，在其余商品上予以撤销的认定正确。本案中，新霸公司提交的带有诉争商标的商标许可使用协议、商标授权书、商标许可使用费以及淘宝网上的商品信息和销售记录，可以证明诉争商标在头戴耳机商品上进行了实际使用。

除上述证据外，新霸公司提交的广告合同及发票中均未显示诉争商标；平板电脑的检验报告和网上销售信息不是诉争商标在其核定使用商品上的使用证据；海关备案信息和打假维权记录无法证明诉争商标的实际使用情况；深圳市宏发物业服务有限公司出具的广告证明及电梯广告照片，不能证明诉争商标于指定期间使用在核定商品上并已进入流通领域。因此，该几组证据不能达到证明目的。

律师分析

1. 商标三年未使用撤销的程序概述

《商标法》第49条第2款规定："注册商标成为其核定使用的商品的通用名称或者没有正当理由连续三年不使用的，任何单位或者个人可以向商标局申请撤销该注册商标。商标局应当自收到申请之日起九个月内做出决定。有特殊情况需要延长的，经国务院工商行政管理部门批准，可以延长三个月。"

（1）设置商标三年未使用撤销程序的目的主要是为了督促商标的商业使用，避免闲置商标资源。我国是采取商标注册在先的基本制度模式，即一般情形下，谁先申请注册，谁就先享有注册专用权。在这一模式下，商标的注册程序审查十分便捷，但也容易导致申请商标的随意性和恶意注册的情形，为了弥补注册制的这种弊端，我国商标法专门设置了三年未使用的撤销程序。

商标注册的根本目的是区别商品来源，注册商标的天然使命就是及时使用到商业活动中去，让消费者认知、认可商标。一方面，现在随着知识产权保护的意识越来越强，商标注册的数量与日俱增，每年我国的商标注册数量达数百万件，截至2020年9月底，有效注册商标量2871.7万件。虽然商标的申请可以由文字、字符、数字、图案等多种元素自由组合，但实际上，优良有价值的商标还是属于少数。如此巨量的商标必然会占用很多商标资源，如果商标注册人在注册后却不使用商标，那么无疑会导致商标资源的极大浪费。另一方面，我国多年来一直强调知识产权战略，不断鼓励国产自主品牌的创立和发展，商标战略也是我国知识产权强国的主要内容之一，注册商标只有不断地在商业使用中才能发挥其品牌价值，获得国内、国际和普通消费者的认可。日常生活中，有大量的个人或企业为了炒作或者商业目的注册了大量商标，但却没有任何商业使用，《商标法》强制要求商标使用，也是为了打击恶意注册、待价而沽的不良企图者。

（2）三年期限起止日期如何界定？如何确定连续三年未使用的起算时点，在理论上有如下两种争议算法：一种是由撤销程序的申请人任意指定一个连续三年的提供证据期间，只要在该期间内商标注册人未使用的，就满足撤销事由；另一种是以申请人提出撤销程序的申请日为止算时点判断标准，商标注册人需要证明其在撤销申请日之前三年内存在商标使用行为，否则商标就可能被撤销。前一种模式对商标注册人附加的义务要更多一些，后一种模式考量的是申请程序的最近三年有无使用情况。我国商标采取了后一种模式，即在商标注册成功后，以任意申请人提出申请撤销的日期作为起算点往前推三年。

（3）商标连续三年未使用的正当理由抗辩。《商标法》鼓励商标使用，但是商标的使用可能因各种原因导致无法正常开展，哪些情形下，注册申请人可以正当理由进行抗辩呢？《商标法实施条例》第67条规定："下列情形属于商标法第四十九条规定的正当理由：①不可抗力；②政府政策性限制；③破产清算；④其他不可归责于商标注册人的正当事由。"

不可抗力一般是指不可预见、无法克服的原因，如地震、洪灾、战争、公共卫生事件等导致一定时期生产停业，导致无法正常进行商业活动；政策限制一般是指某些特殊的行业由于政府的政策导致企业无法经营，商标也没有正常的商业渠道进行宣传使用。

2. 商标合法、有效使用的形式

商标应该合法、有效使用。首先，依据商标使用应按照注册商标的图样规范使用，不得更改注册商标的内容与形式，但同比例的放大或者缩小、改变商标图样的颜色是允许的（指定特定颜色的除外）。一般来说，未核准注册前的商标可以使用"TM"标志，为英文"trade mark"的缩写，提醒消费者该图样为注册申请中的商标图样；核定注册的商标可以使用"®"标志，是英文"register"的缩写，代表注册商标。另外，商标的使用应在核定的商品或者服务项目上，禁止擅自扩大使用范围，在未核定的商品项目上使用。

商标的使用应充分体现于营销宣传册、销售合同、户外广告、产品包装、公司视觉形象载体等多个方面。现实中，哪些使用行为会被认定为合法、有效使用呢？一般来说，商业的本质是货品价值交换，那么商标的有效使用应直接体现于销售活动中，广义的销售活动包括营销推广、合同签约、商品交付、售后服务等环节，但商品实际进行了交换活动的直接证据应该是销售合同、交付凭证、付款记录等材料证据，单纯的商标广告、商标（品牌）授权、商品检验报告等文书不能证明商品进行了交换。本案中，海关备案信息和电梯广告均没有被认定为有效的商业使用，而淘宝网上的商品信息和销售记录被认定为合法有效使用。但不可否认，商标作为承载商品商誉的载体，大量的广告宣传等非直接交易的活动能够扩大商标的知名度，获得消费者的认可，提升市场销售业绩。商标的使用过程，应体现于一系列的市场活动中，完整的商标使用证据应是各种证据材料中。值得提醒的是，企业在商标使用过程中，应规范档案管理商标使用证据，保证任何时候都能拿出完整、有效的商标使用证据，以应对他人提出的撤销申请。

律师建议

根据《商标法》的规定，注册商标成为其核定使用的商品的通用名称或者没有正当理由连续三年不使用的，任何单位或者个人可以向商标局申请撤销该注册商标。撤销程序申请人几乎不需要任何资格审查，一定程度上，申请人在“三年未使用撤销程序”中提出申请可能有一些随意性，但作为商标权利人（答辩人）应积极应对商标三年未使用撤销程序，答辩人收到商标局的提供使用证据要求以后，应保持足够的警惕性，应该积极地通过查询商标局官网等渠道了解程序的信息，并在指定的期限内提供足够的有效使用证据。

为了确保注册商标的合法、有效使用，权利人应该给每一个商标建立档案，特别是注册申请数量很大的情况，更应该对商标档案资料进行有效完善保管。对于企业经营者的重点核心商标，应聘请知识产权专业的人员进行定期地收集使用方面的证据材料，这不仅是针对商标确权争议应诉证据，也是企业自身针对假冒伪劣商标维权时可能需要提供的证据。商标使用证据的收集应该重点关注使用证据的时间、使用范围、使用材料的载体（复印件或者原件）等方面。

另外，企业申请时提供的注册人地址，在企业的实际经营地变化后也应该及时向商标行政机关进行变更备案，避免商标行政机关邮寄答辩通知后注册人无法收到从而导致错过答辩的机会。

结　语

商标注册成功并非就一劳永逸了，后续仍然需要对其进行维护、使用，还可能涉及续展、争议答辩、三年未使用撤销答辩等多个程序，这是值得权利人长期关注的焦点。“法律不保护躺在权利上睡觉的人”，商标的价值体现于商业使用上，商标的有效使用值得每一位注册人重视。

作者：秦永芝律师

名人姓名权保护边界

——“刘德华”姓名商标争议案

名人因其已有的知名度和美誉度，市场对其商业价值的开发一直十分热衷。名人代言产品为产品背书就是这种现象的集中体现；更有甚者，有些商家为了拓展业务推广品牌，未经名人同意擅自注册与名人姓名相关的商标以谋求不正当经济利益。

自二十世纪八九十年代起，我国香港特别行政区和我国台湾地区的娱乐明星的知名度与影响力与日俱增，不断有企业或者个人申请诸如“刘德华”“张学友”的产品或服务商标，这些商标的申请人大都是打着知名艺人的旗号，意图在相关领域谋求产品品牌的影响力。但也有部分商标虽然与名人商标的姓名文字相同、或者肖像类似，但申请人却不存在恶意申请商标的情形，本文以笔者于2010年代理的“刘德华”商标争议案为切入点，讨论名人姓名权、肖像权的保护边界。

案情概要

涉案商标的基本情况：注册人刘德华，注册商标内容为“刘德华及图”，登记注册号4365340，注册类别及项目为第29类，板鸭，香肠等产品。

涉案商标注册申请人刘德华，是家住四川省崇州市观胜镇的一位从事板鸭熟食制作销售的老人，其以自己姓名“刘德华板鸭店”作为店招经营已有数十年，后来由于其制作的板鸭美味可口，消费者都知道观胜镇有一家叫“刘德华”的板鸭店，老人索性于2004年11月16日向国家商标局注册了“刘德华”文字及图形商标。该商标注册成功后，艺人刘德华于2009年向商标评审委员会提出撤销上述商标，并委托某律师事务所发送律师函声称要追究注册人的民事侵权责任。后崇州刘德华板鸭店委托笔者作为代理人代理该案，申请人刘德华收到被申请人的答辩书后主动提出和解，撤回了商标撤销争议，崇州刘德华板鸭店成功保住了其苦心经营多年的商标。

律师分析

1. 姓名权和商标权的概念

姓名权是我国民事法律保护的一种民事权益，《民法典》第 1012 条规定："自然人享有姓名权，有权依法决定、使用、变更或者许可他人使用自己的姓名，但是不得违背公序良俗。"第 1014 条规定："任何组织或者个人不得以干涉、盗用、假冒等方式侵害他人的姓名权或者名称权。"

千百年来，中国民间一直有以自己的姓氏命名自己的商业店铺或者产品的商业习惯，如"张小泉"剪刀、"李宁"服饰等著名品牌就是沿袭了这一文化传统。虽然中国人的姓氏数量高达数百个，但是同名同姓的现象依然十分普遍，如果有在先的申请人将姓名申请了商标注册，那么此时商标专用权和姓名权极可能发生冲突。本案就是这一情形的典型案例。

2. 名人的姓名权受到法律保护的合理范围

众所周知，名人的成名之路艰辛漫长，一路拼搏获得了公众的认知、认可，很多商家就开始打起了"傍名人"的招牌，快速获得公众关注度，以此销售产品获得利润。毫无疑问，对于这种恶意"傍名人"的商标应该通过行政审查、司法程序进行制止、打击。但是，以本案来说，商标虽然和名人的姓名权有关，但其可能并不会对名人的声誉造成不良影响，也不会混导消费者，那么这种商标理应获得注册保护。笔者认为，本案不会构成侵权的理由如下：

（1）本案商标是由文字"刘德华"和申请人一位四川老人的肖像组合起来的文字、图形商标。该商标的内容分为两部分，上面为人物肖像，该肖像为一位年过 70 的老人头像，下面为文字"刘德华"。从商标辨认的角度看，普通消费者立即能够识别出这是姓名为刘德华的人的肖像，根本不可能将此商标与相关刘德华的英俊、年轻的形象联系起来。

（2）该案申请的商标核定使用的产品为 29 类，包括板鸭、腌肉、香肠等产品。而香港艺人从事的主要是影视娱乐行业，与肉类销售完全不相干。商标的价值在于区别商品的来源，两个完全不相干的人从事完全没有关联的行业，不会使消费者产生误认或混淆。

（3）本案商标申请人刘德华系年龄超过 70 岁的老人，其自始至终都在使用“刘德华”作为姓名，而在四川地区，人们为了区别商品的来源，经常以自己的姓氏作为商标，申请人刘德华有权使用自己的商标和注册该商标，这种非恶意的商标使用行为没有侵犯其他人的权益，理应受到法律保护。

《最高人民法院关于审理商标授权确权行政案件若干问题的规定》第 20 条第 1 款规定：“当事人主张诉争商标损害其姓名权，如果相关公众认为该商标标志指代了该自然人，容易认为标记有该商标的商品系经过该自然人许可或者与该自然人存在特定联系的，人民法院应当认定该商标损害了该自然人的姓名权。”

通过上述分析，本案崇州刘德华注册的姓名和肖像商标不会造成消费者产生涉案商标指代香港娱乐明星的误认。

（4）名人姓名权保护的边界认定。名人姓名权的保护，一直是很多民事案件的疑难问题，主要存在如下的争议：其一，名人的姓名权之“姓名”主要包含哪些范围？其二，名人的姓名权保护有没有行业、地域、国别或者时间限制？其三，使用名人的姓名权是否存在恶意或者不正当竞争行为？为了厘清上述问题，笔者以近年来争议不断的“乔丹”商标案（美国篮球运动员乔丹诉中国乔丹体育股份有限公司第 6020578 号“乔丹”及图形）予以阐释。

美国著名篮球运动员迈克尔·杰弗里·乔丹是在全世界具有较高知名度的公众人物。乔丹体育股份有限公司是一家位于我国福建省晋江市主营体育服饰、运动鞋用品的公司，其在第 25 类、28 类等多个类别在先申请了多个“乔丹”“qiaodan”等中、英文、图形商标，后美国运动员迈克尔·杰弗里·乔丹提出争议申请，要求宣告上述商标无效。

本案经商标评审委员会裁定，北京市第一中级人民法院一审、北京市高级人民法院二审，最高人民法院再审。最高人民法院经审理后认为，本案的争议焦点为：（1）争议商标的注册是否损害了再审申请人（指美国著名篮球运动员乔丹）主张的在先姓名权和肖像权，违反《商标法》（2001 年）第 31 条关于“申请商标注册不得损害他人现有的在先权利”的规定；（2）争议商标的注册是否属于《商标法》（2001 年）第 10 条第 1 款第 8 项规定的“有害于社会主义道德风尚或者有其他不良影响”的情形；（3）争议商标的注册是否属于《商标法》（2001 年）第 41 条第 1 款规定的“以欺骗手段或者其他不正当手段取得注册”的情形。

关于争议商标的注册是否损害了再审申请人主张的在先姓名权和肖像权，违反《商标法》(2001 年）第 31 条关于“申请商标注册不得损害他人现有的在先权利”的规定。根据最高人民法院 27 号案判决的认定，“乔丹”在我国具有较高的知名度、为相关公众所熟悉，我国相关公众通常以“乔丹”指代再审申请人，并且“乔丹”已经与再审申请人之间形成了稳定的对应关系，故再审申请人就“乔丹”享有姓名权。在本案争议商标的申请日之前，直至 2015 年，再审申请人在我国一直具有较高的知名度，其知名范围已不仅仅局限于篮球运动领域，而是已成为具有较高知名度的公众人物。

根据《民法通则》第 99 条、《侵权责任法》第 2 条（现此两部法已被《民法典》代替）的规定，自然人依法享有姓名权。未经许可擅自将他人享有在先姓名权的姓名注册为商标，容易导致相关公众误认为标记有该商标的商品或者服务与该自然人存在代言、许可等特定联系的，应当认定该商标的注册损害他人的在先姓名权，违反《商标法》(2001 年）第 31 条的规定。本案中，争议商标由上方的运动员剪影图形与下方的“乔丹”组合而成。乔丹公司明知再审申请人在我国具有长期、广泛的知名度，仍然使用“乔丹”申请注册争议商标，容易导致相关公众误认为标记有争议商标的商品与再审申请人存在代言、许可等特定联系，损害了再审申请人的在先姓名权。因此，争议商标的注册违反了《商标法》(2001 年）第 31 条的规定，依照《商标法》(2001 年）第 41 条第 2 款的规定应予撤销，应由国家知识产权局就争议商标重新作出裁定。

关于争议商标的注册是否损害了再审申请人主张的肖像权。法院认为，根据肖像权以及肖像的性质，肖像权所保护的“肖像”应当具有可识别性，其中应当包含足以使社会公众识别其所对应的权利主体，即特定自然人的个人特征，从而能够明确指代其所对应的权利主体。如果请求肖像权保护的标识不具有可识别性，不能明确指代特定自然人，则难以在该标识上形成依法应予保护，且归属于特定自然人的人格尊严或人格利益。争议商标标识中的特定人物肖像仅仅是黑色人形剪影，除身体轮廓外，其中并未包含任何与再审申请人有关的个人特征。并且，再审申请人就该标识所对应的动作本身并不享有其他合法权利，其他自然人也可以作出相同或者类似的动作，该标识不具有可识别性，不能明确指代再审申请人。因此，再审申请人不能就该标识享有肖像权，再审申请人有关争议商标的注册损害其肖像权的主张不能成立。

最高人民法院认为，第 6020578 号“乔丹”及图形侵犯了美国运动员乔丹的姓名权，但没有侵犯其肖像权，该商标应予以撤销。

律师建议

我国现行《商标法》规定，商标的使用和注册不能侵犯他人的在先权利，这种权利包含姓名权等权利。在使用和注册商标时，应该充分考虑其他人的合法权益，避免申请商标侵犯他人的在先权利。名人的姓名权应该有合理的保护边界，这种边界并不以商标是否和名人的名字在文字上相同为判断的标准，而是应以商标的区分商品来源的功能来进行划分。如上述案例中，涉案商标“刘德华”的使用并不会产生消费者的混淆误认，但是“乔丹及图”商标却可能产生混淆误认商品来源。从商标使用、注册的最初立场看，前者没有恶意“傍名人”的意图，后者作为体育用品的生产者，很容易让人理解为“傍名人”的营销理念。从这一角度出发，“傍名人”的商业策略短期看，可能有好的商业营销效果，但从长远看，经营者应充分评估商标的选择是否侵犯名人的姓名权，坚持产品创意的独创性，谋划自主品牌的可持续发展之路。

结　语

名人的姓名权依法应该得到保护，经营者在使用、注册商标的过程中，应该充分以善意的目的进行使用，不要企图“傍名人”的企图获取短期利益，否则定会误人歧途。

作者：庄晓伟律师

近似商标的判断与应用

——“君之蓝”商标与“天之蓝”商标构成近似吗?

文字类商标的近似判断，主要依照隔离比对的原则，从商标的视觉、文字含义、发音等方面进行综合比较，如果商标间整体不构成近似，能够形成区别，不会产生混淆误认的，一般不会判定为近似商标。本案诉争“君之蓝”与引证“天之蓝”等多个商标虽然有一定的区别度，但由于引证商标的高知名度，容易引起普通消费者混淆、误认商品的来源，故法院依法予以宣告该商标之无效。

案情概要

诉争商标“君之蓝”注册人为湖北稻花香酒业股份有限公司，注册号14975139，核定使用商品（第33类）蒸馏饮料，烧酒，食用酒精等。江苏洋河酒厂股份有限公司持有第4662735号“海之蓝”、第3606410号“天之蓝”、第4253363号“梦之蓝”等多个文字商标，上述商标核定使用商品都为第33类烧酒酒类产品。本案争议焦点，诉争商标“君之蓝”与引证“天之蓝”等系列商标是否构成近似，诉争商标是否应被宣告无效?

法院观点

商标评审委员会认定，诉争商标的注册构成2014年《商标法》第30条所指情形，涉案商标与引证商标构成近似，容易产生混淆、误认，依法裁定对诉争商标予以无效宣告。

一审、二审法院认为：诉争商标由“君之蓝”文字构成，各引证商标分别由“天之蓝”“海之蓝”“梦之蓝”文字构成，相较而言，诉争商标的文字和引证商标的文字构成方式相近，都不是我国相关公众所广泛知悉的固定用法，在案证据可以证明在诉争商标申请日之前，“天之蓝”“海之蓝”“梦之蓝”商标经过长期使用，在第33类酒类商品上具有一定的知名度，相关公众已经将“之蓝”作为一系列商标的一部分与洋河酒厂公司相联系，这种情况下，相关公众可能会将含有“之蓝”的商标认为各引证商标等的系列商标，故诉争商标与各引证商标分别构成近似商标。诉争商标的注册违反了2014年《商标法》第30条的规定。依法维持了商评委宣告诉争商标无效的决定。

律师分析

1. 驰名商标概述

驰名商标是在中国为相关公众所熟知的商标。普通商标在经过长时间的大量使用后，获得了一种较高的市场美誉度和影响力，就可能被行政机关或者司法机关认定为驰名商标。驰名商标的保护力度大于普通注册商标。如我国《商标法》规定，就相同或者类似商品申请注册的商标是复制、摹仿或者翻译他人未在中国注册的驰名商标，容易导致混淆的，不予注册并禁止使用；就不相同或者不相类似商品申请注册的商标是复制、摹仿或者翻译他人已经在中国注册的驰名商标，误导公众，致使该驰名商标注册人的利益可能受到损害的，不予注册并禁止使用。

一般在对驰名商标进行讨论时，容易将所谓的“跨类保护”作为驰名商标的属性进行重点分析、论证。笔者认为，在相同或类似商品上的商标发生冲突时，商标的知名度因素对案件的审查影响也应该引起充分的重视和关注。本案“君之蓝”商标确权案就是此种案件的典型之一。

2. “君之蓝”与“天之蓝”商标的渊源比较

本案中，洋河酒厂对“天之蓝”“梦之蓝”等“之蓝”系列商标享有商标注册专用权，那么，类似“之蓝”商标保护的边界在哪里？

权利人江苏洋河酒厂股份有限公司位于江苏省宿迁市，总占地面积10平方千米，总资产460.78亿元，员工3万人，下辖洋河、双沟、泗阳三大酿酒生产基地和苏酒集团贸易股份有限公司，是中国白酒行业拥有洋河、双沟两大“中国名酒”和两个“中华老字号”的企业。

作为中国名酒的杰出代表，洋河、双沟多次在全国评酒会上荣获国家名酒称号。2009年，公司在深交所挂牌上市。2012年，公司跻身上市公司全球500强。近年来，公司营销业绩稳步攀升，已稳居行业前三名。2020年前三季度营收

189.14 亿元，净利润 71.86 亿元。其中，第三季度营收 54.85 亿元，同比增长 7.57%，净利润 17.85 亿元，同比增长 14.07%。2003 年，公司率先突破白酒香型分类传统，首创以“味”为主的绵柔型白酒质量新风格。2008 年，“绵柔型”作为白酒的特有类型被写入国家标准。公司被誉为“绵柔鼻祖”。经过该公司持续经营、大力宣传，2011 年，“梦之蓝”商标被认定为“中国驰名商标”；2015 年，公司入选“中国品牌价值酒水饮料类地理标志产品”，是白酒行业仅有的两个入选品牌之一；2017 年，公司在“全球烈酒品牌价值 50 强”排行榜中位列中国第二、全球第三；2018 年，公司蝉联“中国品牌价值评价”产品品牌价值第一名；在“世界最具价值品牌 500 强”排行榜中，位居全球第 215 位；2019 年，入选 BrandZ“最具价值中国品牌 100 强”，位居第 48 位。

稻花香酒业公司，起步于 1982 年，1992 年创立“稻花香”品牌。2020 年，集团连续 7 年入选“中国企业 500 强”，名列第 348 位；连续 11 年荣登“中国民营企业 500 强”，列榜单第 147 位；连续 9 年蝉联湖北民企百强，名列第四位，连续五年以第一名领跑民企制造业百强。集团旗下“稻花香”“关公坊”“清样”“君之红”等先后被原国家工商总局认定为“中国驰名商标”。“稻花香”被国家商务部认定为“中华老字号”，并入选“中国新八大名酒”“中华老字号品牌价值百强榜”。2020 年，“稻花香”连续 17 年入选中国 500 最具价值品牌，品牌价值达 805.86 亿元。

可以看出，洋河酒厂公司的“梦之蓝”等系列商标在白酒等产品上有着持续性的经营、使用，在各类电视、网络平台也不断大力宣传推广“天之蓝”“梦之蓝”等品牌，产品市场销售业绩良好，产品质量也受到有关部门的认可，其“梦之蓝”注册商标获得了驰名商标认定。稻花香酒业公司主要的商标“稻花香”是驰名商标、知名品牌，“君之红”等商标也是公司重点推广商标。

本案是两大酒厂的知名商标之争，本案法院判决认可了洋河酒厂公司的部分主张，认为“天之蓝”“海之蓝”“梦之蓝”商标经过长期使用，在第 33 类酒类商品上具有一定的知名度，相关公众已经将“之蓝”作为一系列商标的一部分与洋河酒厂公司相联系，涉案“君之蓝”商标被宣告无效、禁止注册。

3. “蓝之蓝”与“天之蓝”商标纠纷案的比较分析

近年来，不少近似“之蓝”商标和“天之蓝”商标系列纠纷案层出不穷，不同层级的法院观点也不尽相同，为了更好地说清楚“天之蓝”商标维权情况，笔者再以“蓝之蓝”与“天之蓝”商标案进行对照说明。

在江苏洋河酒厂诉江苏蓝之蓝酒业股份有限公司（以下简称“蓝之蓝酒业”）“蓝之蓝”商标（第 7378750 号“蓝之蓝及图”商标）争议案中，洋河酒厂以在相同产品上构成近似商标为理由请求撤销诉争商标。洋河酒厂撤销理由为：诉争商标与各引证商标在文字构成、呼叫、含义等方面相近，已经造成相关公众的实际混淆、误认。（1）诉争商标与各引证商标的标志近似程度极高。“蓝之蓝”为诉争商标的显著识别部分，与各引证商标的文字构成方式完全相同，没有形成新的含义。人民法院、商标局和商标评审委员会均对类似的商标注册给予了否定性评价，判定他人申请注册的“楚之蓝”“茅之蓝”“河之蓝”商标与各引证商标构成近似商标。（2）引证商标具有较强的显著性和极高的知名度。以“某之蓝”作为文字构成在酒类商品上申请注册商标为洋河公司独创，具有唯一对应关系，具有较强的显著性。在诉争商标申请日前，洋河公司及各引证商标经过多年的使用和宣传已经具有极高的知名度和影响力，理应给予更宽范围和更大强度的保护。（3）蓝之蓝公司具有明显的主观恶意。蓝之蓝公司与洋河公司经营地址临近，行业相同，应当知晓洋河公司及各引证商标的知名度，在申请商标注册时没有合理避让，反而模仿各引证商标。诉争商标在实际使用过程中，进一步模仿复制洋河公司的包装装潢，已经被人民法院的生效判决认定构成侵权。

蓝之蓝酒业答辩理由主要为：（1）诉争商标由其独创，具有极强的显著性，与引证商标区别明显，不构成近似。（2）诉争商标通过广泛使用、大力宣传，已具有极高的知名度，一审判决及被诉裁定对相关事实认定错误。（3）多个含有“之蓝”的商标已被核准注册，根据审查标准一致原则，诉争商标应当予以维持注册。

本案经商标评审委员会裁定、北京市知识产权法院一审审理、北京市高级人民法院二审审理、最高人民法院再审审理。最终，最高人民法院支持了洋河酒厂的诉讼请求。

毫无疑问，“蓝之蓝”商标与“天之蓝”核定使用的商品构成类似，那么两商标本身是否构成近似呢？法院认为，判断注册商标是否构成混淆性近似，应当对比诉争商标与引证商标在构成要素、主要部分或整体上是否近似。诉争商标由文字“蓝之蓝”与围绕在文字之外的椭圆、火焰和拼音组成。引证商标分别为

“梦之蓝”“天之蓝”“海之蓝”。二者在组成要素上存在差异，但商标的主体部分即文字部分均包含了“之蓝”，在外观与呼叫上均存在近似。笔者不认同法院的比对结果，在隔离对比的情形下，认为两商标文字及图案本身近似度还是有一定区别。而法院认定两商标构成混淆误认的主要理由为，“蓝之蓝”商标的使用存在恶意模仿“天之蓝”商标的不正当目的，且“天之蓝”系列商标知名度很高，是判断商标是否构成混淆性近似的重要因素，而洋河酒厂提供的证据证明，在诉争商标申请日之前，引证商标已经在相关公众中，特别是在江苏省内，具有了较高的知名度。

从上述案例看，判断商标是否近似、产生混淆，还要参考侵权人的主观恶意程度以及商标的具体使用状况，商标的价值体现于使用当中，知名度高的商标受保护的力度天然的要远高于那些长期束之高阁的商标。从立法目的上看，《商标法》鼓励商标的实际使用，因此商标实际使用的情况应当作为商标注册合法性考量的要素，而从商标的实际使用形态也可以甄别出使用人的主观心态是否具有恶意的成分。

综上所述，其他市场主体还能否注册“之蓝”系列商标呢？依据民事法律领域的基本原则——法无禁止即自由，商标的注册申请或使用只要没有侵犯他人的权利，没有恶意模仿他人的商标，不会造成市场混淆误认且没有其他禁止的情形，则理应受到保护。笔者认为，驰名商标的保护也是有边界的，不能无限地扩大驰名商标保护的范围。在第 33 类酒类产品上，必须限定在个案中对知名产品、驰名商标依法保护，这也符合《反不正当竞争法》《商标法》的立法目的。事实上，通过查询，也可以看到很多诸如“友之蓝”的商标在第 33 类其他商品上获得注册专用权保护。这再次证明，不能当然地肯定洋河酒厂公司对于“之蓝”系列商标在其他类别的保护。

律师建议

知名商标或者驰名商标是市场经营主体经过大量物质、智力投入后产出的成果，对于知名商标的保护，一直是我国商标行政管理机关和司法机关的重点关注对象，司法实践中也有诸多的案例可以供其他市场参与者借鉴。笔者认为，不管是善意抑或恶意“傍名牌”，可能在短期内有一定的经济利益可图，或者达到其他商业目的，但是从长远来看，注册申请或者使用与知名商标有近似嫌疑的商标存有不可预计的商业风险。就本案来讲，“君之蓝”与“梦之蓝”商标，单独比对，两者可能不构成近似商标，但是在“梦之蓝”“天之蓝”系列商标具有很高的知名度后，商标行政机关和司法机关加强了对该系列商标的保护，导致“君之蓝”商标被宣告无效，随之而来的商业投入和产品规划都会受到极大的影响，造成不可挽回的经济损失。所以，每一个市场经营主体最佳的维权方式都是有自己独创性的商标，而不是寻求模仿他人商标。

结　语

驰名商标的保护一直是知识产权的热点话题，对于驰名商标的认定和保护，不同的个案认定情况殊为不同，判断商标是否构成对驰名商标侵权，要综合产品的行业特点、消费人群、驰名商标的知名度等多个方面进行考量。

作者：庄晓伟律师

商标与企业字号的权利冲突

——“小天才”电话手表商标侵权纠纷案

近年来，儿童电子产品越来越普及，深受广大家长和孩子们的喜欢。广东有一家名为小天才科技公司的厂家生产的“小天才”手表、计算机等产品，凭借良好的产品质量和深入人心的广告宣传在我国有较高的知名度。“小天才”商标寓意优秀的少年，也与现在家长重视教育的理念相契合。由于商品十分畅销，深圳有一家工商登记为深圳某小天才公司的厂家也开始生产、销售相关的儿童类电子产品，两家“小天才”由此发生利益冲突并成讼。本案是典型的企业字号不正当竞争侵犯商标专用权的案例。

案情概要

原告成立于2010年3月30日，成立之初的企业名称为“东莞市小天才电子科技有限公司”，2010年10月12日，企业名称变更为“广东小天才电子科技有限公司”，2010年12月14日，企业名称变更为“广东小天才科技有限公司”。原告经营范围包括：家用电视游戏机、学习机及卡带、语言复读机、电子词典、视频播放机、电子书、家教机、早教机、点读机、电子玩具软、硬件。

原告持有注册商标第646497号“小天才”，核定使用在第9类，与电视机连用的游戏机、计算机、电视机、英汉单词对照记忆器等商品；第9类13470980A号，核定使用在电子字典、笔记本电脑、便携式计算机、便携式媒体播放器等商品；除此之外，原告在第9类还注册了多个其他商标。

原告通过各种渠道销售、宣传“小天才”产品及商标。2011年2月，原告就“小天才宝贝电脑”进行过视频广告宣传；2011年，原告与湖南电视台金鹰卡通频道联合举办少儿脱口真人秀节目《百辩小天才》；2014年2月，“育儿网”主办评选“小天才早教机”为最受欢迎早教产品；2014年11月，网易“数码频道”对“小天才儿童平板”进行产品解析报道。

2014 年，中国质量检验协会颁给原告“全国质量诚信标杆典型企业”证书，主要产品为小天才早教机、智能积木、儿童平板电脑；2015 年，中国质量检验协会颁给原告“全国质量诚信标杆典型企业”证书，主要产品为小天才电话手表、早教机、智能积木、儿童平板电脑；2016 年，中国质量检验协会颁给原告“全国质量诚信标杆典型企业”证书，主要产品为小天才电话手表、学习手机；2017 年，中国质量检验协会颁给原告“全国电子行业质量领军”证书，产品名称包含小天才电话手表、儿童平板；2018 年，中国质量检验协会颁给原告“全国质量诚信标杆典型企业”及“全国电子行业质量领先品牌”证书，主要产品包含小天才电话手表、儿童平板，品牌名称为“小天才”。

2014 年及 2017 年，原告均获得广东省科学技术厅、广东省财政厅、广东省国家税务局、广东省地方税务局联合批准颁发的高新技术企业证书；2016 年，原告获得东莞市人民政府颁发的东莞市专利奖证书；2017 年，原告被东莞市知识产权局认定为东莞市专利优势企业；2017 年，原告被广东知识产权保护协会认定为广东省知识产权优势企业；2018 年，原告被广东知识产权保护协会认定为广东省知识产权示范企业。

被告深圳小天才公司，成立于 2012 年 12 月 3 日，主要经营范围为网上电子产品、计算机软件、数码产品、早教机、点读机、点读笔的销售。被告注册第 9 类“小导师”商标，核定使用产品为平板电脑；具有人工智能的人形机器人；智能手表（数据处理）；人脸识别设备；考勤机；秤；量具；防交通事故用穿戴式反射用品；手机；电视机等。被告通过多种途径推广、使用电子类儿童早教机，包括展览展示板、口头推销、产品包装上使用带有“小天才”字样的文字。

原告诉被告侵犯其“小天才”商标权。

法院观点

本案争议焦点是：在“新品发布会”展台、柜台上使用“深圳小天才有限公司”“小天才科技欢迎……”字样的行为是否属于将与他人注册商标相同的文字作为企业字号在相同或类似商品上突出使用，并使相关公众误认的行为，从而构成商标侵权。

原告持有在先注册的各“小天才”商标，均处于有效期内，原告的商标专用权，依法应受保护。从被告“新品发布会”的视频和照片中可见，在部分广告背景上和柜台上单独使用“小天才”标识，属于将商标用于学习机产品的广告宣传、展览的商业活动中，已起到识别商品来源的作用，属于商标性使用。再者，两商品使用的类别均为第9类，属于未经商标注册人许可，在同一种商品上使用与其注册商标相同的商标，构成商标侵权。

根据《最高人民法院关于审理商标民事纠纷案件适用法律若干问题的解释》第1条第2款第1项规定，“将与他人注册商标相同或者相近似的文字作为企业的字号在相同或者类似商品上突出使用，容易使相关公众产生误认的”，属于商标侵权行为。

被告一直强调自己是正常使用企业全名“深圳市小天才电子公司”，并未突出使用企业字号，前述视频、照片显示销售学习机的“新品发布会”展台均将“深圳市小天才电子公司”放在展台正中央。虽然该“深圳市小天才电子公司”几个字的大小、字体均一致，但判断是否构成商标侵权的关键在于被告是否突出使用企业字号以及是否容易使相关公众产生误认。

本案中，被告的企业名称确实是“深圳市小天才公司”，但作为同是广东地区生产青少年儿童教育电子类产品的企业，被告理应知道原告“小天才”商标、字号及系列产品的知名度，却仍然在搭建“新品发布会”展台推销学习机产品时，将被告企业名称放置展台广告正中央醒目位置，实际上已使被告的企业名称在搭台推销学习机时，起到了识别商品来源的作用，属于商标性使用。此时即便使用的是字体大小一致的公司全称，最先映入消费者眼帘的仍是被告公司名称，会使消费者产生“深圳市小天才电子公司＋学习机”或“小天才＋学习机”的直观印象，而非“小导师/速记星/校状元＋学习机”的印象。此时，被告的“小导师”等商标的指示功能已被弱化或者被“小天才”字样所覆盖，进而误导消费者以为该展台所销售的学习机产品系原告的“小天才”品牌系列产品。同理，被告在部分展台条幅上使用“小天才科技欢迎……”字样是表明企业名称的表述，会误导消费者认为该展台销售的学习机来源于原告“广东小天才科技有限公司”。被告此种在特定场所、特定时间、特定方式使用公司全称或“小天才科技”字样的行为，攀附意图明显，仍然构成突出使用企业字号，易使相关公众产生误认。事实上，消费者在这种情形下购买被告产品后，还致电原告客服，相关网页、电视台也对此有所报道，这也说明被告此举已经造成相关公众误认，故被告将企业名称用于“新品发布会”醒目位置的做法已构成商标侵权。

律师分析

1. 字号与商标均具有识别产品来源的作用

一般而言，根据《企业名称登记管理规定》，我国企业名称登记通常包括行政区划、字号、行业、组织形式、经营特点等要素，企业名称中具有识别不同企业元素的核心内容为字号部分。

字号的这一功能，与商标的识别产品来源有类似的作用。从法律保护的权利客体看，字号保护的主要是企业名称权，商标保护的是商标专用权。企业名称与字号是由各个地方行政机关进行登记，审查范围主要是以特定的地域为范围，而商标是由全国性的商标行政审查机关审查登记。现有审查模式下，两者可能发生权利冲突。

2. 恶意使用、登记企业字号可能侵犯商标权

我国市场经营主体众多，包括个体户、公司、合伙企业等，各种形式的市场主体数量庞大。因此，商标与字号近似是非常普遍的现象，很多市场经营者都是商标和字号统一使用，一般消费者很难将两者区分开。如何判断商标与字号间是否发生侵权、冲突呢？如果将与他人注册商标相同或者相近似的文字作为企业的字号在相同或者类似商品上突出使用，容易使相关公众产生误认的，那就涉嫌商标侵权行为；反之，则不构成侵权，两者可以并存使用。

本案涉案侵权人有两项违法行为：其一，侵权人未经许可在相同或类似商品上使用他人注册商标，构成商标侵权；其二，侵权人注册登记了与知名商标“小天才”文字相同的企业字号。原告举示的证据充分表明被告是在故意混淆产品来源，让普通消费者分不清楚被告公司的产品是否与原告公司的产品有关。原、被告公司均为广东地区的企业，被告公司的字号又包含“小天才”文字，普通消费者很难将两者区分开来。再者，被告在推销产品时，故意声称其产品就是“小天才”公司的。在原告公司产品知名度远大于被告公司产品的前提下，被告侵犯原告商标专用权、故意混淆产品来源的意图明显。因此，法院判决支持了原告的诉讼请求。

3. 企业字号作为在先权利受保护的情形

企业字号可能侵犯商标权；反之，商标也可能侵犯字号的在先权。企业名称的核心部分通常为字号，保护企业字号其实就是保护企业的名称权。很多企业的字号往往形成了一定的固有市场知名度，这种企业字号在一定程度上发挥了区分市场主体和产品来源的作用。如有些老字号长期使用，但却没有注册商标，有些商标注册、使用人为了攀附知名字号，故意将他人未注册的字号申请商标注册，达到混淆市场行为、谋取不正当利益的目的。

《最高人民法院关于审理商标授权确权行政案件若干问题的规定》第21条规定："当事人主张的字号具有一定的市场知名度，他人未经许可申请注册与该字号相同或者近似的商标，容易导致相关公众对商品来源产生混淆，当事人以此主张构成在先权益的，人民法院予以支持。当事人以具有一定市场知名度并已与企业建立稳定对应关系的企业名称的简称为依据提出主张的，适用前款规定。"

判断商标是否侵犯字号权，应考虑如下因素：首先，该字号本身应具有较大的知名度和市场影响力，特别是在商标指定使用的相同或者类似商品、服务上，在一定的相关公众上，字号已经与企业建立了稳定的对应关系。其次，商标与企业字号核心部分的含义是否相同或者近似，足以让消费者产生混淆、误认。最后，商标注册或者使用人是否有恶意注册、使用的不正当竞争行为。

律师建议

商标和字号的知名度越高，越容易受到攀附、"傍名牌"的困扰。由于我国的商标登记管理和企业名称登记审查分属于两个不同的行政审查路径，故两者属于不同的法律概念，权益保护的方式也不同。一些个人或厂家为了获得不法利益，故意注册与知名商标相同的企业字号，达到误导消费者从而扩大产品销量的目的。权利人在进行日常经营活动时，应该注重对该类不正当竞争或侵权行为的监查，一旦发现有商家注册与已有的知名商标相同或者近似的字号，应立即向有关行政管理机构举报或者采取司法途径进行维权。另外，知名企业的字号，为了避免被他人抢先注册，也应该尽早注册商标，防止他人的恶意注册。

另外，本案中"小天才"商标属于原告独创的商标文字组合，在文教电子产品类具有非常强的商标显著性，其他主体将该文字用作企业字号容易发生混淆、误认，这也提醒广大的市场经营主体，商标注册时应尽量选择具有强显著性的文字、图形元素，这样受保护的力度也将增大。

结 语

世界上不止一个“小天才”，但在特定的商品类别上只能有一个“小天才”商标存在，知识产权属于权利人的智力成果，是权利人投入大量的智力、物质财富和精力创造出来的成果，容不得任何人非法侵犯。

作者：庄晓伟律师

不同使用渠道对认定商标侵权的影响

——“非诚勿扰”商标侵权案

近年来，个人征婚市场蓬勃发展，社会上各类相亲交友平台不断涌现，在这种气氛下，江苏卫视推出的电视交友相亲节目“非诚勿扰”受到广大观众的欢迎，节目影响力日益扩大。本案引起纷争的即是“非诚勿扰”文字商标侵权争议，该案提出的现实问题是：构成近似的商标在电视媒体上的使用与线下使用是否会产生混淆误认？

案情概要

涉案第 7199523 号“非诚勿扰”商标，注册人金某，商标核定使用类别及服务项目：45 类，交友服务、婚姻介绍所等。原告金某诉被告江苏省广播电视总台、深圳市珍爱网信息技术有限公司一案。原告金某向国家工商行政管理总局商标局（现为国家知识产权局商标局，以下简称商标局）申请注册“非诚勿扰”商标。2010 年 9 月 7 日，金某获得第 7199523 号“非诚勿扰”商标注册证，有效期自 2010 年 9 月 7 日至 2020 年 9 月 6 日，核定服务项目为第 45 类，包括交友服务、婚姻介绍所等。原告起诉被告称：二被告在电视、网络上共同使用“非诚勿扰”文字商标，使用服务类别为交友、征婚，被告使用商标的行为未经许可，构成对原告注册商标权的侵犯，原告要求其停止侵权、赔偿损失。

本案各方的主要争议焦点在于，江苏电视台、珍爱网公司是否侵犯金某的注册商标专用权？

法院观点

本案经深圳南山区人民法院一审、深圳市中级人民法院二审、广东省高级人民法院再审。一审法院认为，江苏电视台使用“非诚勿扰”是商标性使用。“非诚勿扰”既是江苏卫视电视节目的名称，也是一种服务商标。如果仅仅将“非诚勿扰”定性为节目名称，而不承认其具有标识服务来源的功能，与大量节目名称注册为商标（包括江苏电视台也将很多电视节目名称注册为商标）的客观事实不相符，也与江苏电视台在该电视节目中反复突出使用“非诚勿扰”并且用其进行广告招商等客观事实不相符。金某的文字商标“非诚勿扰”与江苏电视台电视节目的名称《非诚勿扰》是相同、近似的文字。因此，两者的商标属于相同、近似，争议焦点在于两者对应的商品是否属于同类商品或者服务。

金某涉案注册商标“非诚勿扰”所对应的商品、服务系交友服务、婚姻介绍，即第45类；而江苏电视台的商标“非诚勿扰”所对应的服务系电视节目，即第41类；而且，从服务的目的、内容、方式、对象等方面综合考察，江苏电视台的《非诚勿扰》电视节目虽然与婚恋交友有关，但终究是电视节目，相关公众一般认为两者不存在特定联系，不容易造成公众混淆，两者属于不同类商品、服务，不构成侵权。一审法院驳回了原告的诉讼请求。

二审法院认为，金某“非诚勿扰”核定服务项目为第45类，包括交友服务、婚姻介绍所等。江苏卫视《非诚勿扰》节目简介为：《非诚勿扰》是一档适应现代生活节奏的大型婚恋交友节目，将为您提供公开的婚恋交友平台、高质量的婚恋交友嘉宾，全新的婚恋交友模式。江苏电视台的《非诚勿扰》节目，从服务的目的、内容、方式、对象等判定，均是提供征婚、相亲、交友的服务，与金某第7199523号“非诚勿扰”商标注册证上核定的服务项目交友、婚姻介绍相同。二审法院认可原告的诉求，认定被告行为构成商标侵权。

再审法院认为，对于被诉节目是否与第45类中的交友服务、婚姻介绍服务相同或类似，不能仅通过其题材或表现形式来简单判定，而应当根据商标在商业流通中发挥识别作用的本质，结合相关服务的目的、内容、方式、对象等方面情况并综合相关公众的一般认识，进行综合考量。

江苏电视台经过长期对《非诚勿扰》节目及标识的宣传和使用，已使社会公众将该标识与被诉节目、江苏广播电视台下属频道江苏卫视相联系。而这种使用，从相关服务的目的、内容、方式、对象等方面情况来看，正是典型的使用在电视文娱节目上。

具体言之，被诉《非诚勿扰》节目系一档以相亲、交友为题材的电视文娱节目，其借助相亲、交友场景中现代未婚男女的言行举止，结合现场点评嘉宾及主持人的评论及引导，通过剪辑编排成电视节目予以播放，使社会公众在娱乐、放松、休闲的同时，了解当今社会交友现象及相关价值观念，引导树立健康向上的婚恋观与人生观。

服务的内容和方式为通过电视广播这一特定渠道和大众传媒方式向社会提供和传播文娱节目；服务对象是不特定的广大电视观众等。而第45类中的交友服务、婚姻介绍系为满足特定个人的婚配需求而提供的中介服务。

金某涉案注册商标中的“非诚勿扰”文字本系商贸活动中的常见词汇，用于婚姻介绍服务领域显著性较低，其亦未经过金某长期、大量的使用而获得后天的显著性。故本案对该注册商标的保护范围和保护强度，应与金某对该商标的显著性和知名度所作出的贡献相符。反观被诉《非诚勿扰》节目，其将“非诚勿扰”作为相亲、交友题材节目的名称具有一定合理性，经过长期热播，作为娱乐、消遣的综艺性文娱电视节目为公众所熟知。即使被诉节目涉及交友方面的内容，相关公众也能够对该服务来源作出清晰区分，不会产生两者误认和混淆，不构成商标侵权。

律师分析

1. 电视节目名称的法律保护问题

电视节目在电视台等传媒机构热播，在社会上形成了一股热潮，电视节目的名称知名度随之越来越高。这样，作为一种天然的具有市场影响力和传播力的节目名称实际上就形成了一种巨大的商誉。随之而来的，很多商家就将上述电视名称注册为商标，希望“搭便车”迅速地获得市场关注、形成市场美誉度。

电视节目名称在我国现有法律制度框架下，可以采用哪些法律制度对之进行保护呢？

首先，从著作权法律体系看，毫无疑问，原创性的电视节目本身属于典型的影视作品，受到《著作权法》严格保护。但需要指出的是，著作权保护的主要是电视节目的整体作品，对于电视节目的名称，根据2017年颁布实施的《最高人民法院关于审理商标授权确权行政案件若干问题的规定》第22条第2款规定，对于著作权保护期限内的作品，如果作品名称、作品中的角色名称等具有较高知名度，将其作为商标使用在相关商品上容易导致相关公众误认为其经过权利人的许可或者与权利人存在特定联系，当事人以此主张构成在先权益的，人民法院予以支持。所以，诸如《非诚勿扰》《今日说法》等知名电视栏目的名称，可以作为一种合法权益进行维权保护。

其次，从反不正当竞争法律体系看，《反不正当竞争法》是以竞争行为为规范对象，以认定不正当竞争行为为规范基础。对于不正当竞争行为的认定，关注的是行为本身是否具有市场竞争属性和不正当性，是否扰乱市场竞争秩序和损害其他经营者、消费者的合法权益。不正当竞争行为既可以损害特定竞争者，也可以损害消费者或者社会公众，而并不以损害特定竞争者且其相互之间具有竞争关系为必要。

《反不正当竞争法》保护的范围比较广泛，对于诸如电视节目名称这种不能单独确定为某种法定权利类型的保护客体，只要侵权人的某种竞争行为损害了被侵权人的某种利益，那么就可能纳入反不正当竞争法律体系的保护范畴。在湖南广播电视台诉汕头市奥洁实业有限公司不正当竞争纠纷一案中，因湖南电视台的《爸爸去哪儿》电视综艺节目经过制作、播出、宣传推广、授权商业化运作等，已成为具有一定知名度和影响力的电视节目，其节目名称及标识“爸爸去哪儿”具有一定的显著性，是一种可产生商业利益的商业性标识。被告奥洁公司在被诉侵权产品的显眼位置突出使用了“爸爸去哪儿”文字及与湖南电视台电视节目LOGO相近似的标识。由于《爸爸去哪儿》节目知名度的提高，节目运作过程中会伴随广告、赞助、冠名等商业行为，电视观众和普通消费者会将以“爸爸去哪儿”冠名的商品与《爸爸去哪儿》电视节目联系起来，认为两者之间具有赞助、许可使用等关系，从而导致混淆商品来源的结果的现实可能性也大大增加，这种竞争行为应认定为不正当竞争。

最后，电视名称维权最有力的武器还是注册商标，获得商标专用权的保护。电视名称影响力大，天然的自带商业美誉属性，如果注册了商标、享有专用权，那么毫无疑问，在相关的产品或者服务上都会有巨大的在先权优势。而且这种知名的电视名称，被认定为驰名商标的可能性也很大，这就给电视名称的权利保护铸造了一张坚强有力的盾牌。

2.《非诚勿扰》电视节目名称使用是不是构成商标性使用

商标侵权的前提条件是被诉商标要使用于商业活动中，即构成区分产品或服务来源的商标性使用。

电视媒体作为传统的媒介，经常会在各种商标、品牌的参与下进行电视节目活动，难免会使用到他人的商标，大部分情况下，电视台的商标使用都是作为媒介平台的善意使用或者是合法授权使用。本案中电视名称的使用，不同于其他媒介性的使用。《非诚勿扰》电视节目是作为一个征婚、交友商业服务的提供者出现的，而且该商标不仅仅使用于电视台，还使用于与江苏卫视合作的珍爱网等商业性征婚交友服务平台，上述使用者通过收取电视广告费、网络会员费等形式进行营利。法院认为，江苏电视台经过长期对《非诚勿扰》节目及标识的宣传和使用，已使社会公众将该标识与被诉节目、江苏电视台下属频道江苏卫视相联系，而这种使用，从相关服务的目的、内容、方式、对象等方面情况来看，正是典型的使用在电视文娱节目上。所以从商标使用性质看，毫无疑问，《非诚勿扰》电视名称的使用，属于商标性的商业使用行为。

3. “非诚勿扰”商标文字在产品、服务上是否构成类似

基于江苏卫视使用“非诚勿扰”商标属于商业使用的前提下，判断是否构成侵权的要件为该商标的使用范围是否会造成消费者误认，从而损害原告金某的利益。

被告江苏卫视所从事的业务即通过电视媒体发布征婚信息，吸引受众到电视台通过录节目的方式进行交友活动。由于电视媒体的覆盖广、影响力和传播力很大，可能一部分参与该节目的是单纯的以交友为目的，但不排除也有一部分是出于希望通过电视节目推销自己的其他产品业务或者炒作个人知名度的目的。另外，由于该电视节目形式新颖、话题性、娱乐性较强，人们观看节目大都也是以消遣为目的，事实上，很多不具有征婚交友的受众比如已婚者、老人群体对该节目也非常喜欢。

这种电视交友服务与线下实体店服务存在差异。征婚活动原本是涉及隐私、十分个人化的社交活动，但随着人们观念的改变，这种非公开的活动也能在电视媒体进行公开的谈论、进行，这种电视交友的活动由于涉及参与者的言论影响、个人形象公开展示，从活动的实质看就与线下实际生活中的征婚完全不一样。在电视节目上使用“非诚勿扰”是否会和原告的商标权发生冲突呢？从法院审理的情况看，原告从事的是传统线下征婚交友活动，法院认定被告的使用方式从消费者、服务目的、方式等看，两者差异很大，且江苏卫视使用该商标是结合电视台

名称一起使用，两者混淆来源的可能性不大。

在很多新型知识产权纠纷中，不同的法院在对商标等侵权案件的判断上，认定商标是否产生混淆的观点可能不一样。本案就是在新媒体时代背景下产生的新型的商标争议案件。单从传统的商标侵权判断思路考虑，商标核心文字构成近似，使用的服务项目均是征婚、交友，本案似乎有构成商标侵权的嫌疑。但终审法院的判决思路是从考虑商标区分产品来源的本质功能出发，实际上在一定程度上对被告的电视节目名称使用范围进行了限定，即只能用于电视媒体上的宣传、使用，否则一旦逾越使用的范围，判定为侵权的可能性很大。

律师建议

判断商标是否构成侵权，一方面需要对商标注册的文字、图样等内容进行近似比对，另外必须对商标核定的产品或者服务使用项目、功能、消费渠道等多个层面进行比对，最后针对上述比对情况进行综合考量，论证两商标的共存是否会造成消费者的混淆、误认。乍看之下，本案商标文字构成近似，使用的服务项目都是征婚、交友，但终审法院还是以两者的共存不会造成消费者混淆、误认为理由，没有支持原告的诉讼请求。商标注册权利人在进行维权活动时，应充分以商标的混淆、误认为根本立足点为思考路径，不能从简单的商标比对构成近似的角度就盲目地发动诉讼，否则，难以达到自己的利益诉求。

结 语

随着新时代、新科技的出现，不同的商品或者服务模式不断涌现，这些新领域的消费渠道和传统的消费渠道可能差异很大，即使在商标看起来构成近似的前提下，两种经营模式也可能井水不犯河水。但对于新的经营、消费模式，商标权利人应积极关注，从而更好地维护自己的商标知识产权。

作者：庄晓伟律师

“稻花香”水稻品种与
“稻花香”大米商标名称之争
——“稻花香”花落谁家?

近年来，随着人们的生活水平提高，稻米的不同品种也逐渐成为人们日常消费关心的事项。稻米的品种是由农业部门等相关主管单位审定的，商标的注册审查是由国家知识产权局审查、批准的。“稻花香”既是水稻品种，又是注册商标，在大米品类的侵权争议和诉讼不断，两者关系应该如何区分、厘清呢?

案情概要

涉案第1298859号，“稻花香”商标，注册人福州米厂，商标核定使用类及项目：第30类，大米。原告福州米厂诉五常市弘鑫源米业有限公司（以下简称弘鑫源公司）、句容经济开发区逸品汤山超市侵害商标专用权纠纷案，原告福州米厂诉称福州米厂成立于1987年，主要经营生产大米、粮食销售等。福州米厂为第1298859号注册商标“稻花香DAOHUAXIANG”商标权持有人，该注册商标核定使用商品为第30类“大米”，注册有效期自1999年7月28日至2009年7月27日，后续展至2029年7月27日。商标注册后，福州米厂投入大量人力、物力及财力进行品牌运营，使该商标在市场上取得很高的知名度，先后被评为“福州市知名商标”“福建省著名商标”，并先后获得多个奖项，在业界具有极高名气。原告诉称：二被告在相同产品上使用“稻花香”商标构成侵权。原告诉求：依法要求二被告停止侵权、赔偿30万元经济损失。

一审、二审法院均判决被告侵犯原告商标权。被告弘鑫源公司不服，并申请再审，辩称：(1)“稻花香”作为一种高端大米的通用名称，早已是全国市场上的客观存在。(2) 二审法院认定“稻花香”不属于通用名称，明显错误。“稻花香”大米已构成全国范围内约定俗成的商品通用名称。从2009年起，“稻花香”

品种的种植范围已扩展至黑龙江省全境以及吉林省、辽宁省的部分地区。加工生产“稻花香”米的企业已拓展分布至全国，只要是以“稻花香”水稻加工制成的大米都将“稻花香”作为其产品名称。“稻花香”作为高端优质大米早已进入全国各地的粮食市场，而非仅仅是“稻花香”水稻产区。“稻花香”作为一类高端优质大米的通用名称为消费者、各类媒体及相关机构广泛认知。二审法院以弘鑫源公司所提供的证据系复印件为由不予采信，从而做出“稻花香”不构成通用名称的认定错误。（3）“稻花香”大米系法定的通用名称。2009 年 3 月 18 日，黑龙江省农作物品种审定委员会出具的黑龙江省农作物品种审定证书（审定编号：黑审稻 2009005）记载：品种名称为“五优稻 4 号”，原代号为“稻花香 2 号”。被告提出黑龙江省粮食行业协会于 2017 年公布的《黑龙江好粮油（团体标准汇编）》，其中第二项团体标准就是“黑龙江好粮油稻花香大米——T/HLHX002—2017”。该团体标准是依据国家标准对“稻花香大米”在外观指标、质量指标和安全指数要求等方面依法制定的行业标准。该团体标准系 2017 年 8 月 12 日实施，而本案一审立案时间是 2017 年 10 月 10 日，即该团体标准实施时间早于本案诉讼时间。

被告认为：（1）二审法院认定构成商标侵权错误。福州米厂事实上并没有将“稻花香”作为商标使用，而是一直将其作为商品名称使用，福州米厂自身对“稻花香”大米也从未在市场上广泛销售；（2）二审法院认可涉案商标为福建省著名商标。弘鑫源公司在产品包装上所使用的是“稻花香米”，同时分别标注了自己“弘鑫源”商标或“金来道”商标以及厂名、厂址等表示商品来源的区别性信息。其中，“稻花香米”突出使用的本意是让消费者更加清晰地识别商品品种，这明显是一种商品名称的使用。基于“稻花香”作为大米名称的极高知名度，广大消费者不会发生混淆误认。福州米厂起诉明显属于滥用诉权。

法院观点

本案经江苏省镇江市中级人民法院一审，江苏省高级人民法院二审。法院认为，水稻品种名称不同于大米名称，“稻花香”不是大米产品的通用名称，某一标志构成商品的法定通用名称，必须以法律规定或者国家标准、行业标准为依据。对于该大米的约定俗成的通用名称认定，应当以全国范围内相关公众的通常认知为依据。但弘鑫源公司提供的证据并不足以证明在全国粮食消费市场，广大消费者已经将“稻花香”作为弘鑫源公司所指的特定品种大米的通用称谓，故弘鑫源公司上诉所称“稻花香”已经成为商品约定俗成的通用名称的理由亦不成立。被告在相同的产品项目上使用“稻花香”文字商标构成侵权。

后被告不服，向最高人民法院申请再审。最高人民法院经依法审理认为，被诉侵权产品销售范围并不局限于五常地区，而是销往全国各地。因此，应以全国范围内相关公众的通常认识为标准判断“稻花香”是否属于约定俗成的通用名称。弘鑫源公司对此应承担举证责任，举证不利应该承担败诉后果，从而维持了原审判决。

律师分析

1. 通用名称能够注册商标吗

根据《商标法》第 11 条第 1 项规定，“仅有本商品的通用名称、图形、型号的”不得作为商标注册。《商标法》第 59 条第 1 款规定：“注册商标中含有的本商品的通用名称、图形、型号，或者直接表示商品的质量、主要原料、功能、用途、重量、数量及其他特点，或者含有的地名，注册商标专用权人无权禁止他人正当使用。”

商标的主要功能作用就是区分产品来源，这将要求商标本身必须具有显著性，如果商标内容只是表示产品的通用称呼，这种区分性能力很弱，不能达到区分产品来源的作用。比如苹果名称可以使用作为手机商标，但如果用作水果店的商标，则明显显著性不强。另外，注册商标中含有通用名称的，如果仅仅表示商品或者服务的主要功能，也不能禁止他人使用。如“农家乐”流行于我国西南地区，代表一种农村家庭自营性质的餐饮旅游接待服务业态。后虽被申请为注册商标，但该商标仅仅表示产品的功能、行业特点，在商标认定上显然显著性不强，即使注册了商标，也不应该享有商标专用权，不能禁止他人合理使用该文字商标。

2. “稻花香”水稻品种与商标权利的冲突

根据《植物新品种保护条例》的规定，植物新品种，是指经过人工培育的或者对发现的野生植物加以开发，具备新颖性、特异性、一致性和稳定性并有适当命名的植物品种。国务院农业、林业行政部门（农业农村部、国家林业和草原局）按照职责分工，共同负责植物新品种权申请的受理和审查并对符合本条例规定的植物新品种授予植物新品种权。

植物品种名称是经有关部门审查认定的植物品种名称，解决的是品种区分的问题，植物品种具有普遍共用性，这种共用性在植物品种领域类似于商标中的通用名称。商标权是为了区别不同产品或者服务提供者的来源识别问题，商标权具有专用性。不同的生产厂家提供的产品可能是同一植物品种，那么，这些厂家能否将植物品种名称作为商标注册使用呢？如果一个厂家注册成功了，其他厂家能否再使用植物品种名称呢？可以看出，这两者天然的存在紧张、冲突关系。

为了解决这种冲突，2012 年，由农业部制定发布的《农业植物品种命名规定》第 9 条规定，品种名称与他人驰名商标、同类注册商标的名称相同或者近似，未经商标权人同意的，不能申请认定为植物新品种。所以，名称与他人商标名称构成相同或类似的植物不能认定为植物新品种，但我国《商标法》没有明确规定植物新品种能否注册为商标。当两者发生冲突，争议焦点为植物新品种是否构成相关产品上的通用名称。在这一问题上，我国司法实践还存在较大的争议，有待于进一步明确。

3. 本案“稻花香”水稻品种是否为《商标法》意义上的通用名称

“稻花香”大米商标侵权案，近年来一直是业内关注的热点，权利人也在全国各地进行“打假维权”，查询最高人民法院裁判文书网，仅仅 2020 年 1 ~ 11 月就有数百件案件的审理判决文书，大部分案件的争议焦点均涉及“稻花香”商标是否已经构成行业内通用名称的问题。

注册权利人在 30 类商品分类上注册“稻花香”商标，并一直使用至今，该商标现在核定状态为有效，未经权利人同意，使用该商标可能构成侵权注册权利人商标专用权。本案被告答辩的要点为“稻花香 2 号”水稻品种，早在本案起诉前就被有关部门认定为稻米的农产品品种之一，作为品种的名称理所当然应该被广大市场参与者共同使用。另外，事实上，“稻花香”大米已构成全国范围内约定俗成的商品通用名称，该品种广泛种植于我国东北等地区，该品种名称不应由一家生产者独享使用。对于稻花香的水稻品种认定，在福州米厂与五常市金福泰农业股份有限公司、福建新华都综合百货有限公司侵害商标权纠纷案中，被告曾经提交黑龙江省农作物品种审定证书等证据，证明黑龙江省农作物品种审定委员会于2009年对品种名称为“五优稻4号”（原代号为“稻花香2号”）的水稻品种予以了审定编号，从而试图证明根据品种审定办法，“五优稻4号”，原代号为“稻花香2号”可以被认定为法定的通用名称。

依据《最高人民法院关于审理商标授权确权行政案件若干问题的规定》第10条第1款、第2款规定，诉争商标属于法定的商品名称或者约定俗成的商品名称的，人民法院应当认定其属于《商标法》第11条第1款第1项所指的通用名称。依据法律规定或者国家标准、行业标准属于商品通用名称的，应当认定为通用名称。相关公众普遍认为某一名称能够指代一类商品的，应当认定为约定俗成的通用名称。被专业工具书、辞典等列为商品名称的，可以作为认定约定俗成的通用名称的参考。约定俗成的通用名称一般以全国范围内相关公众的通常认识为判断标准。对于由于历史传统、风土人情、地理环境等原因形成的相关市场固定的商品，在该相关市场内通用的称谓，人民法院可以认定为通用名称。

本案被告主张的水稻品种名称为“五优稻4号”，原代号为“稻花香2号”。首先上述“稻花香2号”水稻品种名称与“稻花香”商标内容并不完全一致，而且水稻品种名称与大米品种不是指代同一事物。被告既没有证明“稻花香”是法定的大米通用名称，也没有足够的证据证明属于全国范围内约定俗成的通用名称。另外，本案涉案商标的申请注册远早于“稻花香2号”植物品种名称的认定，该商标一直在使用且具有较高的市场知名度，从商标显著性和识别产品来源的角度看，该商标难以被认定为大米的通用名称。

检索“稻花香”商标案判决文书，被诉人以水稻通用名称指代大米通用名称抗辩的策略大多以失败告终。

4. 本案侵权赔偿金额如何确定

根据《最高人民法院关于审理商标民事纠纷案件适用法律若干问题的解释》第16条第1款和第2款规定，侵权人因侵权所获得的利益或者被侵权人因被侵权所受到的损失均难以确定的，人民法院可以根据当事人的请求或者依职权适用《商标法》第56条第2款的规定确定赔偿数额。人民法院在确定赔偿数额时，应当考虑侵权行为的性质、期间、后果，商标的声誉，商标使用许可费的数额，商标使用许可的种类、时间、范围及制止侵权行为的合理开支等因素综合确定。

《商标法实施条例》第78条规定：“计算商标法第六十条规定的违法经营额，

可以考虑下列因素：（一）侵权商品的销售价格；（二）未销售侵权商品的标价；（三）已查清侵权商品实际销售的平均价格；（四）被侵权商品的市场中间价格；（五）侵权人因侵权所产生的营业收入；（六）其他能够合理计算侵权商品价值的因素。”

笔者认为，被侵权人使用涉案商标的主观恶意程度，是否还有其他不正当竞争行为也是认定赔偿数额的考量因素。

原告起诉要求停止侵权并要求赔偿高达30万元的损失，涉及商标侵权案件中赔偿损失的认定，审理法院考虑到弘鑫源公司构成商标侵权主要是因对大米品种来源的标注方式不当所致，并结合涉案注册商标的知名度及弘鑫源公司、逸品超市分别为生产商和销售商的性质、经营规模、涉案商标的许可使用费、涉案侵权产品销售价格、销售数量、同行业利润率水平、被告的主观过错等相关因素综合考量，酌定被告弘鑫源公司赔偿经济损失102,324元，逸品超市承担部分连带责任。

与原告主张的起诉赔偿金额相比，法院判决大大降低了赔偿金的数额，主要考虑被告使用“稻花香”存在一定合理性的缘由，因为水稻品种“五优稻4号”即原“稻花香2号”被广泛种植，在经过品种审查后，对于确以种植“稻花香2号”品种而出产的大米，相关经营者可以规范标注“稻花香2号”以示该品种水稻的大米，从而实现涉案注册商标的权利人与涉案水稻品种利用者之间的利益平衡。

律师建议

因笔者在执业过程中也涉及“稻花香”商标的侵权咨询或者代理事项，作为被诉方应如何应对“稻花香”商标侵权案？

从现有的法律法规以及审判实务来看，该商标合法、有效，理应受到保护。生产者或者经销商应尽量避免使用该文字，规范使用自己的商标或者字号，这样才能尽量避免经营风险。若生产的品种属于“稻花香”品种大米，一定要合理使用“稻花香”品种名称，规范完整地使用介绍稻花香品种的相关信息，且不应把“稻花香”作为商标突出使用在产品包装上或者营销文案中。如果现有产品的确涉及商标不规范使用侵权，那么应立即停止侵权、配合有关部门调查，在诉讼应对策略上应从商标侵权使用的恶意程度、使用范围、规模以及经济获利情况等充分进行答辩。如笔者代理的案件中，被告在使用“稻花香”商标文字是引用“稻花香里说丰年”的诗歌进行营销推广，从商标商业使用的角度看，该文案使用不是把“稻花香”作为单纯的商标使用，“稻花香”本身的文字独创性不强，不属于注册人的原创性词汇，再加之被告在包装上突出使用自己的某商标，很明显商标侵权的恶意程度不高，法院在审理后结合案情酌情减轻了侵权赔偿的额度。

结　语

经营者在制定营销策略时，一定要把商标侵权列为营销方案的重点审核对象之一，应该由专门的知识产权管理人员或者律师查询、审查商品的外包装、广告语、说明书等有没有侵犯他人注册商标权利，如果文字使用上不可避免要使用到他人注册商标信息内容，那么使用的方式应该十分谨慎，尽量做到合理、规范使用。

作者：庄晓伟律师

第五章

著作权

版权侵权取证、版权登记新思路

——区块链电子存证第一案

互联网时代最大的特点之一就是时效性，数据信息传播速度非常之快，而这也为版权保护增加了难度。原创作品在网络平台被侵权后，由于可以删帖，原创作者很难完成取证，而区块链取证在发现侵权信息后即可在线一键固定证据并存证，很好地解决了侵权取证的问题。同时，随着区块链存证技术在司法实践中越来越被认可，区块链存证也将为版权登记提供更为便捷实惠的新思路。

案情概要

案号：（2018）浙0192民初81号。原告杭州华泰一媒文化传媒有限公司；被告深圳市道同科技发展有限公司。

原告诉称：郑某、林某波系都市快报社记者，于2017年7月24日共同创作并在都市快报A08版面发表了包含3100余字和1幅插图的《妈妈带4岁儿子进游泳馆女更衣室被管理员阿姨骂得眼泪都掉下来》（以下简称涉案文章）一文，并将涉案文章的信息网络传播权独家授权于原告。2017年7月24日，被告主办的第一女性时尚网站，刊登了《妈妈带4岁儿子进游泳馆女更衣室被管理员骂哭》（以下简称被控侵权文章）一文，被控侵权文章内容、插图与涉案文章完全相同。2017年10月17日，原告向被告发送律师函，要求其停止侵权并赔偿损失，被告未予理睬。原告诉求：请求被告赔偿著作权侵权损失6200元；赔偿原告为本案支出的律师费2500元；承担本案全部诉讼费用。

在起诉前，原告通过区块链存证技术对第一女性时尚网上发布被控侵权文章的侵权网页进行了证据固定。原告将侵权网页的URL通过API接口传输至保全网，保全网收到该请求后，在阿里云的环境下，由后端代码通过调用谷歌开源程序puppeteer插件对侵权网页进行截图，并产生操作日志，记录调用时间和处理内容；后端代码再通过调用 curl 插件获取目标网页源码和相关调用信息，并产生操作日志，记录调用时间和处理内容；之后，保全网将上述截图、网页源码进行打包并计算其哈希值，并同步上传至 FACTOM 区块链和比特币区块链中。浙江千麦司法鉴定中心通过比对 FACTOM 区块链和比特币区块链中记录的数值与送检文件的哈希值，基于哈希值应用、比特币区块链机制、FACTOM 区块链机制，得出送检文件在保全后未被修改的鉴定结论。

本案争议焦点：区块链存证技术固定的电子数据能否作为证据，能否作为认定侵权的依据。

法院观点

法院认为，对于采用区块链等技术手段进行存证固定的电子数据，应秉承开放、中立的态度进行个案分析认定。既不能因为区块链等技术本身属于当前新型复杂技术手段而排斥或者提高其认定标准，也不能因该技术具有难以篡改、删除的特点而降低认定标准，而应根据电子数据的相关法律规定综合判断其证据效力。其中应重点审核电子数据来源和内容的完整性、技术手段的安全性、方法的可靠性、形成的合法性，以及与其他证据相互印证的关联度，并由此认定证据效力。本案中，浙江数秦科技有限公司作为独立于当事人的民事主体，其运营的保全网是符合法律规定的第三方存证平台，保全网通过可信度较高的谷歌开源程序固定侵权作品的电子数据，且该技术手段对目标网页进行抓取而形成的网页截图、源码信息、调用日志能相互印证，可清晰反映数据的来源、生成及传递路径，应当认定由此生成的电子数据具有可靠性。同时，保全网采用符合相关标准的区块链技术对上述电子数据进行了存证固定，确保了电子数据的完整性。故上述电子数据可以作为本案认定侵权的依据，即本院确认被告在其运营的“第一女性时尚网”上发布了涉案作品。

基于上述认定，法院判决被告赔偿原告经济损失 4000 元。

律师分析

本案是中国首次通过司法裁判的形式对采用区块链技术存证的电子数据的法律效力进行确认。在没有法律、法规规定及在先判例的情况下，杭州互联网法院开创了区块链存证电子数据的审判标准，杭州互联网法院结合《电子签名法》第

8条之规定，从存证平台的资质、侵权网页取证的技术手段可信度和区块链电子证据保存完整性三个方面进行审查，对案涉电子证据的效力进行了认定。

国内外尚未针对区块链技术有专门立法。2018年9月颁布的《最高人民法院关于互联网法院审理案件若干问题的规定》第11条第2款规定："当事人提交的电子数据，通过电子签名、可信时间戳、哈希值校验、区块链等证据收集、固定和防篡改的技术手段或者通过电子取证存证平台认证，能够证明其真实性的，互联网法院应当确认。"这是首次以司法解释的形式确认了区块链技术在司法应用中的合法地位，但也只是原则性规定。法律规定相较于新型技术的滞后导致司法实务中对于区块链电子存证的认定和定性都比较模糊，司法审判难以形成普适规则，也因此导致当事人在庭审时提交的证据往往不完整，进而增加法院的审查难度。①

笔者结合本案判决及其他相似案件，总结了法院在进行区块链电子存证效力认定时重点审查的事项，供著作权人参考：

1. 生成、储存、传递区块链电子数据的可靠性

（1）考量生成、储存、传递区块链电子数据的平台是否可靠，首先要看存证平台备案手续是否完备。2019年2月15日《区块链信息服务管理规定》正式实施，该规定要求区块链信息服务提供者应当履行备案手续，并在其对外提供服务的互联网站、应用程序等的显著位置标明其备案编号。本案中，法院审查了保全网的资质证明文件，确认其已获得公安部第三研究所与国家网络与信息系统安全产品质量监督检验中心授予的网站安全一级认证证书、信息系统安全等级保护第三级的备案证明，故此，除有相反证据之外，应认定该网站具备进行电子数据存储的安全环境，具备作为第三方电子存证平台的资质。

建议著作权人在选择区块链存证平台时，首选知名度高且通过国家网信办备案的平台。目前，中国版权保护中心、阿里、腾讯、百度等都推出了自己的区块链服务平台。

（2）考量取证流程、原理和取证技术方案的可靠性。《最高人民法院关于互联网法院审理案件若干问题的规定》已经认可了电子签名、可信时间戳、哈希值

① 《区块链存证能否破版权保护困局?》，载国家知识产权战略网：http：//www. nipso. cn/onews. asp?id=48687，最后访问日期：2020年12月26日。

校验、区块链等证据收集、固定和防篡改的技术手段。对于技术可靠性的审查，法院会结合整个存证过程以及存证平台出具的相应说明和检验报告等进行认定，除非质证一方提出存证平台存在安全隐患或出现过安全事故，否则一般认定相应技术可靠。①

本案中，法院审查了保全网的存证过程：保全网通过自动调用谷歌开源程序puppeteer对目标网页进行图片抓取，同时通过调用curl获取目标网页源码。经查询可知，Puppeteer系谷歌官方出品的通过DevTools协议控制headlessChrome的Node库，可通过其提供的API作为爬虫访问页面来收集数据。Curl命令系利用URL规则在命令行下工作的文件传输工具，通过模拟HTTP请求，获取页面内容、版本等信息。该种固证系统对所有人都平等开放，任何人都可以使用，且其操作过程是按照取证系统事先设定好的程序由机器自动完成的，取证、固证全过程被人为篡改相关链接的可能性较小，故该电子数据来源可信性较高；同时，千麦鉴定所对保全网中使用puppeteer和curl程序进行网页截图和源码调取的技术性进行了鉴别并确认。因此，在没有相反证据推翻的情形下，法院认定保全网通过使用公开版谷歌开源抓取程序对目标网页进行域名解析以生成、储存数据电文的方式，具有可靠性。

（3）考量第三方存证平台是否独立于案件当事人。在满足了平台和技术这两个客观要求后，还需要确保存证平台与案件当事人之间相互独立，避免人为干扰。本案中，法院通过审查案件当事人与存证平台运营公司的股东信息、控制情况和经营范围，确认运营保全网的数秦公司的股东及经营范围独立于华泰一媒公司和都市快报社，具有中立性。

2. 验证所举证的区块链电子证据内容保存是否完整

通过区块链存证平台保全的电子数据文件，在完成取证上传至存证平台后会自动生成唯一且经过加密的哈希值，有些存证平台还会将这种数字指纹同步在司法鉴定中心备案，并生成数据保存证书，以有效保障电子数据的完整性。

法官在审查一方所提交的区块链电子证据是否完整时，会结合存证平台或司法鉴定中心提供的方法进行验证。一方面，查看电子数据的生成时间是否具有合

---

① 《区块链存证能否破版权保护困局?》，载国家知识产权战略网：http：//www. nipso. cn/onews. asp? id =48687，最后访问日期：2020 年 12 月 26 日。

理性；另一方面，将存证平台下载的文件进行哈希值计算，比对提交的区块链电子数据哈希值，若两个哈希值验证一致，则可认定该电子证据保存完整、未被修改。

本案中，法院根据千麦鉴定所出具的鉴定步骤，对区块链保存的电子数据进行核实，将在保全网中下载的网页截图、源代码和调用信息打包压缩文件进行哈希值计算，经比对，该数值与华泰一媒公司所提交的进行区块链保存的电子数据哈希值一致，故可确认涉案电子数据已经上传至 FACTOM 区块链和比特币区块链中，且从上链至今保存完整、未被修改。

除了用于侵权证据保存外，区块链技术也可用于著作权存证，并且已有相关法院判决认可了区块链在著作权存证上的效力。北京互联网法院在（2020）京0491 民初 10187 号判决中认定："原告提交有涉案摄影作品原图、涉案摄影作品的数字作品区块链存证证书、涉案摄影作品所在图虫网发表页面区块链存证证据以及图虫网中原告的注册信息等证据，上述证据能够相互印证，在无相反证据的情况下，认定原告系涉案摄影作品的著作权人，享有著作权。"

区块链运用于作品著作权存证，可发挥其多节点连接、分布式存储、低信息传输成本的优势，突破地域限制，保护数据安全，降低登记费用和时间成本。①

虽然我国著作权采用的是"自动保护"的原则，即只要作品创作完成了，其著作权就已产生，不论是否进行了版权登记，但想要证明著作权权的归属，归根结底还是需要取得一些原始的证据证明。在这种情况下，作品版权登记制度就显得至关重要。然而，传统版权登记办理周期长、流程烦琐、费用偏高，严重影响了版权登记的效率。

目前，传统的版权登记是准备好烦琐的材料自行或者委托第三方代理机构到版权局进行登记，文字和口述作品（万字以上的）费用为 300 元，摄影作品和美术作品的登记费用为 300 元，以类似摄制电影的方法创作的作品短于 1 分钟的费用为 200 元、1～5 分钟的费用为 300 元并按时长递增。此外，版权局在受理登记申请后 30 个工作日内才能完成出证。

而利用区块链技术则能便捷迅速地完成著作权存证，费用低，且可以对任何

---

① 乔雪峰、吕骞：《司法区块链为版权提供全流程保护》，载人民网：http：//ip. people. com. cn/n1/2019/1017/c179663-31405981. html，最后访问日期：2020 年 12 月 26 日。

文件，无论是文档、图片还是视频，都能生成特殊的符号，在符号上记录作品的所有关键信息。[①] 因此，基于区块链技术的著作权存证成了数据时代下最便捷的版权登记方式。[②]

有些著作权人可能会质疑，如果盗取的图片被区块链确权了，那图片是不是就成别人的了？实际上，即使是在国家版权局进行登记，版权局也不能保证登记的作品不是盗取的作品，也同样存在这个问题。因此，在出现权属纠纷时就需要真正的作者提供其他证据相佐证，即使侵权者已经进行版权登记或取得了存证证书，如果真正的作者能够提供更早更可信的相反证据，那么法院还是会对其进行审查，采信更为可靠的证据。

律师建议

建议著作权人选择知名度高且通过国家网信办备案的第三方存证平台进行著作权存证及侵权取证，同时，保存享有著作权的原始证据，避免作品被他人抢先登记。

若发生诉讼，除提交第三方存证平台出具的电子证书外，还需要提交与之相关联的第三方存证平台的资质证明、存证流程以及验证过程的内容记录等资料，以形成完整的证据闭环。

结　语

利用区块链技术为作品确权并作为侵权诉讼案件的证据，已逐渐在我国司法实践中开始应用。希望本文能为著作权人进行版权登记、版权侵权取证提供新的思路。

作者：付璟玉律师

---

① 崔冉：《利用区块链版权证书证明著作权》，载知乎网：https：//zhuanlan. zhihu. com/p/137079764，最后访问日期：2020 年 12 月 26 日。

② 漫联盟 Ipbank：《边画边存，基于区块链的存证方式让版权保护更便捷》，载 https：//baijiahao. baidu. com/s？ id = 1677984098520473293&wfr = spider&for = pc，最后访问日期：2020 年 12 月 26 日。

影视改编与保护作品完整权之争

——《九层妖塔》侵害原作者保护作品完整权案

近年来，影视行业掀起一股文学 IP 开发热，越来越多优秀的文学作品被改编成电影电视剧，但争议也随之而来。中国电影股份有限公司和陆川经作者张牧野许可将《鬼吹灯之精绝古城》改编拍摄成电影《九层妖塔》并上映，但与该电影的高票房形成反差的是，电影口碑差，社会评价低，电影的故事情节、人物设置、故事背景均与原著相差甚远。原作者张牧野认为，这样的改编超出了法律允许的必要限度，侵犯了其保护作品完整权。何种程度属于“歪曲、篡改”？著作权立法时并未明说。此案判决首次对保护作品完整权的来龙去脉、权利内涵外延进行了阐释。①

案情概要

案号：（2016）京 73 民终 587 号。上诉人（一审原告）：张牧野（笔名：天下霸唱）；被上诉人（一审被告）：中国电影股份有限公司、梦想者电影（北京）有限公司、乐视影业（北京）有限公司；一审被告：陆川；一审第三人：北京环球艺动影业有限公司。

上诉人（一审原告）诉称：原告张牧野创作了《鬼吹灯》系列文字作品，小说以盗墓为题材，讲述的是几名“摸金校尉”利用祖传的风水方术知识到处探险寻宝的故事。自 2006 年 2 月发表以来，吸引了数千万的读者。《鬼吹灯》系列小说出版后，更是多版本、多次印刷，销量过千万册。基于《鬼吹灯》系列小说的好评和庞大的读者基础，中影公司、梦想者公司、乐视公司、陆川将涉案小说改编拍摄成电影，并于 2015 年 9 月 23 日以《九层妖塔》之名在全国各

---

① 顾佳静：《浅析作品改编权与保护作品完整权的边界划分》，载参考网：http：//www. fx361. com/page/2017/0407/1479827. shtml，最后访问日期：2021 年 6 月 18 日。

大影院上线放映。然而涉案电影的内容对涉案小说歪曲、篡改严重，在人物设置、故事情节等方面均与涉案小说差别巨大，侵犯了张牧野的保护作品完整权。

上诉人（一审原告）诉求：请求判令被告立即停止所有途径对涉案电影的发行、播放和传播；向张牧野公开赔礼道歉、消除影响；四被告连带赔偿张牧野精神损害抚慰金100万元。

被上诉人中影公司、梦想者公司上诉答辩及一审第三人环球公司上诉陈述称：(1) 涉案电影对涉案小说的改编是专业、善意且符合影视行业的专业特点以及内容审查需求的，是本案相关当事人依法行使改编权的行为。(2) 在电影摄制方受让获得合法的电影改编权、摄制权的情况下，原作品作者所享有的保护作品完整权应有边界，应当以改编后的电影作品是否损害原作品作者声誉为侵权构成要件。(3) 认定是否侵害原作品作者的保护作品完整权还应当考虑以下因素：根据《著作权法实施条例》第10条，考虑到电影作品创作的特殊性，允许对原作品的内容进行必要改动，但这种改动不得歪曲篡改原作品；本案有关涉案小说改编权的授权文件中并不存在任何关于改编幅度、改编范围的限制；涉案小说已经发表且传播范围广、知名度高，因而公众已知晓涉案小说的内容，不会对涉案电影的内容与涉案小说内容产生误认。综上，一审判决认定事实清楚，适用法律正确，请求驳回张牧野的上诉请求。

被上诉人（一审被告）乐视公司上诉答辩称：保护作品完整权属于著作人身权；上海玄霆公司并未处分张牧野的著作人身权。一审判决以“是否损害原著作者声誉”作为本案认定是否侵犯保护作品完整权的标准，并最终认定涉案电影未损害张牧野的声誉，从而未侵害其保护作品完整权，认定正确。综上，一审判决认定事实清楚，适用法律正确，请求驳回张牧野的上诉请求。

一审被告陆川上诉陈述称：一审判决认定事实清楚，适用法律正确，应予维持。

本案争议焦点：涉案电影是否侵犯了张牧野的保护作品完整权。

法院观点

法院认为，我国《著作权法》（2010年）第10条第1款第4项规定，“保护作品完整权，即保护作品不受歪曲、篡改的权利”。因此，保护作品完整权是指作者所享有的保护作品完整性，禁止他人歪曲、篡改作品的权利。作者的名誉、声誉是否受损并不是侵害保护作品完整权的要件，侵权行为致使作者的声誉受到影响只是判断侵权情节轻重，以及侵权人承担侵权责任大小的因素。

我国《著作权法实施条例》第10条规定，著作权人许可他人将其作品摄制成电影作品和以类似摄制电影的方法创作作品的，视为已同意对其作品进行必要的改动，但是这种改动不得歪曲篡改原作品。根据该规定，改编者获得了合法的改编权，即视为原作者允许对原作品进行必要的改动，但是这种改动依然不得歪曲、篡改原作品。因此，改编者的自由不是绝对的，而是有限度的。

涉案电影虽获得了涉案小说的改编权，但著作人身权始终是与著作财产权相分离的，著作财产权受让人并不能因为财产权的受让而相应获得著作人身权或限制了著作人身权。这种不得侵犯人身权的义务是受让人必须遵守的，其中并不存在所谓的作者协助义务。

电影改编者应当正确认识我国电影审查制度的要求，根据原著的内容和精神进行适当的改编，而不是以电影审查为由对原著进行随意改动。本案中，结合涉案电影对涉案小说主要人物设定及故事背景的根本性改动，即使考虑到涉案电影系获得授权拍摄等因素，法院仍认为涉案电影中改动的部分偏离原作品太远，且对作者在原作品中表达的观点和情感做了本质上的改变，构成对原作品的歪曲、篡改。

在上述分析的基础上，法院认定被上诉人中影公司、梦想者公司、乐视公司的行为侵犯了张牧野的保护作品完整权。判令中国电影股份有限公司、梦想者电影（北京）有限公司、乐视影业（北京）有限公司于本判决生效之日起，立即停止发行、播放和传播电影《九层妖塔》；向张牧野公开赔礼道歉，消除影响；连带赔偿张牧野精神损害抚慰金5万元。

律师分析

1. 是否获得改编权授权对于保护作品完整权的影响

在理论与司法实践中，对保护作品完整权的探讨一直都离不开关于改编权与保护作品完整权的边界划分问题。

本案中被告辩称，原作品作者已将电影的改编权、摄制权转让给电影摄制方，因此，原作品作者所享有的保护作品完整权应有边界。

一审法院也认为，对于通过合法方式取得部分或者全部著作财产权的，作者本人虽然控制着原作品的人身权，但基于合同履行的诚实信用原则和作品创作与传播之间的利益平衡原则，应当对保护作品完整权的行使予以一定程度的限制。

而二审法院则认为，改编权属于著作财产权，保护作品完整权属于著作人身权，著作财产权保护的是财产利益，著作人身权保护的是人格利益，故改编权无法涵盖保护作品完整权所保护的利益。著作人身权始终是与著作财产权相分离的，著作财产权受让人并不能因为财产权的受让而相应获得著作人身权或限制了著作人身权。这种不得侵犯人身权的义务是受让人必须遵守的，其中并不存在作者协助义务。如果改编作品歪曲、篡改了原作品，则会使公众对原作品要表达的思想、感情产生误读，进而对原作品作者产生误解，这将导致对作者精神权利的侵犯。所以，侵权作品是否获得了改编权并不影响保护作品完整权对作者人身权的保护。

一审法院和二审法院分别代表了两种不同观点，即在改编的过程中是限制改编者获得的改编权还是限制著作权人的人身权？由于目前我国著作权法对此未予明确，司法审判中存在不同的审判标准。

笔者比较赞同北京市高级人民法院发布的《侵害著作权案件审理指南》（以下简称《审理指南》）中的观点，即受让人可以在合理限度内对作品进行改动，而判断是否属于在合理限度内的改动，需综合考虑作品的类型、特点及创作规律、使用方式、相关政策、当事人约定、行业惯例以及是否对作品或者作者声誉造成损害等因素。①

笔者认为，应当根据个案的具体情况，找到改编权与保护作品完整权之间的平衡点。若当事人对改编的方式、范围，改编程度、改编后作品的审核等事项进

① 北京市高级人民法院《侵害著作权案件审理指南》第4.8条规定，判断是否侵害保护作品完整权，应当综合考虑被告使用作品的行为是否获得授权、被告对作品的改动程度、被告的行为是否对作品或者作者声誉造成损害等因素。作者将其著作权转让或者许可他人之后，受让人或者被许可使用人根据作品的性质、使用目的、使用方式可以对作品进行合理限度内的改动。判断是否属于在合理限度内的改动，应当综合考虑作品的类型、特点及创作规律、使用方式、相关政策、当事人约定、行业惯例以及是否对作品或者作者声誉造成损害等因素。

行了约定，或者有相关行业政策规定的，则改编者应当在合同约定或行业政策规定的范围内进行改编；若当事人未进行约定，又没有行业政策规定的，则应当在法律允许的范围内给予改编者较大的改编自由。因为，改编权的本质是在保留原作品基本表达的基础上改编创作出新作品。[①] 因而改编作品一定会存在改编者独创性的表达。对于取得合法授权的改编者，应基于合同履行的诚实信用原则和作品创作与传播之间的利益平衡原则，不能过度强调对保护作品完整权的保护，需要兼顾文化产业投资者的利益，坚持更为宽松的标准，为文艺再创作预留空间。[②]

2. 侵犯作品完整权的认定标准

如前所述，改编者应当在合理限度内进行改动，至于何为合理限度，司法实务中审判标准各异，尚无主流所接受的统一观点。若当事人对改编事项进行了详细约定则遵从约定，若未约定，即使是有法律政策的规定，对于具体的认定标准，也存在较大争议。

我国《著作权法》第10条第1款第4项规定，保护作品完整权，即保护作品不受歪曲、篡改的权利。《著作权法实施条例》第10条规定，著作权人许可他人将其作品摄制成电影作品和以类似摄制电影的方法创作的作品的，视为已同意对其作品进行必要的改动，但是这种改动不得歪曲篡改原作品。对于前述条文中“歪曲”“篡改”“必要的改动”的理解，一直是近年来著作权司法实践中的讨论热点和认定难点。

笔者认为在理解“歪曲”“篡改”时，可以从立法者的本意出发，参考全国人大法工委主编的《中华人民共和国著作权法释义》中的观点：“保护作品完整权是指作者保护其作品的内容、观点、形式等不受歪曲、篡改的权利。作者有权保护其作品不被他人丑化，不被他人作违背其思想的删除、增添或者其他损害性的变动。这项权利的意义在于保护作者的名誉、声望以及维护作品的完整性。……保护作品完整权主要是从维护作者的尊严和人格出发，防止他人对作品进行歪曲性处理以损害作者的声誉。”在判断影视改编行为是否侵害保护作

① 陈锦川：《著作权审判原理解读与实务指导》，法律出版社2014年版，第316页。

② 苏志甫：《〈侵害著作权案件审理指南〉条文解读系列之四》，载搜狐网：https：//www.sohu.com/a/245157694_221481，最后访问日期：2021年6月18日。

品完整权时，可以依据以下三个标准：一是改编是否丑化了原作品，二是改编是否违背了原作者的思想且为损害性变动，三是改编是否损害了原作者的声誉。

（1）是否丑化原作品。笔者认为，丑化原作品是指对原作品进行贬损性的改编，例如将原本弘扬正能量的小说改编成宣扬投机、阴谋的小说，进行完全反向的歪曲性修改。

（2）是否违背原作者思想且为损害性变动。本案中，二审法院在判断涉案电影的改动是否构成对涉案小说的歪曲篡改时，就重点审查了电影与原作品创作意图、题材是否一致，电影对原作品的主要情节、背景设定和人物关系的改动是否属于必要。

二审法院认为，作品通常包括核心表达要素和一般表达要素。以小说为例，小说中的核心表达要素可以分为主要人物设定、故事背景、主要情节；一般表达要素可以分为具体的场景描写、人物对白或者具体桥段。从文字作品改编到电影作品的过程中，如果剧本中对原作品的主要人物设定、故事背景、主要情节等核心表达要素进行了根本性的改动，则有可能导致改编作品与原作品设计的人物性格、关系迥然不同，与原作品描述的主要故事情节差距很大，甚至于改变了作者在原作品中所要表达的思想情感、观点情绪，则这种改动就超出了必要的限度。此外，在影视创作过程中，如果原作品中存在违反相关电影审查规定的相关内容，则在改编为电影作品时，应当进行改动。此种改动则属于必要的改动。

小说因为有丰富的文字内容和情节要素，所以在判断是否违背原作者思想时有较为统一的标准，但涉及歌曲、绘画等作品的改编时，就较为困难了。以歌曲为例，歌手谭维维将歌曲《敢问路在何方》改编为摇滚版并进行演唱，原作曲者许镜清发微博质疑其歪曲了原作品的本意。虽然谭维维版《敢问路在何方》在曲部分改动颇大，但原曲的本意是什么在实务中较难证明，且摇滚版并未对曲进行“反向”修改，因此，难以认定为对原作品进行了损害性的变动。

此时，就需要借助另一个判断标准，即是否有损原作者声誉。

（3）是否损害了原作者的声誉。有损原作者声誉能否作为侵害保护作品完整权的判决标准，也一直是实务中争议最大的问题。

本案中，一审法院以“是否损害原著作者声誉”作为本案认定是否侵犯保护作品完整权的标准；而二审法院则认为，作者的名誉、声誉是否受损并不是侵害保护作品完整权的要件，我国《著作权法》规定的保护作品完整权并没有“有损作者声誉”的限制，在《著作权法》尚未明确作出规定之前，不应对该权利随意加上“有损作者声誉”的限制，侵权行为致使作者的声誉受到影响只是判断侵权情节轻重和侵权人承担责任大小的因素。

那么，损害原著作者声誉能否作为认定侵犯保护作品完整权的标准呢？笔者认为，根据全国人大法工委的条文释义可以看出，保护作品完整权主要是为防止他人对作品进行歪曲性处理以损害作者的声誉，因此，保护作者声誉不受损害是我国保护作品完整权的落脚点，作者声誉是否受到侵犯应当作为认定标准之一。当然，是否侵犯作者声誉不是唯一标准，一部以批判为主题的小说，被改编为以赞颂为主题的电影，无论是否对原作者声誉造成侵犯，也不管改编后的电影获得了多少奖项和赞誉，其本质仍然是一种篡改，仍可能侵犯保护作品完整权。

笔者认为，在判断影视改编行为是否侵害保护作品完整权时，需要综合考虑上述三个标准，单以某一标准进行审理，可能会出现过于强调保护作者意志或过于强调外部评价的情况，将不利于我国影视创作的发展。

律师建议

1. 作为作者，建议在 IP 授权时通过协议方式对改编方式进行明确约定

建议作者通过协议方式，对于其作品的改编方式、改编范围、改编程度、改编后作品的审核、收回改编授权的情形等进行约定。例如，约定改编时不得对故事背景、主要情节、主要人物设定、核心人物关系、主要角色命运做出实质性改变，核心故事场景与情节的增减需征得作者书面同意。

2. 作为制片方，建议在获得改编及拍摄过程中，保持与作者的沟通协商，避免不必要的诉累

建议制片方在影视作品摄制过程中，遵守协议约定，尊重原作者。在需要对原著进行大幅改编时提前征得原作者的同意。

结　语

我国《著作权法》对于保护作品完整权的规定较为模糊，理论和司法实务界对其内涵及判断标准存在多种解释。笔者在本文中结合涉案法院判决文书及司法界观点进行讨论，希望对影视改编行为提供有益启示。

作者：付璟玉律师

抄袭的认定原则

——琼瑶与于正著作权侵权纠纷案

小说、剧本作为一种文字作品，只要具有独创性，即受著作权法的保护。然而，著作权法是否对小说或剧本中的所有要素都进行保护呢？又如民间调侃“天下文章一大抄，看你会抄不会抄”。如果是全盘照搬，无疑是侵犯著作权的违法行为。实际上，所谓“抄”的积极意义应当是借鉴、吸收，甚至是更上一层楼的创新，例如我国诗歌体裁——集句诗，就是最好的例证。集句诗，顾名思义就是集合古诗文句成诗，这就不是简单的“抄袭”，反而要求作者博闻强记、才思敏捷，才能将不同文章里的诗句融到一个和谐的意境里去，给人一种“柳暗花明又一村”的豁然开朗之感。

那么，借鉴、吸收与抄袭的边界在哪里？是否只需要把借鉴控制在一定比例范围内就不构成抄袭了？通过本案，答案可窥一二。本案同时将侵权作品的其他制作方一同列为被告，限于篇幅原因本文重点关注分析琼瑶与于正侵犯著作权部分。

案情概要

剧本《梅花烙》于1992年10月创作完成，共计21集，未以纸质方式公开发表。依据该剧本拍摄的电视剧《梅花烙》内容与该剧本高度一致，由怡人传播有限公司拍摄完成，同样为21集，于1993年10月13日起在我国台湾地区首次电视播出，并于1994年4月13日起在我国大陆（湖南电视一台）首次电视播出。电视剧《梅花烙》的片头字幕显示编剧为林久愉。林久愉于2014年6月20日出具经公证认证的声明书，声明其仅作为助手配合、辅助原告琼瑶完成剧本。其间，林久愉负责全程记录原告的创作讲述，执行剧本的文字部分统稿整理工作。林久愉在其声明中称，剧本《梅花烙》系由原告琼瑶独立原创形成，原告自始独立享有剧本的全部著作权及相关权益。

小说《梅花烙》系根据剧本《梅花烙》改编而来，于1993年6月30日创作完成，1993 年 9 月 15 日起在我国台湾地区公开发行，同年起在我国大陆公开发表，主要情节与剧本《梅花烙》基本一致。小说《梅花烙》作者也是本案原告琼瑶女士。

被告于正系剧本《宫锁连城》（又名《凤还巢之连城》）作品登记证书载明的作者，系电视剧《宫锁连城》的署名编剧，剧本共计 20 集。作品登记证书载明的剧本创作完成时间为 2012 年 7 月 17 日，首次发表时间为 2014 年 4 月 8 日。

电视剧《宫锁连城》根据剧本《宫锁连城》拍摄，完成片共分为两个版本，网络播出的未删减版本共计 44 集，电视播映版本共计 63 集，电视播映版本于 2014 年 4 月 8 日起，在湖南卫视首播。

《梅花烙》与《宫锁连城》都以男女主之间因偷龙转凤而转换身份地位，却因缘际会而相遇相知相爱的故事为主线。

原告诉被告侵犯其剧本及小说《梅花烙》的著作权。

对此，被告辩称：（1）对原告的著作权人身份存疑，电视剧《梅花烙》的编剧署名是林久愉，林久愉应为剧本《梅花烙》的作者及著作权人。（2）原告指控被告侵权的人物关系、所谓桥段及桥段组合属于特定场景、公有素材或有限表达，不受《著作权法》保护。（3）原告指控的被告改编原告作品的事实根本不存在，被告的作品是独立创作。被告有证据证明其是在自己的大量创作素材基础上，独立创作出来的《宫锁连城》剧本，是受法律保护的作品。原告主张的作品主题、思想不是著作权法保护的对象。综上，原告主张的人物关系、相关情节、情节整体均不受著作权法保护。

法院观点

第一，法院确认了剧本《梅花烙》的作者及著作权人均为原告琼瑶。电视剧《梅花烙》的编剧署名为林久愉，制作人为怡人传播有限公司，编剧及制作人均出具说明书、确认书。二审法院认为说明书及确认书中涉及案件事实部分应当属于证人证言，根据《最高人民法院关于民事诉讼证据的若干规定》（2008 年）第 69 条规定："无正当理由未出庭作证的证人证言不能单独作为认定案件的事实。"（2019 年修正后第 68 条规定："无正当理由未出庭的证人以书面等方式提供的证言，不得作为认定案件事实的根据。"）因此，由于林久愉、怡人传播有限公司均未出庭作证，不能据此单独认定原告系剧本《梅花烙》的著作权人。但是，说明书、确认书中均有如下内容，“如本人/本公司依据世界上任何国家或地区的法律及规定，可全部或部分享有此类权利，本人/本公司确认，此类权利自始即不可逆转的无偿转归琼瑶老师独立享有。琼瑶老师独立支配、处置与维护此类权利”，是对相关权利的处分，已经不属于对客观事实陈述的证人证言，故对该部分内容的认定不适用证人证言的相关认证规则，只要系处分者的真实意思表达即可。

第二，法院认定小说《梅花烙》的作者及著作权人均为原告。小说《梅花烙》虽然在故事上与剧本《梅花烙》具有高度关联性、相似性，但却具有不同于剧本《梅花烙》而存在的独创性，其应为剧本《梅花烙》的改编作品，依法享有著作权。

第三，法院将双方争议的21个相似情节中的3个情节确定为公知素材，排除9个经过被告艺术加工后获得独创性的情节，最终判定剩余的9个情节构成实质性相似。据此认定剧本《宫锁连城》作品涉案情节与原告作品剧本《梅花烙》及小说《梅花烙》的整体情节具有创作来源关系，构成对剧本《梅花烙》及小说《梅花烙》改编的事实。

最终，法院判令禁播《宫锁连城》，于正公开向琼瑶赔礼道歉，于正及其他被告共同赔偿原告经济损失及诉讼合理开支共计500万元。

律师分析

近年来，文艺界关于剧本抄袭行为的各种讨论热度居高不下，甚至演变出上百位编剧、导演联名抵制抄袭剽窃者的事件。笔者无意对此事作出任何评价，但可以看出，文艺界对于著作权保护的重视。那么，何为抄袭？法律如何认定抄袭？本文仅从法律层面作如下分析：

1. 什么叫作抄袭

《国家版权局版权管理司〈关于如何认定抄袭行为给青岛市版权局的答复〉》规定，著作权法所称抄袭、剽窃，是同一概念，指将他人作品或者作品的片段窃为己有。抄袭侵权与其他侵权行为一样，需具备四个要件：第一，行为具有违法性；第二，有损害的客观事实存在；第三，和损害事实有因果关系；第四，行为人有过错。由于抄袭物需发表才产生侵权后果，即有损害的客观事实，所以通常在认定抄袭时都指经发表的抄袭物。因此，更准确的说法应是，抄袭指将他人作品或者作品的片段窃为己有发表。从抄袭的形式看，有原封不动或者基本原封不动地复制他人作品的行为，也有经改头换面后将他人受著作权保护的独创成分窃为己有的行为。前者在著作权执法领域被称为低级抄袭，后者被称为高级抄袭。在著作权执法方面常遇到的高级抄袭包括：改变作品的类型将他人创作的作品当作自己独立创作的作品，例如将小说改成电影；不改变作品的类型，但是利用作品中受著作权保护的成分并改变作品的具体表现形式，将他人创作的作品当作自己独立创作的作品，例如利用他人创作的电视剧本原创的情节、内容，经过改头换面后当作自己独立创作的电视剧本。

本案即是一种高级抄袭。

2. 著作权法的保护原则

判断是否构成抄袭，首先要搞清楚著作权法要保护的是什么。这就不得不提到著作权法上最重要的原理——思想与表达二分法。简单来说，就是著作权法只保护表达而不延及思想本身。从可操作性角度来讲，思想仅仅存在于人的脑海里，不进行表达的话他人是无法知悉的。同时，人类文明发展数千年，后人都是站在前人的肩膀上进行思想的提升和拔高，如果对思想进行保护，无益于人类的进步和发展。而表达则可以具象，体现在文字、线条、音符、图画等元素上，直观醒目，可以直接传达给受众。

是不是所有思想的表达都可以为著作权法所保护呢？答案是否定的，作品必须有独创性才受著作权法的保护。例如，我们在语文课上学过：(1) 梅花有不争不抢、遗世独立的美好品格。(2) 诗人陆游是这样表达的：无意苦争春，一任群芳妒。(3) 毛主席的表达是：俏也不争春，只把春来报。在 (1) 中，可以说是公知领域，大家都知道的思想和表达，而 (2)、(3) 中的表达则有独创性，可以为著作权法所保护。当然，著作权也有保护期限。

3. 抄袭的认定原则：接触 + 实质性相似

说到抄袭，一般人的想法很可能是抄了多少句、多少段、多少章；模仿了遣词造句或者描写都是一样的，算不算是抄袭；等等。但从知识产权法律保护的角度而言，判断是否构成抄袭的基本原则是“接触 + 实质性相似”，在判断是否构成实质性相似的同时，要用“抽象—过滤—比较”的判断方法。

(1) 如何判断“接触”要件。前述关于抄袭的要件中规定，行为人要有过错。人的思想的表达难免会有巧合，如果没有接触过原作，就谈不上过错了。因此，需要判断被告是否有接触原告作品的合理的可能性。注意，此处只需要证明合理的可能性即可，而不需要提供行为人实实在在接触过作品的证据。关于接触，一般而言分为两种情况：一种是作品未经发表但有证据证明被告实际接触了该作品；另一种是已经发表，属于公之于众的情况。《最高人民法院关于审理著作权民事纠纷案件适用法律若干问题的解释》第9条规定，公之于众是指著作权人自行或者经著作权人许可将作品向不特定的人公开，但不以公众知晓为构成要件。公之于众是一种状态，推定为作品处于不特定人通过一般正常途径可以知悉的状态，而不必然要求有已经实际接触的事实。当然，在判断是否接触的时候，还可以考虑作品间创作完成的时间。

结合本案，电视剧《梅花烙》跟剧本《梅花烙》的主要内容基本一致，那么电视剧《梅花烙》于1993年、1994年在我国台湾地区、我国大陆的公开播放可以推定为剧本《梅花烙》的发表。也即，剧本《梅花烙》处于公之于众的状态。小说《梅花烙》系根据剧本《梅花烙》改编而来，于1993年6月30日创作完成，1993年9月15日起在我国台湾地区公开发行，同年起在我国大陆公开发表，主要情节与剧本《梅花烙》基本一致。也就是说，剧本《梅花烙》、小说《梅花烙》早在被告《宫锁连城》剧本完成前已处于公之于众的状态，可以推定被告具有接触剧本、小说《梅花烙》的合理的可能性，也就满足了侵害著作权中关于接触的要件。

(2)“实质性相似”是判断是否构成抄袭的核心要件。由于低级抄袭极易判断，故本文主要阐述高级抄袭的认定。在此过程中，先要抽象出不为著作权法所保护的思想，再过滤公知素材等，最后再进行独创性的比较。

首先，故事梗概是男女主角间偷龙转凤，最后阴差阳错地相遇相爱，这属于思想的部分。

其次，公知素材即一些人类所公有的惯常情节或者素材，属于人类认识的公有领域，本案中，法院确定了3个情节，我们列举一个细品品，帮助理解何为公知素材。

情节6　弃女失神，养亲劝慰

剧本《梅花烙》的情节安排：皓祯一个月未见吟霜，白胜龄发觉吟霜对皓祯的情愫，劝说吟霜两人身份地位悬殊，吟霜羞涩否认对皓祯的感情。

剧本《宫锁连城》的情节安排：恒泰一个月未见连城，宋丽娘发觉连城对恒泰的情愫，安排连城相亲被拒绝后，劝说连城两人身份地位悬殊，连城羞涩否认对恒泰的感情。

这部分情节，两部剧本的描述基本一致，但是属于公有领域，劝慰后否认情愫是惯常表达，也都是一种简单描述，两部剧本在这样的情节表达上都不具有显著的独创性设计及安排，因此不认定为具有相似性。这也说明著作权对于独创性的要求，即便是公知素材，但若加入独创性的设计安排，使情节更加独特丰满，还是可以作为著作权法的保护内容的。

最后，法院如何认定构成实质性相似的情节。

情节 7　恶霸强抢，养亲身亡

剧本《梅花烙》的情节安排：皓祯一个月未见吟霜，多隆又来龙源楼强抢吟霜。白胜龄为保护女儿，被多隆及其随从打成重伤，虽经吟霜四处求医，却不治身亡。吟霜被店主人赶出龙源楼，孤苦无依，破庙容身。

剧本《宫锁连城》的情节安排：恒泰许久未见连城，佟家麟又来迎芳阁闹事，欲强抢连城。宋丽娘为保护女儿，被佟家麟及其随从打成重伤，迎芳阁失火，连城带宋丽娘四处求医，丽娘不治身亡。连城孤苦无依，破庙容身。

法院认为，小说《梅花烙》在该部分的情节安排与剧本《梅花烙》基本一致。这一情节的戏剧目的在于令吟霜处于孤苦无依的悲惨境地。为了实现这一目的，原告在具体情节上安排了吟霜陷入孤苦无依的原因是其养父白胜龄的去世；白胜龄是因保护吟霜以致重伤不治身亡；导致白胜龄重伤进而死亡的罪魁祸首，恰是再来强抢吟霜的多隆，而多隆之所以再来则是利用了皓祯无暇保护吟霜的空档。原告对这一情节的设计及编排，体现了原告的独创智慧，并形成该部分情节区别于其他作品的独创性。《宫锁连城》的表达与《梅花烙》构成实质性相似。

4. 从细节到整体的比对

剧本、小说有其独特性，强调故事情节、背景关系、人物性格塑造的关联性，剧本尤其强调布景设置及台词设定，因此本案中，法院不仅从对涉诉的 21 个情节逐一进行细节对比认定，还对原被告的作品进行整体上关于情节排布、故事脉络的比对。

法院经过整体比对认为，剧本《宫锁连城》相对于原告作品小说《梅花烙》、剧本《梅花烙》在整体上的情节排布及推演过程基本一致，仅在部分情节的排布上存在顺序差异。但此类顺序变化并不引起被告作品涉案情节间内在逻辑及情节推演的根本变化，被告作品在情节排布及推演上与原告作品高度近似，并结合具体情节的相似性选择及设置，构成了被告作品与原告作品整体外观上的相似性，导致与原告作品相似的欣赏体验。

诉争的21个情节，法院最终判定3个属于公知素材，9个经过被告艺术加工具有独创性，剩下的9个情节构成实质性相似。这9个实质性相似的情节在整个剧本的篇幅占比是极小的，从细节到整体的比对，说明司法对于抄袭、著作权侵权的认定已经从量的考量扩大到质的维度了。

结 语

总的来说，抄袭的认定不是简单的量的比对，不同的作品（小说、剧本、诗歌、音乐等）有不同的特点，对于是否构成抄袭也不能一概而论。但是，只要掌握了基本原则，就能在著作权维权的道路上无往不利。

作者：秦永芝律师

侵权人著作权登记证书不成为享有著作权的合法抗辩理由

——盗用又诋毁，有证又如何?!

越来越多的著作权人会在作品完成之后到版权管理部门进行作品登记，因为著作权登记证书是作品获得司法保护的一项基础权属证明，一旦启动维权程序，无论是进行调解、仲裁还是诉讼，首先需要证明的就是作品著作权的归属。本案中原告创作的美术作品遭被告两家征信公司擅自作为企业标志使用，被告还在其网站发布有损原告声誉的文章。本案的特殊之处在于双方当事人对涉案作品均持有作品登记证书，且有两个作品被告登记在先，但法院最终仍然认定被告侵犯原告著作权的行为成立。所以，当事人提供的著作权登记证书，既可以作为认定著作权效力和归属的证据，也可以不作为认定相关事实的证据，作品登记证书仅为著作权存在的初步证据，在有相反证据的情况下，可以推翻作品登记证书的记载情况。本案对此进行了详细阐述。

案情概要

案号：(2015) 京知民终字第558号。该案一审宣判后，被告不服上诉，后二审维持。原审原告（二审被上诉人）：绿盾（北京）有限公司（以下简称绿盾公司）。原审被告（二审上诉人）：青岛绿盾征信有限公司（以下简称青岛公司）、金信企业信用管理（北京）有限公司（以下简称金信公司）。

原告诉称：该公司于2009年6月1日创作完成了包括题为“11315企业征信绿盾标志”（以下简称企业征信标志）在内的4幅美术作品，后进行了著作权登记。二被告在其经营的网站上将其中3幅美术作品作为企业标志进行使用。原告认为，上述两公司的法定代表人曾作为其代理商，可以接触到作品；二被告侵犯原告著作权的行为具有主观恶意。原告诉求：请求法院判令两被告立即停止侵权行为，赔礼道歉，赔偿经济损失等共计50万元等。

被告青岛公司辩称：(1) 青岛公司对所使用的涉案标志系经过国家版权局登记，与绿盾公司的美术作品无关。(2) 青岛公司获得企业征信标志著作权登记时间早于绿盾公司主张作品的登记时间。(3) 绿盾公司提交的作品与其登记的作品不同。

被告金信公司辩称：(1) 其与青岛公司虽为关联企业，但是独立法人。(2) 其未使用涉案美术作品，未在任何市场对外经营，不存在侵权行为。

本案争议焦点为：绿盾公司主张的涉案作品是否属于《著作权法》保护的客体，绿盾公司是否为涉案作品的著作权人及被诉作品是否为侵权作品。

法院观点

海淀法院经审理认为，本案主要涉及企业征信标志、中国征信标志、企业征信标志2、企业征信标志3，这些标志符合我国《著作权法》规定的美术作品要件，可认定为著作权法意义上的美术作品。

原告提交证据显示，该公司于2013年3月14日通过《通辽日报》发布中国征信标志，可见原告使用中国征信标志时间早于其进行作品登记时间，也早于本案证据显示的相关网站使用该标志以及被告青岛公司对中国征信标志进行作品登记的时间。上述事实，有原告提交的作品登记证书、申请作品登记材料、报纸、网页打印件、国际域名注册证书、第28866号公证书、协议、发票，青岛绿盾公司提交的作品登记证书、商标注册证明书等证据予以证明。

因此，在无有效相反证据的情况下，可以认定原告为中国征信标志的著作权人。而中国征信标志与企业征信标志主要用于指代双方开展的企业征信服务，应属商业性标记，法院因此认定原告为中国征信标志与企业征信标志的著作权人，对此享有著作权。由于被告使用的企业征信标志2、企业征信标志3与原告享有著作权的企业征信标志相比差异仅在于文字、数字的上下排列顺序和文字内容的不同，与企业征信标志构成实质性相似。

故二被告未经原告许可，使用原告享有著作权的中国征信标志、企业征信标志并使用实质性相似的标志的行为，侵害了原告享有的著作权。综上，法院判决二被告停止使用中国征信标志、企业征信标志、企业征信标志2、企业征信标志3，消除影响，赔偿经济损失等10万元。

律师分析

本案主要涉及企业征信标志、中国征信标志、企业征信标志 2、企业征信标志 3 的著作权归属问题。绿盾公司主张其为企业征信标志、中国征信标志的著作权人，青岛公司主张其为中国征信标志、企业征信标志 2、企业征信标志 3 的著作权人。

第一，关于中国征信标志。国家版权局于 2014 年 11 月 4 日就中国征信标志所发作品登记证书，记载作品作者及著作权人为青岛公司，创作完成时间为 2013 年 6 月 30 日，首次发表时间为 2013 年 7 月 4 日。2014 年 9 月 19 日，国家版权局对中国征信标志进行作品登记，载明作者及著作权人为绿盾公司，完成时间为 2009 年 6 月 1 日，首次发表时间为 2009 年 6 月 1 日。

可见，绿盾公司对中国征信标志的登记时间在前。而且，绿盾公司还提交了多份报纸、网页打印件，证明其于 2013 年 3 月起广泛使用中国征信标志的事实。

所以，绿盾公司使用中国征信标志时间早于其进行作品登记时间，也早于本案证据显示的被告经营的网站使用该标志及青岛公司对中国征信标志进行作品登记的时间，而青岛公司未提交证据证明其在获得作品登记之前创作或使用该标志的事实。所以，在无有效相反证据的情况下，可以认定绿盾公司为中国征信标志的著作权人。

第二，关于企业征信标志。2014 年 7 月 29 日，国家版权局对企业征信标志进行作品登记，载明作者及著作权人为绿盾公司，完成时间为 2009 年 6 月 1 日，首次发表时间为 2013 年 6 月 1 日。

因中国征信标志与企业征信标志主要用于指代双方开展的企业征信服务，应属商业性标记，同时结合绿盾公司的上述使用情节、本案诉讼之前没有证据显示他人就中国征信标志与企业征信标志向绿盾公司主张权利的事实，以及青岛公司提交的作品登记证书记载青岛公司创作并发表中国征信标志、企业征信标志 3 时青岛公司实际尚未成立的矛盾情形，根据民事诉讼优势证据原则认定，绿盾公司为企业征信标志的著作权人。

第三，关于企业征信标志 2。虽然青岛公司于 2014 年 7 月 2 日获得作品登记，早于绿盾公司 2014 年 9 月 19 日就该标志取得作品登记的时间，且本案证据显示青岛公司经营的网站于2014年7月使用该标志，但由于该标志与绿盾公司享有著作权并使用在先的企业征信标志构成实质性相似，而绿盾公司为企业征信标志的著作权人，所以，本案证据不足以认定青岛公司对企业征信标志2享有著作权。

第四，关于企业征信标志3。国家版权局于2014年7月4日就企业征信标志3颁发作品登记证书，记载作品作者及著作权人为青岛绿盾公司，创作完成时间为2013年6月30日，首次发表时间为2013年7月4日。而企业征信标志3与绿盾公司享有著作权的企业征信标志相比差异仅在于"11315"的字体不同，所以与企业征信标志构成实质性相似。所以，青岛公司对企业征信标志3不享有著作权。

本案中反映如下两个问题：

第一，因我国著作权登记部门对所登记的作品及权利人情况不作实质性审查，而只是依申请人自述做形式性审查。所以原被告在接近的时间，分别对两个仅有细微差别的作品获得了著作权登记。即不同的主体对存在细小差别的两个作品申请著作权登记，且都取得了权属证明。

第二，作品登记证书仅为著作权存在的初步证据，在有相反证据的情况下，可以推翻作品登记证书所记载的事实。案例中，青岛公司对企业征信标志、企业征信标志3取得著作权登记的时间早于绿盾公司，但法院最终并未以获得著作权登记以及证书中记载的作品发表时间等信息，认定青岛公司对于涉案标志享有著作权。

律师建议

1. 著作权登记证书必要但相对"脆弱"

《著作权法实施条例》第6条规定著作权自作品创作完成之日起产生，即作者对作品享有的著作权从作品完成时就自动取得。所以，在无法证明作品完成时间的情况下，最早发表的时间的相关证据可以证明作品最晚完成的时间。著作权登记是在诉讼中证明权利的必要证据，但法院对于作品权属的审查更侧重于作品完成及公开发表的客观事实，不会只依据著作权登记证书所记载的内容进行确定，而是需结合其他证据作一个综合性、实质性的审查判断。

2. 如何充分举证证明自己为著作权人

根据《最高人民法院关于审理著作权民事纠纷案件适用法律若干问题的解释》第7条第1款的规定，当事人提供的涉及著作权的底稿、原件、合法出版物、著作权登记证书、认证机构出具的证明、取得权利的合同等，可以作为证据。据此，著作权的底稿、原件、合法出版物、著作权登记证书、认证机构出具的证明、取得权利的合同等都可以起到证明权属的作用。

提交的证据应当组成完整有力的证据链，针对个案具体情况具体分析，但核心在于将初步证据转化为优势证据。举证的前提是存证，应当培养证据意识，养成保存证据的习惯。除了积极地进行著作权登记，还可以通过对作品进行公证、在第三方平台进行存证。

结　语

因我国著作权登记部门对所登记的作品及权利人情况不作实质性审查，而且本案原被告因登记时间非常接近，所以即使标志非常类似但都获得了著作权登记。在著作权纠纷中，证明谁是著作权人，是首先需要解决的问题，若处理不好将出现无法主张权利的情况。而单纯依靠“脆弱的”著作权登记证书证明权利归属的时代已经过去，现在需要通过多层次，多种类证据形成优势证据链去证明。市场经济的发展表明，自主创新才是企业发展的核心环节，才是企业的核心竞争力，赢得市场最终还是需要提高企业自身的创新能力。我国法律对仿冒和抄袭行为的打击力度逐年加强，除了承担民事责任，也有越来越多的侵权企业受到行政处罚，从而给企业名誉造成不可逆转的负面影响。

作者：郭琛律师

信息存储空间网络服务提供者帮助侵权

——乐视起诉百度云

“百度云”（2016年更名为“百度网盘”）是面向用户的信息储存服务提供商，因其可以提供海量的存储空间而受到用户的青睐。同时，用户可便捷地通过提供“百度云”链接进行资源的分享。有些用户会大量储存未经授权的完整影视资源供他人下载，即传播盗版电影。“百度云”作为信息存储空间的网络服务提供者，什么情况下会被认定为帮助侵权呢？本案对提供信息存储空间服务的网络提供者应到尽到怎样的注意义务进行了分析。

案情概要

案号：（2015）海民（知）初字第8413号。原告：乐视网（天津）信息技术有限公司（以下简称乐视公司）。被告：北京百度网讯科技有限公司（以下简称百度公司）。

原告诉称：该公司享有电影《金陵十三钗》的信息网络传播权，被告未经许可，在百度云产品网页版以及百度云软件（安卓系统手机客户端、iPhone客户端、iPad客户端）上，向公众提供电影《金陵十三钗》的下载和在线播放服务，侵害了原告的信息网络传播权，应当承担相应的法律责任。原告诉求：请求法院依法判令被告赔偿原告经济损失及合理支出共计4万元。

被告辩称：百度公司并未实施侵犯原告信息网络传播权的行为，百度公司作为信息存储空间服务提供者在本案中也不存在任何过错，不存在帮助侵权的情形，百度公司依法不应承担侵权责任。

争议焦点：百度公司是否意识到涉案影片在其空间内传播并且未经权利人许可，是否实施了帮助侵权的行为，是否应当承担侵权责任。

法院观点

法院审理后认为，涉案影片在“百度云”软件的网页版、手机客户端及 iPad 版上的传播方式有所区别，应该分别进行评价。

1. “百度云”网页版与手机客户端的播放行为

“百度云”对上传资源的用户进行了推荐，而该用户的个人页面提供了大量专业制作、内容完整的影视资源供他人免费下载。此种情况下，百度公司作为涉案平台的经营管理方，理应意识到该用户本身作为数部作品的权利人传播作品或在已获得权利人许可的情况下传播作品的可能性极小，但其仍对该用户进行达人推荐。表面看来百度公司是对网友进行推荐，而实际上，百度公司是对涉案影视作品进行了推荐。百度公司的上述行为，在客观上帮助了网络用户传播涉案作品，主观上具有明显的过错，理应承担侵权责任。

2. “百度云”iPad 版的播放行为

百度公司提供了 7060 影视网的链接，就应当对其推荐、链接的特定网站是否合法、引发侵权可能性的大小尽到较高的注意义务。而本案中，7060 影视网不仅没有经过任何备案，亦未有任何证据证明通过点击“百度云”推荐的 7060 影视网，并在打开的页面中最终播放涉案影片的行为系得到了权利人许可。所以百度公司的上述推荐、链接行为显然客观上增加了涉案作品被侵权传播的频率和机会，百度公司主观上存在“应知”的过错，应当承担侵权责任。

律师分析

本案的争议焦点在于判断百度公司是否属于“明知或者应知所链接的作品侵权的，应当与直接侵权人共同承担侵权责任”的情况。在以往的案例中，网络服务提供者（以下简称平台方）被起诉时往往通过直接引用“避风港规则”进行不侵权的抗辩。本案中百度公司也主张其主观上不存在过错，应当适用“避风港规则”而免责，不应承担侵权责任。

“避风港规则”是著作权领域侵权认定中的基础规则，《信息网络传播权保护条例》第 14 条至第 17 条对其进行了详细规定，即“通知—删除—反通知—恢复”的完整操作流程，第 20 条至 23 条规定了网络服务提供者可以免责的情形。

《侵权责任法》第36条（已失效，现为《民法典》第1194条）规定："网络用户、网络服务提供者利用网络侵害他人民事权益的，应当承担侵权责任。法律另有规定的，依照其规定。"

网络用户利用网络服务实施侵权行为的，被侵权人有权通知网络服务提供者采取删除、屏蔽、断开链接等必要措施。网络服务提供者接到通知后未及时采取必要措施的，对损害的扩大部分与该网络用户承担连带责任。网络服务提供者知道网络用户利用其网络服务侵害他人民事权益，未采取必要措施的，与该网络用户承担连带责任。

2019年1月1日正式实施的《电子商务法》第41条至第45条也详细规定了网络服务提供者免责的情形以及可以免责的适用条件。

然而，"避风港"并不是绝对安全港，也不应成为网络服务提供者承担侵权责任的挡箭牌。因此，"避风港规则"的例外适用——"红旗规则"应运而生。

"红旗规则"，是指如果侵犯著作权的事实非常明显，就像是红旗一样飘扬，网络服务提供者就不能装作看不见，或以不知道侵权的理由来推脱责任，如果在这样的情况下，不移除链接，就算权利人没有发出过通知，也应该认定这个设链者知道第三方是侵权的。《信息网络传播权保护条例》第23条规定："网络服务提供者为服务对象提供搜索或者链接服务，在接到权利人的通知书后，根据本条例规定断开与侵权的作品、表演、录音录像制品的链接的，不承担赔偿责任；但是，明知或者应知所链接的作品、表演、录音录像制品侵权的，应当承担共同侵权责任。"所以是否知道侵权行为的存在，或者意识到侵权活动的发生，是非常重要的前提条件。如果不知情并且在收到权利人的通知书后，进行积极的反馈，删除或断开带有侵权作品的链接，则可以受到"避风港规则"的保护；相反，如果有证据证明"明知、应知"作品侵权的，符合"红旗规则"的条件，就应该承担共同侵权责任。

本案中，百度公司认为其经营的"百度云"产品仅提供信息存储空间服务，已尽到了提示和注意义务，其在接到本案起诉材料后，即已将涉案作品删除，并对上传涉案作品的账户进行了封禁。百度公司认为其已经设置了一套网络用户警示规则和权利人投诉机制，在收到起诉状后及时删除了涉案作品，在现有技术条件下已经尽了最大努力采取相关措施制止侵权行为，故不应当承担侵权责任。第一，百度提供网盘存储以及百度云服务是免费的，用户自行对网盘中的资源在百度云进行管理、分享和下载。百度云自身不上传、提供内容。第二，百度公司在经营“百度云”过程中已尽到“事前提示义务”已经履行了法定的注意义务和责任。第三，在经营百度云服务过程中，没有对用户上传和分享的影视资源进行分类、整理或推荐，依法不构成帮助侵权。第四，百度公司作为信息存储空间服务的提供者，应适用“避风港规则”。

针对上述答辩，法院认定，在“百度云”网页版和手机客户端，该用户个人主页存在数部内容完整的影视资源供他人下载，本身就存在极大的侵权可能性，百度公司仍对其进行推荐，表面看起来是对用户进行推荐，实际上是对涉案影视作品的推荐，主观上有明显的过错，理应承担侵权责任。

在“百度云”iPad 版中，百度公司提供了 7060 影视网的链接并进行了推荐，应当对其推荐、链接的特定网站是否合法、引发侵权可能性的大小尽到较高的注意义务。而本案的 7060 影视网并未经过任何备案，亦未有任何证据证明通过点击百度云推荐的 7060 影视网，并在打开的页面中最终播放涉案影片的行为系得到了权利人许可。百度公司的上述推荐、链接行为显然客观上增加了涉案作品被侵权传播的频率和机会，法院认为，百度公司主观上存在“应知”的过错，应当承担侵权责任，不得以“避风港规则”而免责。

结合以上分析，可以看出百度公司作为信息存储空间，其为侵犯乐视公司信息网络传播权的行为起到了实质性的帮助，扩大了侵权的损害结果，并且在知晓百度云存在侵权影片的情况下未能采取相关措施进行制止，存在主观过错，符合间接侵权的构成要件。

律师建议

结合本案及近几年我国网络服务提供商间接侵权相关案件，可以看出，网络服务提供商间接侵权责任规则有以下几点问题：一是认定平台方主观过错方式固化，《最高人民法院关于审理侵害信息网络传播权民事纠纷案件适用法律若干问题的规定》第 9 条和第 10 条明确规定了认定网络服务提供者构成应知的具体标准，而这种具体化的标准跟不上网络技术的更新速度。二是“避风港规则”规定了网络服务提供商的“通知—删除”规则，即著作权人发现网络服务提供商提供的服务中存在侵犯其著作权的内容，可以向网络服务提供商发出通知，网络服务提供商接到符合要求的通知后应及时删除相关侵权内容并告知直接侵权人。该规则有助于权利人维护自己的合法权益，也是法院认定网络服务提供商是否存在主观过错的标准之一。然而，对其形式要件，对于什么叫做有效通知、有效删除并未作详细规定，司法实践认定不一，继而导致在判定网络服务提供商是否存在主观过错上有较大的“随意性”。

所以，要给予著作权人更有力的保护，需要针对以上问题进行针对性的完善。首先，网络服务提供商的主观过错认定，可以按照一般侵权规则中的认知规则，按照“正常合理人”的标准，给予法院更大的裁量空间，更好地应对瞬息万变的网络环境。其次，“避风港规则”并不需要完全否定，其存在价值显而易见，而应该引入配套规则，完善“避风港规则”的适用条件，防止网络服务提供商滥用该规则逃避责任。

结　语

网络服务提供商便利了人民的生活，带动了经济的发展和技术的变革，所以不应对其有过于强的束缚。但权利人的各项权利仍需进行充分保护，这也是文化艺术创作的基础之一。作为平台服务的提供者，仅依赖“避风港规则”是不够的，网络服务提供商有责任通过更加积极有效的管理履行平台义务。希望本文能够在完善网络服务提供商侵权责任规则方面提出一些建议。

作者：郭琛律师

网络游戏与改编电影的著作权之争

——网络游戏《龙之谷》著作权侵权纠纷案

由热门游戏改编成的电影，已经受到越来越多游戏玩家和影迷的喜爱，早期的《生化危机》和《古墓丽影》系列，近些年的《魔兽》和《刺客信条》，都收获了非常不俗的票房。随着我国游戏市场的火爆发展，影视公司们看到了热门网游庞大的用户群体，纷纷投身游戏改编电影的热潮中。本案以游戏《龙之谷》与电影《精灵王座》（原名《龙之谷：精灵王座》）间的纠纷为例，分析游戏权利人授权他人以该游戏为蓝本拍摄电影，在授权终止后被授权人继续在影片中采用游戏角色形象的著作权侵权问题。

案情概要

案号：（2018）沪73民终39号。该案一审宣判后，被告不服上诉，后二审维持。原审原告（二审被上诉人）：上海数龙科技有限公司（以下简称数龙公司）。原审被告（二审上诉人）：苏州米粒影视文化传播有限公司（以下简称米粒公司）。

原告诉称：原告拥有网络游戏《龙之谷》在中国的运营、发行等相关著作财产权、商标权及独立维权等权利。2012年5月8日，原告数龙公司的关联公司蓝沙公司与被告签订《龙之谷》宣传电影制作和推广合同，授权被告以《龙之谷》游戏为蓝本拍摄三部电影。三部电影最迟发行时间为2015年8月，若需延期，需得到原告许可。授权合同期限届满后，原告发现被告作为电影出品方于2016年8月上映的电影《精灵王座》（以下简称涉案电影）中，大量使用了《龙之谷》游戏中的美术作品，涉及八个角色或场景：弓箭手、铁匠考林、精灵王尤万西贝尔、怪物（猎犬）、绿龙宝玉、飞船、生命之树、场景神圣天堂的部分建筑物。原告认为被告行为侵犯了原告对上述美术作品享有的复制权、改编权、摄制权、信息网络传播权和放映权。

原告诉求：请求判令被告停止在电影《精灵王座》中使用《龙之谷》相关美术作品的著作权侵权行为，并赔偿原告经济损失及合理费用人民币100万元。

被告辩称：被告已对电影《精灵王座》进行了修改，去除了《龙之谷》游戏元素。该电影中的美术作品均为被告原创，与原告主张的美术作品不构成近似。被告未侵犯原告著作权，不应承担赔偿责任。

争议焦点：原告是否享有涉案作品著作权；被告是否有权使用《龙之谷》游戏相关要素；被告是否实施了侵犯原告著作权的行为。

法院观点

一审法院经审理认为，根据该合同的约定，米粒公司所获得的系拍摄三部电影的授权，合同对每部电影的发行时间均有明确约定，倘若米粒公司需要调整档期的，应与数龙公司协商确定。数龙公司于2015年11月发送给米粒公司的律师函中，明确表达了终止与米粒公司的合作关系的意思表示。根据《合同法》（现为《民法典》合同编）及相关司法解释的规定，当事人行使合同解除权的，合同自通知到达对方时解除。对方有异议的，在合同当事人没有约定异议期间的情况下，异议方应当在收到解除合同的通知之日起3个月内向法院提起诉讼。米粒公司未在收到律师函后3个月内向法院提起诉讼，已丧失了对合同解除权提出异议的权利，因此原被告之间合同权利义务已终止。2015年11月以后，米粒公司已无权使用《龙之谷》游戏相关要素拍摄和宣传推广涉案电影。米粒公司拍摄涉案电影前，数龙公司的游戏中就存在其主张的上述人物形象和场景，米粒公司接触并完全了解数龙公司游戏中的上述人物形象和场景。米粒公司虽然修改了电影名称，但在涉案电影中仍使用与数龙公司游戏相似的弓箭手、铁匠考林及神圣天堂的部分场景分别作为涉案电影中女主角、铁师傅形象和部分城堡的场景，并在各大院线予以播放，同时在相关微博、微信推广涉案电影时亦予以使用，具有明显的侵权故意。根据“接触加实质性相似”的判断原则，被告的行为构成对这些元素复制权、改编权、摄制权、信息网络传播权、放映权的侵犯。法院遂判决米粒公司停止对数龙公司的著作权侵权行为，赔偿数龙公司经济损失35万元、合理费用53,000元。判决后，米粒公司提起上诉。二审维持原判。

律师分析

在一般侵犯著作权案件中，司法审查是按照“接触+实质性相似”的规则展开的。首先要进行权利主张的前置性审查。由原告就著作权的真实性、有效性、存续性等提供证明，这是主张权利的前提要件。对于原告的主张，被告可以进行以下抗辩：主张原告的权利不存在、权利未生效、权利已过保护期等，如果否定权利的效力抗辩能成立，那么，下一步的案件审查就不需要继续了。[①] 如果未能否定权利的效力，就需要进行实质性相似的审查。由原告就被控侵权物与权利保护对象的同一性或者实质性相似性提供证据证明。被告则进行不构成侵权的抗辩，抗辩的理由可以是构成合理性使用、不构成实质性相似等。

1. 关于实质性相似的判断

“实质性相似”即被控侵权作品与原作品存在内容上的实质性相似。其判断的主要依据是，在后作品与在先作品所具有独创性的表达部分是否相似性。即使是不同表现形式的作品，比如漫画作品和摄影作品，也可能被认定为实质性相似。

本案中，原被告关于精灵、铁匠、大树、城堡的形象设计在要素上不可避免地存在雷同，被告则提供证据认为其作品不能视为与涉案游戏中的形象构成实质性相似。例如，（1）精灵外形特征图片，证明“尖尖的耳朵，金色长发，身着绿色短装与高筒靴的精灵弓箭手”的形象设定在众多作品中普遍存在，不具有独创性；（2）矮人外形特征图片，证明“身材矮小，大鼻子，多白胡须；衣着颜色较深，戴手套，穿短靴或翘头鞋的矮人老头”的形象设定在众多作品中普遍存在。那么在进行侵权对比时，法院就需要剔除一些通用元素，提取原被告作品中有独创性的表达进行实质性相似比对。

法院对原被告的作品进行了详细比对，包括区分了哪些是通用性表达，哪些是独创性表达。（1）弓箭手和莉雅，均系尖耳朵的少女形象，两者发型、服装、武器基本相同，面部轮廓虽略有区别，但两者整体形象构成相似。（2）精灵王尤万西贝尔和凯尔公爵。两者共同点在于尖耳朵和金色长发，但着装、武

① 孙磊、曹丽萍：《网络游戏知识产权司法保护》，中国法制出版社2017年版，第273~274页。

器及面部轮廓均不同。而尖耳朵的精灵形象并非由原告独创，故两者并不构成相似。（3）铁匠考林和铁师傅，两者均为矮小的大鼻子白胡子老头形象，着装也近似。铁师傅虽然还增加了飞行眼镜、长寿眉和围脖元素。但这些元素的添加并不影响两者形象整体构成实质性相似的效果，故法院认定两者构成相似。（4）猎犬和小盾、小剑，两者均系一种动物，整体结构相同，即均由圆身体和两条后腿组成。但是猎犬身上无毛，龇牙、尖耳朵，小盾和小剑身上均有厚厚的长毛。整体效果上，猎犬呈现的是一种凶猛怪物的形象，而小盾和小剑更接近于萌萌的宠物狗形象。故两者并不构成相似。（5）绿龙宝玉和黑暗宝玉，两者颜色不同，形状虽均呈橄榄形状，但绿龙宝玉的橄榄形系不规则的。绿龙宝玉采用光滑的表面，在宝玉的外表还饰有醒目的墨绿色梯田形状的条纹。而黑暗宝玉外表是不光滑的，还包有一层凹凸状的烟雾。故两者虽然形状相似，但无论在组成元素还是整体效果上均有很大的区别，两者并不构成相似。（6）飞船和小鱼号飞船。两者整体结构不同，飞船是一艘结构复杂豪华的龙船形象，船舱为单层平顶式。而小鱼号飞船结构简单，船舱为两层圆弧顶的形状。飞船和小鱼号飞船的共同之处在于在船身两侧、船尾等处均加有龙鳍或鱼鳍形状的装饰物，但两者整体形象、呈现的效果存在很大的区别，并不构成相似。（7）生命之树和大树。两者整体虽均为伞状的大树形象，但在结构上有很大的区别。生命之树树干明显，枝叶稀疏，整体呈现一棵有仙气的虚幻的大树形象。而被告大树所呈现的效果为一棵在非洲大草原上常见的枝叶茂密的大树形象，仅仅将茂密树叶的颜色改为黄色。故两者并不相似。（8）神圣天堂和城堡。两者主体结构相同，均为两层圆形尖顶建筑并通过一个三角形的廊桥连接至其他城堡。被告城堡虽然在顶层建筑物的直径大小上做了调整，并对廊桥做镂空处理，但这些细微的改动并不能影响两者实质性相似的判定。

2. 关于“接触”的判定

本案中，原告获得涉案游戏授权运营的时间在 2007 年，远早于与被告签订《〈龙之谷〉宣传电影制作、推广合同》的时间。且原告主张的人物形象和场景曾于 2009 年至 2013 年在多个公开网站出现：2009 年 12 月，网友在多玩游戏《龙之谷》专区中发布有弓箭手和铁匠考林的游戏画面；2010 年 7 月，网友发布在电玩巴士网站上的《龙之谷》游戏新手教程中有弓箭手的形象；2012 年 3 月、

5 月，网友在百度贴吧的帖子中发布了带有弓箭手形象的游戏画面等。

正是因为该游戏的成功运营，被告才与原告关联公司签订了根据该游戏改编电影的制作和推广合同。因此，无论是从原告游戏的知名度还是原、被告之间的合作过程。被告对原告游戏中的人物形象和场景都是完全清楚和了解的。本案的案件事实均表明，被告接触原告作品的必然性。

在一般的著作权侵权案件中，关于证明被告的接触可能性这一点，民事诉讼规则并未对原告有苛刻的证明要求，一般仅以具有接触可能性为要件。即原告的作品在被告的作品之前创作并发布，或者作品处于不特定的人能够通过正常途径接触并可以知悉的状态，并不要求必须存在有人已经实际知晓、接触的事实发生。

如果案件证据没有显示被告对原告作品的必然接触，在被告不能提出相反证据否定其接触原告作品的情况下，对于在后作品与创作完成前的已经发表作品构成实质性相似的，法院一般直接推定在后作品作者存在“接触”。而在作品未发表的情况下，则一般推定没有接触可能性，法院需要借助其他证据加以认定。

综上所述，根据游戏和电影的比对结果，法院认定涉案电影使用了与原告游戏实质性相似的人物形象或场景。且无论是从原告游戏的知名度还是原、被告之间的合作过程，被告对原告游戏中的人物形象和场景都是完全清楚和了解的。综上，被告的作品与原告的作品满足“接触加实质性相似”的构成要件，构成著作权侵权。

律师建议

在判断被控侵权作品是否侵犯权利人作品著作权时，需遵循“接触加实质性相似”的判断原则，即如果被控侵权作品与权利作品构成实质性相似，权利人又举证证明侵权人具备了接触权利作品的机会或已经实际接触权利作品的情况下，侵权人的行为构成对权利人作品著作权的侵犯。

网络游戏投资成本高、开发周期长、活跃的生命周期短，从完成游戏到上线运营的整个过程，针对游戏的侵权行为屡禁不止。如果希望对游戏进行全方位的保护，除了对游戏元素、计算机软件等对象进行著作权、商标等方式的保护外，还可以对游戏界面、动态特效、整体画面、游戏规则等通过著作权、商标、专利、不正当竞争等方式进行多层次、多类型的充分保护。

结　语

本案涉及电影制作使用网络游戏元素的著作权侵权问题，判决在确定被控侵权电影是否侵犯网络游戏著作权时，基于“接触加实质性相似”的原则，认定涉案电影使用了与游戏《龙之谷》实质性相似的人物形象或场景，从而构成著作权侵权。游戏和电影间天然存在很深的合作空间，在电影叙事和游戏元素深度融合中，两个产业之间合作的规则是非常重要的，尊重创意及表达，才能带来高票房和高口碑的双丰收。

作者：郭琛律师

首例认定短视频构成类电作品案

——“短视频”构成著作权意义上的作品吗?

短视频作为一种互联网内容传播方式，深受观众的喜爱。随着移动端的普及，其传播速度及更新速度越来越快，涉及短视频的著作权侵权行为屡屡发生，其已经成为抄袭的重灾区。许多优质的短视频，都经历过被他人搬运或剪辑，发布到其他多个平台的无奈。而业界对短视频是否构成著作权法意义上的作品，是否适用著作权法对其进行保护是有争议的。本案最终认定短视频属于以类似摄制电影的方法创作的作品，应受到《著作权法》保护，具有积极的示范意义。

案情概要

案号：(2017) 京0108民初51249号。原告：北京快手科技有限公司（以下简称快手公司)。被告：广州华多网络科技有限公司（以下简称华多公司)。

原告诉称：快手App用户井某林，于2015年4月在快手App上传、发布了名为“这智商没谁了”的视频（以下简称涉案视频)，并获较高点击量，快手公司合法取得涉案视频在全球范围内的独家信息网络传播权。华多公司在其运营的“补刀小视频”App安卓端和ios端（以下简称补刀App）中上传并发布了涉案视频，其行为侵害了快手公司享有的著作权。原告诉求：要求华多公司赔偿快手公司经济损失10,000元及合理开支53,460元。

被告辩称：(1) 涉案视频不构成作品。(2) 快手公司不享有涉案视频著作权。(3) 华多公司未在补刀App中发布涉案视频。(4) 即便快手公司有著作权，补刀App也发布了涉案视频，亦不能排除系同一用户将涉案视频上传至不同网络平台的情形，且华多公司作为网络服务提供者，已对知识产权问题尽到合理注意义务，不应当承担侵权责任。

争议焦点：(1) 涉案视频是否构成作品；(2) 如构成作品，快手公司是否享有涉案视频的著作权；(3) 在前述两项成立的情况下，华多公司是否侵害快手公司的著作权。

法院观点

根据《著作权法实施条例》第 4 条第 11 项对以类似摄制电影的方法创作的作品（以下简称：类电作品）的定义，涉案视频虽仅持续 18 秒，但其在该时间段中所讲述的情景故事，融合了两名表演者的对话和动作等要素，且通过镜头切换展现了故事发生的场景，已构成具有独创性的完整表达。据此，结合涉案视频以数字化视频的形式发布在快手 App 上的事实，涉案视频系摄制在一定介质上，由一系列有伴音的画面组成，并通过网络传播的作品，属于类电影作品。

结合快手公司提交的情况说明、井某林身份证复印件、后台注册信息中井某林的身份证照片以及涉案视频中显示的表演者，井某林即 ID 为 59241800、用户名为“二驴的（战驴）”或“二驴的 2000 万粉丝”的快手 App 用户。根据井某林向快手公司出具的《授权书》中的授权条款，快手公司获得涉案视频的独家信息网络传播权，有权提起本案诉讼。

华多公司未能提交涉案视频系由用户上传的相关证据，且虽称涉案视频用户系以第三方账户登录，但亦未提交证据说明系何第三方账户，难以合理解释若确系用户在其经营的补刀 App 中发布视频却无法提供有效用户信息之情形。据此，法院认为涉案视频应为华多公司自行上传并发布。

华多公司未经快手公司许可，在补刀 App ios 端发布涉案视频，使公众可以在个人选定的时间和地点获得涉案视频，侵害了快手公司对涉案视频依法享有的信息网络传播权，应当承担赔偿经济损失等侵权责任，法院判决华多公司赔偿快手公司经济损失 10, 000 元及合理开支 13, 460 元。

律师分析

1. 短视频被认定为作品的标准

本案中华多公司提出，涉案视频时间很短故不构成作品。对此，法院认为，虽然时间长短的确可能限制作者的表达空间，但表达空间受限并不等于表达形式非常有限而成为思想范畴的产物；相反地，在十余秒的时间内亦可以创作出体现一定主题，且结合文字、场景、对话、动作等多种元素的内容表达。因此，华多公司此项抗辩意见缺乏事实依据。

华多公司另提出与涉案视频内容相似的视频早于涉案视频在网络中传播的抗辩意见。但《著作权法》并不禁止不同主体就同一主题进行创作，只要作者形成了体现其做出一定选择、取舍、编排的作品，即便该作品主题与在先作品系相同主题，亦不影响作者对其作品享有著作权。

此外，短视频具有适合在移动和短时休闲状态下观看，以及生产流程简单、制作门槛低、参与性强等特点，且其中不乏内容新颖和积极的视频，迅速成为受欢迎程度较高的新传播形式。而鼓励作品的创作和传播，促进文化事业的发展和繁荣，是《著作权法》的立法追求之一。在短视频产业已渐成规模的当下，法律规范应当对市场及其中的商业逻辑有所回应，尤其不应为"作品"设限，人为提高作品构成要件的门槛。

根据《著作权法实施条例》第 2 条的规定，作品是指文学、艺术和科学领域内具有独创性并能以某种有形形式复制的智力成果。据此，要成为著作权法保护的作品，应满足以下三个要件，一是属于"文学、艺术和科学领域"的具体表达；二是具有独创性；三是能以有形形式复制。根据《著作权法》关于作品构成要件的相关规定，现有短视频均非纯粹的思想范畴，应属于文学或艺术或科学领域的具体表达，且无论短视频以何种形式呈现，其一般情形都是以数字化视频的形式，呈现的一系列有伴音的画面，并可以通过互联网在短视频平台或其他平台中进行传播甚至下载。因此，判断短视频是否构成作品最关键在于判断短视频的独创性。

所以，判断短视频是否具有独创性需要进行个案判断，即使是同一种类型的短视频，也可能因为制作方式、表现内容不同而影响其性质判断。当前司法实践中普遍采用认定独创性的标准为"独立创作 + 最低限度创造性"，因此只要作者独立创作且体现其一定的选择、取舍、编排个性的短视频就可以构成作品。

2. 常见的短视频侵权类型①

一是未经作品权利人许可，擅自发表其作品。网络环境下侵犯著作权人的发表权主要有以下表现形式：未经作者许可，将其创作的作品公开化；违背作者的

① 《判断短视频是否属于作品，必须符合三个要件》，载法制日报网：http：//www.igdzc.com/zhuanti/20190718/183935.html，最后访问日期：2019 年 7 月 18 日。

意愿，提前或推迟公开作品；不遵从作者的意愿，以其他形式公开作品。二是未经许可擅自以复制、展览、发行、放映等方式将作品用于网络传播。三是将他人作品用于网络传播，未按约定支付报酬。四是歪曲、篡改他人作品。网络环境下，相对于传统媒体，其他人对作品进行歪曲、篡改更加容易，著作权人保护作品完整的权利更容易受到侵害。五是剽窃他人作品。侵犯著作权人的发表权、署名权和复制权。剽窃他人作品有两种表现形式，一种是完全或大部分照抄著作权人的作品；另一种是在一定程度上改变著作权人作品的内容或形式进行抄袭。

律师建议

短视频侵权案件的特点是侵权收益大，侵权成本低，但最新修订的《著作权法》（2020 年 11 月 11 日修正）将侵权赔偿标准上限提高至 500 万元，并确定了著作权侵权的惩罚性赔偿机制，第 54 条规定，对故意侵犯著作权或者与著作权有关的权利，情节严重的，可以在按照上述方法确定数额的一倍以上五倍以下给予赔偿。除了相关法律法规的修订，保护著作权还需要全社会共同努力。首先，短视频平台作为短视频行业推动者和经营者，其对于短视频传播行为的规范及行业的良性发展有天然的高度义务和责任。平台应该在治理著作权侵权过程中扮演更加积极的角色，提示用户对原创和权利人的尊重，完善侵权举报处理功能。如果短视频平台在接到侵权通知后没有及时采取处理措施，或者明知或应知侵权，应当承担相应的侵权责任。

其次，网络新媒体上的数据存在更新快、删除容易的特点，以往权利人保存证据时间紧、成本高。但网络信息技术的发展大大降低了权利人进行证据保全的难度。

各种电子数据保全数据的平台及工具被广泛地应用，目前有存证云、可信时间戳、安存、百度取证、云法通、互联网数据取证平台等，这些技术都逐步降低了侵权取证、存证的难度，降低了权利人取证的成本，提高了效率。

最后，还需加大行政保护力度，完善行政投诉和行政处罚，加大司法保护力度。

结　语

本案对《著作权法》关于作品构成要件、作品类型等规定，对短视频是否能构成作品以及可以构成何种类型的作品等颇具争议的问题，进行了充分论证，最终认定涉案短视频系摄制在一定介质上，由一系列有伴音的画面组成，并通过网络传播的作品，具有独创性，符合以类似摄制电影的方法创作的作品的构成要件，构成作品，因此被称为首例认定短视频构成作品的案件，其具有时代的典型意义。在短视频产业已渐成规模并亟待明晰相关主体行为边界的当下，及时回应了短视频行业加强知识产权保护及明晰规则的需求，对产业发展将起到司法保护应有的导向作用。权利人维权“举证难、周期长、成本高、赔偿低”的局面将会明显改观。

作者：郭琛律师

第六章

商业秘密

商业秘密概要

——商业秘密认定成败的关键

为促进社会主义市场经济健康发展，鼓励和保护公平竞争，制止不正当竞争行为，保护经营者和消费者的合法权益，《反不正当竞争法》（2019 年）第 9 条明确规定，商业秘密是指不为公众所知悉、具有商业价值并经权利人采取相应保密措施的技术信息、经营信息等商业信息。

根据我国现行法律规定，商业秘密的构成要件包括：（1）秘密性，即构成商业秘密的技术信息、经营信息等商业信息不能从公开渠道直接获取。（2）实用性，即构成商业秘密的技术信息、经营信息等商业信息具有确定的可应用性，能为权利人带来现实的或者潜在的经济利益或者竞争优势。（3）保密性，即权利人对构成商业秘密的技术信息、经营信息等商业信息采取了合理的保密措施，包括订立保密协议，建立保密制度及采取其他合理的保密措施。

本文以人民法院审理侵害商业秘密的民事诉讼案件为例，从人民法院认定商业秘密的角度对商业秘密的构成要件进行解析，以期对商业秘密的认识和保护提供有益启示。

案情概要

案例 1　童某、DGD 公司侵害商业秘密纠纷案

案号：（2020）鄂知民终 17 号。2018 年 5 月 30 日，童某入职 DGD 公司担任设计师，双方签订的劳动合同附有保密协议，约定保密内容包括乙方（童某）对甲方（DGD 公司）为客户提供的设计方案及相关资料、施工图纸及相关资料等，违反任一项，则乙方向甲方支付违约金 20 万元，乙方离开公司（离职）之后，仍需遵守本协议，直至甲方宣布解密或者秘密信息实际上已经公开。2018 年 7 月 2 日，童某申请离职，2018 年 7 月 9 日办理相关手续。

2018年，DGD公司（受托方）与某房地产开发有限公司（委托方）签订《越秀地产华中区域（越秀逸府）项目2套样板间及公区软装工程承包合同》，双方约定：承包范围包括但不限于（越秀逸府）项目2套样板间及公区软装的设计、制作、运输及现场安装服务，受托方拟定设计团队人员包括阙某、童某等。其后，DGD公司向委托方提交《越秀地产华中区域（越秀逸府）项目2套样板间软装设计方案》，其中含地理分析、我们的思考、A1户型软装设计方案、A2软装设计方案，该方案封面右上方标注“机密”字样，项目参与人员载明为阙某、童某等，A1户型样板房设计师载明为童某，方案内页每页均标注“机密”字样。委托方装修设计负责人员赵某在该方案封面上签名确认，并在骑缝处又两次签名。2018年9月1日，越秀逸府体验中心启幕，样板间开放参观，媒体对此进行了报道。

童某从DGD公司离职后，入职YLWX公司，其陈述入职时间为2018年7月16日。入职后，童某参与光谷188项目设计工作，2018年8月3日，武汉某公司工程（材料）部发布“光谷188三期项目样板间软装公开竞选中选公告”，YLWX公司中标。2018年11月27日、29日，童某在朋友圈上传了“光谷188”软装照片，DGD公司认为侵犯了其权益，向武汉市中级人民法院起诉，要求童某和YLWX公司立即停止侵犯商业秘密的行为，并书面赔礼道歉；连带赔偿损失50万元。一审庭审中，DGD公司主张被告侵犯其商业秘密，即侵犯了越秀逸府项目样板间设计方案所体现的软装构图、物件选择和物品摆放设计。一审法院组织双方对两处样板间进行了现场勘验。

法院观点

一审法院认为，童某为DGD公司前员工，并与公司签订了保密协议。关于越秀逸府项目样板间设计方案是否构成商业秘密的问题讨论如下：被控侵犯商业秘密行为发生于2018年，应当适用2017年11月4日修订通过的《反不正当竞争法》，该法第9条规定，商业秘密，是指不为公众所知悉、具有商业价值并经权利人采取相应保密措施的技术信息和经营信息；由此可知，商业秘密应当具有秘密性、价值性、保密性。

本案中，就DGD公司主张为商业秘密的越秀逸府项目样板间设计方案，第一，具有秘密性。考虑到DGD公司的行业特点，在进行软装设计时，通常需要考虑客户需求、风格定位、房屋户型等要求，在制定过程中，还存在与客户反复磋商修改的问题，童某和 YLWX 公司也未提出越秀逸府项目样板间设计方案为通用模板的情形，应当认定该设计所属领域相关人员并不能从公开渠道知悉和掌握。至于 DGD 公司设计的样板间开放是否影响其秘密性的问题，经审查，越秀逸府样板间开放时间为 2018 年 9 月 1 日，因 DGD 公司明确按设计方案进行样板间施工，因此，样板间开放后，确会影响涉案设计的秘密性。但从童某和 YLWX 公司的使用行为看，光谷 188 项目于 2018 年 8 月 3 日被公告中选，可以判定该使用行为发生于 DGD 公司的样板间开放之前，此时，越秀逸府项目样板间设计方案仍具有秘密性。

第二，具有价值性。从 DGD 公司的经营范围看，软装设计系其核心业务之一。一方面，涉案软装设计即其提交的工作成果；另一方面，尽管该软装设计系根据委托人需求定制，但由于双方并未约定设计成果本身的归属。因此，亦具有再次使用的可能性。所以越秀逸府项目样板间设计方案对 DGD 公司具有商业价值。

第三，具有保密性。从员工角度而言，DGD 公司与童某签订的《劳动合同》中约定童某有保守商业秘密的义务，又附有专门的保密协议，其上不仅明确提出了保密义务，还约定即便员工离职后，至解密或秘密信息公开前，员工仍需遵守保密协议。从越秀逸府项目样板间设计方案的保密措施看，DGD 公司与案外人签订的软装工程承包合同约定，双方均应对技术资料、图纸等信息进行保密，在提交的设计方案上，也均标注了“机密”字样，应当认定 DGD 公司采取了适当的保密措施。

综上所述，一审法院认定越秀逸府项目样板间设计方案属于商业秘密。一审判决后，童某不服湖北省武汉市中级人民法院（2019）鄂 01 民初 207 号民事判决，向湖北省高级人民法院提起上诉。

二审法院认为，关于 DGD 公司的越秀逸府项目样板间设计方案是否构成商业秘密的问题，《反不正当竞争法》第 9 条规定，商业秘密是指不为公众所知悉、具有商业价值并经权利人采取相应保密措施的技术信息和经营信息。本案中，首先，从 DGD 公司的越秀逸府项目样板间设计方案来看，系其为武汉悦盛房地产开发有限公司所开发的越秀·逸府项目专门设计，与该项目的客户需求、房屋户型等因素息息相关。在越秀·逸府项目的样板间开放之前，并不为该经营领域内的相关人员所知悉。被控光谷188项目的中标时间为2018年8月3日，童某在一审庭审中也陈述该项目设计方案的完成时间为2018年8月初，故一审法院认定在童某设计被控光谷188项目时，DGD公司的越秀逸府项目样板间设计方案仍具有秘密性并无不当。其次，商业秘密的价值性表现在能为权利人带来经济利益或竞争优势，无论是持续性的价值，还是短暂性的价值，都属于商业秘密价值性的体现。DGD公司以建筑装饰工程、室内外装饰工程业务等为主要经营范围，越秀逸府项目样板间设计方案能为其带来经济利益，当然具有价值性。童某认为越秀逸府项目样板间设计方案因不能重复使用而不具有价值性的上诉理由不能成立。最后，童某与DGD公司签订的劳动合同中约定了童某有保守商业秘密的义务，同时，DGD公司在越秀逸府项目样板间设计方案上标注有“机密”字样，可以认定DGD公司已采取了合理的保密措施，涉案设计方案具有保密性。综上，DGD公司的越秀逸府项目样板间设计方案构成商业秘密，童某的该项上诉理由不能成立，法本院不予支持。

二审法院最终驳回上诉，维持原判。

案例2　科捷龙公司与何某、三润田公司侵害经营秘密纠纷案

案号：(2019)粤2071民初11169号。2017年4月1日，科捷龙公司聘用何某为营销总监，双方签订的《劳动合同》约定聘用期限为三年，另签订了格式化的保密协议、竞业禁止协议书、竞业限制协议各一份。2018年8月1日起，科捷龙公司安排何某到其实际控制的孵化公司任职，何某于2018年9月21日经批准从该孵化公司离职。青荷公司成立于2010年9月19日，何某夫妻二人是该公司的股东。2018年10月，青荷公司的名称、股东及经营范围作了相应变更登记，其变更后的经营范围与科捷龙公司的经营范围部分相同。2018年11月26日，何某与三润田公司签订了一份劳动合同，该合同的有效期自2018年11月14日起至2019年11月13日止，受聘职位为业务部总监，岗位职责为业务拓展和管理。自2018年11月起，科捷龙公司不断被告知：何某以三润田公司员工的身份去拜访科捷龙公司的客户时，派发了青荷公司财务总监的名片，并利用何某在科捷龙公司处任职时掌握的科捷龙公司产品的定价策略，宣称三润田公司的同类产品比科捷龙公司的更便宜，试图利用价格优势和信息优势获取科捷龙公司的客户。

2018年12月，科捷龙公司委托广东洋三律师事务所律师分别向何某和三润

田公司发出律师函，称何某从科捷龙公司处离职后，利用掌握的科捷龙公司的客户资料，以三润田公司的名义对外销售与科捷龙公司具有明显竞争关系的同类产品，且在销售产品过程中对科捷龙公司的产品进行了非常恶劣的贬损；如三润田公司在明知何某的行为构成侵权的情况下，仍纵容其以三润田公司的名义继续实施侵权行为，也可能涉嫌侵权，并督促何某及三润田公司停止侵权行为，保留追究其法律责任的权利。

2019 年 4 月 25 日，科捷龙公司向法院起诉，请求：（1）判令被告何某停止披露、使用或允许他人使用所掌握的原告客户资料的行为；（2）判令被告三润田公司、青荷公司停止使用从被告何某处非法获得的原告商业秘密的行为；（3）判令被告三润田公司、青荷公司和被告何某共同赔偿损失费 200 万元。

法院观点

法院审理后认为，本案为侵犯经营秘密纠纷。科捷龙公司明确，其在本案中主张的经营秘密的范围为有何某签名的销售计划（2018 年 8 ~ 12 月）中记载的关于客户广西侨旺公司、山东辰祺公司、广西沃华公司的信息资料，以及其与安徽禾腾公司所签订的两份《成型机机械手购销服务合同》和配套的技术合同上记载的关于该客户的交易信息资料。在上述有何某签名的销售计划中，记载有客户名称、联系人、地址、项目名称、预计需求日期、需求数量、状态、金额、业务经理栏，其中联系人、地址、项目名称、状态栏的内容都比较粗略，没有具体产品的单价。双方争议的焦点为：科捷龙公司所主张的上述资料是否构成经营秘密，以及三被告是否存在侵犯经营秘密的行为。

经营秘密属于商业秘密的范围。《最高人民法院关于审理不正当竞争民事案件应用法律若干问题的解释》第 13 条第 1 款规定，商业秘密中的客户名单，一般是指客户的名称、地址、联系方式以及交易的习惯、意向、内容等构成的区别于相关公知信息的特殊客户信息，包括汇集众多客户的客户名册，以及保持长期稳定交易关系的特定客户。

从科捷龙公司提供的证据来看，其所主张的经营秘密中的销售计划只是其单方制作的销售计划，其中大部分的相关内容记载十分粗略，缺乏深度的信息内容，并不具有商业秘密必须具备的秘密性。另外，科捷龙公司提供的证据不足以证明其已与山东辰祺公司、广西沃华公司之间形成稳定交易关系或形成了独特的交易习惯等，从而将有关客户资料与普通客户资料区别开来。此外，科捷龙公司证明其对涉案经营秘密采取的保密措施的主要依据为其与何某签订的格式化的保密协议。由于该协议是科捷龙公司所提供的格式化的协议，其内容包括了保密以及竞业禁止条款，所列的商业秘密的范围较广，其中包括了很多显然不属于商业秘密的资料。从本案证据来看，不能认定科捷龙公司为防止有关信息泄露采取了与其商业价值等具体情况相适应的合理保护措施。综合上述分析，法院认定科捷龙公司主张的有关经营信息不具备商业秘密的构成条件，不构成科捷龙公司的商业秘密。

因科捷龙公司所提交的证据不足以初步证实何某存在采取不正当手段获取、披露、使用有关信息的行为，以及三润田公司、青荷公司存在明知何某从事上述侵权行为仍获取、使用有关信息的行为，故无法认定三被告实施了侵害科捷龙公司经营秘密的行为。

法院最终判决驳回原告广东科捷龙机器人有限公司的诉讼请求。

律师分析

关于商业秘密的构成要件，根据《反不正当竞争法》第 9 条规定可知，商业秘密应当同时具有秘密性、价值性、保密性。

案例 1 中，一审法院和二审法院均从 DGD 公司的越秀逸府项目样板间设计方案同时具有秘密性、价值性、保密性入手，论证 DGD 公司主张的设计方案具备商业秘密的构成要件，进而支持 DGD 公司的诉讼请求。

案例 2 中，法院认为科捷龙公司主张的经营秘密不具有商业秘密必须具有的秘密性。现有证据无法将有关客户资料与普通客户资料区别开来，不能认定科捷龙公司为防止有关信息泄露采取了与其商业价值等具体情况相适应的合理保护措施，也就是说不具有保密性。法院最终认定科捷龙公司主张的有关经营信息不具备商业秘密的构成条件，驳回其诉讼请求。

由以上两个案例可知，权利人主张的相关技术信息或经营信息的秘密性和实用性在辨识方面存在一定的主观因素，但权利人是否对构成商业秘密的技术信息、经营信息等商业信息采取了合理的保密措施，却较为容易从客观方面加以判断，如订立保密协议、建立保密制度、标识保密标志等均可被认定为采取了合理的保密措施。当然，从秘密性和实用性的角度，我们同样需要注意保留证据。虽然《最高人民法院关于知识产权民事诉讼证据的若干规定》进一步完善了证据提交、证明妨碍、证据保全和司法鉴定等重要制度，适当减轻了权利人的举证负担，但我们仍然强调权利人在商业秘密的保护方面要有意识地主动作为，确保既能尽力防止商业秘密发生泄露，也能在泄密后及时、准确地举出更充分的证据用于维权，避免出现案例2中法院认定权利人主张的有关经营信息不具备商业秘密的构成条件，进而败诉的情形。

有朋友会担心诉讼中提交证据也会造成泄密，这种担心的确有一定道理。一方面，我们需要专业人员对诉讼中提交的证据严格把关，既要达到证明目的，又要防止将不必要的核心商业秘密材料示之于人，发生新的泄密事件。另一方面，《最高人民法院关于知识产权民事诉讼证据的若干规定》第26条已对防止诉讼参与人泄露商业秘密作出了严格规定，例如规定证据涉及商业秘密或者其他需要保密的商业信息的，人民法院应当在相关诉讼参与人接触该证据前，要求其签订保密协议、作出保密承诺，或者以裁定等法律文书责令其承担保密义务，不得出于本案诉讼之外的任何目的披露、使用、允许他人使用在诉讼程序中接触到的秘密信息。当事人还可以依法申请对接触证据的人员范围作出限制。由人民法院作出"裁定"等法律文书，这对责令相关诉讼参与人承担保密义务具有更强的约束性和强制力。相关诉讼参与人违反裁定规定的保密义务，构成《民事诉讼法》第111条规定的"拒不履行人民法院已经发生法律效力的判决、裁定"情形的，人民法院依法处理。以上规定可以在较大程度上减轻权利人的维权顾虑。

律师建议

1. 留存获取商业秘密的相关证据

若权利人通过自主研发获得商业秘密，则应注意保留投入研发的人力、物力、财力等方面的证据，做好研发过程中的数据记录、档案管理，确保能形成完整的证据链；若权利人的商业秘密为客户信息，则应避免出现案例2中仅保留了单方制作计划的情形，而应重点保留投入了大量人力、物力开发和维护客户的过程，保留与客户签署、履行了合作协议或授权协议等方面的证据。

2. 建立健全商业秘密保护机制

能被权利人作为商业秘密的相关信息，必然能为权利人带来现实的或潜在的经济利益或者竞争优势，因此，权利人应从机构设置和制度建立等方面着手，让相关商业秘密的保护形成常态化。(1) 权利人是企业的，可建立专门机构，根据情况配备专职或兼职的商业秘密管理人员，选择合法的、恰当的保密措施，配备完善的设备设施加强对商业秘密的保护。(2) 权利人可以采取建立保密制度，编制保密手册或签订如案例 1 中提及的保密协议、明确商业秘密的范围、保密标志、保密等级、涉密场所及其出入、使用等方式、涉密文件、物品及其存储、传输、使用、销毁等方式实施保密工作。(3) 权利人设立的保密机构以及建立的保密制度应当在企业内部公开，必要情形下应让相关人员签收商业秘密保护的相关制度文件并存档备用。

3. 强化商业秘密法律制度学习

商业秘密的保护措施需要形成完整的体系，方能发挥应有的作用。除了依赖健全的法律法规及保密制度、合理的保密措施、先进的保密技术及完善的设备设施外，还需要提高相关人员的保密意识，让保密观念深入人心，才能自觉落实保密制度。国内外很多知名企业一般都会从事前、事中、事后三个方面入手开展员工的保密工作。首先，对新招聘的员工进行岗前培训，将商业秘密法律知识以及企业的保密制度纳入培训内容，员工经考核合格后才能上岗；其次，在日常经营管理中，对全体员工开展最新保密法律知识及保密制度的培训，对员工的保密意识进行动态培育，避免员工错失相关规定的最新动态而发生泄密事件；最后，若发生泄密事件，积极采取“亡羊补牢”的措施，如维权索赔等，将损失和风险控制最低。

4. 防止对外交流活动中的泄密

权利人是企业的，其日常经营往往离不开签订、履行合同，甚至部分企业在某些阶段还会增资扩股或并购。在日常经营活动中，为促成合作，赢得合作方的信任，权利人难免会让合作方获取部分甚至全部包含商业秘密的材料或信息。为防止合作方获取商业秘密后开展不正当竞争，权利人也可以从事前和事后两方面着手。一方面，知己知彼百战不殆，在确定合作方之前应对其进行一定程度的调查了解，重要的合作项目可以聘请律师或相关专业人员对目标方开展尽职调查，作出能否对目标方透露商业秘密信息的评判；另一方面，确定合作方之后，权利人应与其签订保密协议，在合作方未同意承担保密义务前，采取合理的保密措施，让其无法获知权利人的核心商业秘密。

5. 注意合理保护，防止矫枉过正

如前所述，不能从公开渠道直接获取的商业信息才能被称为商业秘密，因此权利人应采取合理的措施保证商业秘密具备“秘密性”。但商业秘密存在的价值就是“具有确定的可应用性，能为权利人带来现实的或者潜在的经济利益或者竞争优势”。因此，权利人采取保密措施对商业秘密进行保护，其目的就是让商业秘密能够投入使用、产生价值。那么，权利人所采取的保密措施自然不能影响商业秘密的正常使用，更不能妨碍企业的正常生产经营。根据相关法律规定，权利人采取保密措施只需要达到“合理”的程度即可，并非越严密越好。什么是“合理”的保密措施呢？从《国家工商行政管理局关于商业秘密构成要件问题的答复》中可知，只要权利人提出了保密要求，权利人的内部人员或与其有交流合作的外部人员知道或应当知道商业秘密的存在，就属于采取了法律上要求的“合理”的保密措施，相关人员就应当对权利人承担保密义务。希望相关主体既重视商业秘密的保护，又注意勿矫枉过正。

作者：曾小春律师、专利代理师

商业秘密维权

——员工离职泄露客户名单信息

在权利人维权过程中，只要权利人主张的商业信息经法院确认构成商业秘密，权利人的诉讼请求就会得到人民法院的支持吗？

案情概要

案号：（2020）鲁民终233号。水德公司成立于2010年3月17日，注册资本1000万元，法定代表人张某，经营范围为批发、零售：仪器仪表、化工产品（不含危险化学品）、五金机电、办公用品、办公自动化设备、化学试剂（不含危险品）、实验室设备；加工、制造：仪器仪表（不在此处加工、制造）；经济信息咨询服务；代理货物报关、报检；货物进出口、技术进出口。

浩海公司的法定代表人秦某2013年曾在水德公司工作过，2017年9月离职。浩海公司成立于2017年10月30日，注册资本1000万元，经营范围除船舶设备维修服务；仪器仪表维修；计算机软件研发生产（不在此处加工）外，其余基本与水德公司的经营范围相同。

水德公司与案外人德国SubCtech公司先后于2014年、2019年签订了内容基本相同的《OceanPack系统授权合作协议》，协议约定“OceanPack系统是指SubCtech公司开发的、便携灵活的水中二氧化碳分压测量系统”，“许可方特将OceanPack系统在中国不可转移的独家许可授予被许可方，被许可方有权在中国销售或使用这个系统”，“被许可方应在每个发票年度结束后的四十五（45）天内向许可方发出服务费发票”，“在许可方收到服务发票后，许可方应向被许可方支付收入费用。本协议项下的收入为被许可方在中国销售的OceanPack系统总金额的2.5%”。水德公司与SubCtech公司还签订了独家授权经销商协议，SubCtech公司授权水德公司为中国的独家经销商，授权日期从2014年11月20日至2021年12月31日，双方约定水德公司是“以下产品及服务的独家经销商：

OceanPackTM 系统，包括交易、咨询及服务；OceanPackTM 的 PACK、SAE、AUMS、RACE、MOBILE、AQUA 系统。以下产品及服务的非独家经销商：SubCtech 公司的其他产品及服务。”2019 年 4 月 26 日，SubCtech 公司通过中国银行向水德公司汇款 17, 502. 5 元。

闫某从 2010 年 3 月至 2018 年 3 月与水德公司建立了劳动关系，担任技术经理、技术总监等工作，并在与水德公司签订的聘用合同中约定了相关保密条款。2014 年，水德公司曾派闫某去德国培训，并访问了 SubCtech 公司。2014 年 9 月 2 日，在国家海洋局上海极地研究中心，闫某作为水德公司的技术推广，见到了 SubCtech 公司总经理 StefanMarx 先生，并收到了其名片。

2017 年 6 月 27 日，水德公司与闫某签订了不泄密公司机密的保证书。其中第 7 条规定“本协议的有效期间为甲、乙双方保持劳动关系期间及解除劳动合同后 2 年内。在此期间乙方应谨慎保守本协议规定的商业秘密。”2018 年 3 月 2 日，闫某填写了员工离职申请表。闫某自 2018 年 7 月起在浩海公司工作。

2019 年 2 月 25 日，水德公司的法定代表人张某为举证需要，到青岛市中公证处申请办理保全证据公证。在公证员李某和工作人员杜某的现场见证下，张某使用属于公证处的一台可连接到 Internet 互联网的电脑以及附属设备进行了相关操作，并取得现场截屏打印件。该公证处对上述公证过程及内容制作了（2019）鲁青岛市中证民字第 1381 号公证书载明的相关内容如下：（1）2018 年 3 月 26 日，闫某使用邮箱向 SubCtech 公司总经理 StefanMarx 邮箱发送邮件，表明自己已从水德仪器离职的事实，并表达了希望帮助新公司客户直接订购 SubCtech 设备的愿望。该邮件后载有闫某的电话及浩海公司的企业名称、网站等信息。（2）2018 年 3 月 26 日，SubCtech 公司的 StefanMarx 向闫某的邮箱回复邮件，表明水德仪器是 OceanPack 系统的独家经销商；并询问水德仪器、浩海仪器和 SubCtech 之间是否能够达成合作。该邮件后载有 SubCtech 公司的地址、电话、网站等信息。（3）2018 年 3 月 26 日，闫某使用邮箱向 SubCtech 公司总经理 StefanMarx 邮箱发送邮件，表达其新公司无法与水德仪器合作的意思。2018 年 3 月 28 日，闫某使用邮箱向 SubCtech 公司总经理 StefanMarx 的邮箱发送邮件，表明如果为难可以放弃本次合作，但后续仍会继续推广 SubCtech 的产品。（4）2018 年 3 月 28 日，SubCtech 公司的 StefanMarx 使用邮箱向闫某的邮箱发送邮件，邮件内容是：“尊敬的闫某：我们需要履行我们（SubCtech 和水德公司）的合约……但是我们希望我们（SubCtech 和浩海公司）能保持联系。我明白创业过程中可能面临的困难时期……”SubCtech 公司将上述邮件转发给了水德公司。

（2019）鲁青岛市中证民字第 1378 号公证书载明的相关内容如下：2013 年 12 月 16 日，SubCtech 公司的总经理 StefanMarx 使用邮箱向水德公司的法定代表人张某的邮箱及闫某的邮箱发送邮件，邮件的主题是“德国 SubCtech 公司和法国 SailingOne 公司荣获 2013 年度德国—法国联合商业奖（环境类）”，邮件内容是：“尊贵的合作伙伴、同人及客户：2013 年 12 月 9 日，德国 SubCtech 公司和法国 SailingOne 公司在法国巴黎荣获 2013 年度德国—法国联合商业奖（环境类）……这项成就离不开我们以及您（我们的合作伙伴、同人以及客户）的努力。我们非常感谢您的支持、咨询、资助和信任……我们非常感谢过去与您建立了成功愉快的合作，并期待未来我们能继续携手并进……”

（2019）鲁青岛市中证民字第 1379 号公证书载明的主要内容是水德公司在 2014 年 4 月至 5 月与 SubCtech 公司的总经理 StefanMarx 关于项目招标、投标、询价等事宜的邮件往来。其中，2014 年 5 月 21 日，闫某以水德公司技术总监的身份使用邮箱向 SubCtech 公司的总经理 StefanMarx 的邮箱发送邮件，并抄送给水德公司的法定代表人张某的邮箱，邮件的内容是：“尊敬的 Stefan：由于预算有限，用户并没有在系统中选择框架和泵，请问这会对系统的功能造成影响吗？您方便向我们提供一下系统框架设计吗？这样用户就可以自行操作。希望能尽快得到您的回复。”

（2019）鲁青岛市中证民字第 1382 号公证书载明的相关内容如下：2018 年 4 月 27 日，浩海公司的法定代表人秦某使用邮箱向 SubCtech 公司的总经理 StefanMarx 使用的邮箱发送邮件，邮件内容是：“尊敬的 Stefan，您好！我是秦某，来自中国，青岛浩海仪器有限公司，闫某的合伙人。去年我在水德仪器（水德公司）工作的时候，有一个水生态监测站项目。终端用户是中国国家海洋局北海分局。现在这个项目的投标开始了：投标号……我猜水德仪器（水德公司）应该没有发送这个项目的信息给您。如果是的话，我能否获得这个项目的授权？”该邮件后载有浩海公司的法定代表人秦某的电话、邮箱、地址等信息。2018 年 4 月 27 日，SubCtech 公司的总经理 StefanMarx 使用邮箱向水德公司的法定代表人张某的邮箱发送邮件，邮件内容是：“尊敬的张某：希望您一切安好……请查阅附件浩海仪器（浩海公司）发来的第一份正式询价函。我建议您请求投标，我们可以为您提供报价。我会向秦某解释您是我们 OceanPack 系统的独家合作伙伴。”SubCtech 公司将秦某的上述邮件转发给了水德公司。

2018 年 12 月 29 日，水德公司的委托代理人王某为保留证据需要，到北京市国立公证处申请对相关网页内容进行保全。在公证员武某、工作人员孟某的现场见证下，王某使用属于公证处的台式电脑，连入互联网后进行了相关操作。该公证处对上述公证过程及内容制作了（2018）京国立内民证字第 3908 号公证书载明的主要内容是：VO-TECH 是浩海公司……闫某在浩海公司的技术部从事售前、售后、技术指导工作。

水德公司向一审法院起诉，请求判令闫某、浩海公司：（1）立即停止侵害商业秘密的行为；（2）连带承担损害赔偿金 300 万元，并支付其他损失 93, 578 元；（3）在全国发行的报纸上向水德公司做出书面赔礼道歉；（4）承担本案诉讼费。

水德公司在一审庭审中主张本案要求保护的商业秘密为德国 SubCtech 公司作为水德公司特定合作对象的客户名单及信息，包括客户名称、地址、联系方式、交易习惯、交易模式、支付方式等。

2019 年 5 月 7 日，闫某到青岛市城阳公证处声称，其原系水德公司的员工，后跳槽到浩海公司，水德公司就其侵害商业秘密诉诸法院，就其截取网页及录制视频申请出具电子数据保全公证书。该公证处对公证过程及内容制作了（2019）鲁青岛城阳证民字第 610 号公证书。该公证书载明的主要内容是“SubCtech 公司的官方网站中载有 StefanMarx 的联系邮箱，水德公司是 OceanPack 的独家合作伙伴。SubCtech 公司已经在海底和海洋技术方面拥有超过 28 年的经验，提供水下技术，海底解决方案和海洋监测系统。OceanPacksTM 是移动和灵活的二氧化碳分压测量系统……OceanPackTM 精确，可扩展且易于使用……”2019 年 4 月 24 日，闫某使用邮箱向 SubCtech 公司总经理 StefanMarx 的邮箱发送邮件，邮件内容是：“亲爱的 Stefan，您能确认，您的邮箱地址 mar×××@ subctech. com，是对您全世界以及中国所有的合作伙伴，经销商和用户来说是公开的，自 2014 年以前或者更早？因为它被很好地陈列在您的官方公司网站的页面上……以及在公众场合分发的商业名片上。”2019 年 4 月 24 日，SubCtech 公司总经理 StefanMarx 使用邮箱向闫某的邮箱发送邮件，邮件内容是：“亲爱的 Shawn，我的邮箱地址是从 2010 年 2 月开始用，并显示在我们的公司主页的联系方式页面上。因此，它（邮箱地址 mar×××@

subctech. com）是公开的，始自 2010 年 2 月，并且每一个人都可以联系我。这对其他如销售、市场、技术支持等邮箱地址也是一样的。当然，所有的雇员都有他们的名片，上面有其电话号码和电子邮箱地址。”

法院观点

一审法院认为，本案系侵害客户名单经营信息的商业秘密纠纷，争议焦点为：（1）水德公司主张的客户信息是否构成商业秘密；（2）闫某、浩海公司是否侵害了水德公司的商业秘密；（3）如果闫某、浩海公司构成侵害商业秘密，如何确定其应当承担的民事责任。

通过分析论证，一审法院认定水德公司主张的客户信息构成商业秘密，且认为闫某、浩海公司共同侵害了水德公司的客户名单的经营秘密，对此应当承担停止侵害、赔偿损失等民事责任。关于水德公司要求判令闫某、浩海公司停止侵害商业秘密的诉讼请求，一审法院认为，商业经营信息往往会随着市场变化而发生变化，客户名单作为商业经营秘密体现的价值也存在一定期限，故一审法院依法酌情确定闫某、浩海公司停止使用该项商业秘密的期限。关于水德公司要求判令闫某、浩海公司公开登报赔礼道歉的诉讼请求，一审法院认为，商业秘密本质为一种财产权，未损害权利人人格性利益，且水德公司也未提交证据证明其商誉受到了闫某、浩海公司的损害，故对水德公司该项诉讼请求，一审法院不予支持。关于水德公司要求判令闫某、浩海公司连带承担损害赔偿金 300 万元及其他合理费用的诉讼请求，一审法院认为，水德公司没有提供相应证据证明其因被侵权所受到的实际损失，亦没有证据证明闫某、浩海公司与 SubCtech 公司发生实际交易并从中获得收益，同时，闫某亦称其主动放弃了与 SubCtech 公司的合作。综合上述情况，闫某、浩海公司的侵权行为并未造成水德公司的实际损失，且闫某、浩海公司亦未从中获得收益，故对水德公司关于损害赔偿金 300 万元的诉讼请求，一审法院不予支持。关于水德公司为制止侵权行为而支付的合理费用等，一审法院酌情确定闫某、浩海公司共同赔偿水德公司合理开支 6 万元。

综上所述，一审法院判决：（1）闫某、浩海公司于判决生效之日起两年内停止使用水德公司的经营秘密，即 SubCtechGmbH 公司客户名单信息；（2）闫某、浩海公司于判决生效之日起 10 日内共同赔偿水德公司合理开支 6 万元；（3）驳回水德公司的其他诉讼请求。一审案件受理费 31,549 元，由水德公司负担 15,468 元，由闫某、浩海公司负担 16,081 元。

闫某不服一审判决，上诉请求撤销一审判决第（1）、（2）项，改判驳回水德公司全部诉讼请求或发回重审；一审、二审诉讼费、公证费由水德公司承担。

二审法院查明的事实与一审法院查明的事实一致。二审判决驳回上诉，维持原判。

律师分析

1. 本案系典型的员工离职侵犯企业商业秘密引发的纠纷

（1）企业应当采取合理措施防止员工泄露商业秘密。本案中员工系离职后泄露权利人的商业秘密，所幸本案中水德公司除与员工签订的劳动合同中有保密条款外，还在与员工签订的不泄密公司机密的保证书中约定“本协议的有效期间为甲、乙双方保持劳动关系期间及解除劳动合同后 2 年内。在此期间乙方应谨慎保守本协议规定的商业秘密。”而本案恰好发生在员工离职后 2 年内。

（2）本案中，浩海公司成立于 2017 年 10 月 30 日，经营范围基本与水德公司的经营范围相同。秦某曾在水德公司工作过，2017 年 9 月离职，2017 年 10 月 30 日就担任与原工作单位经营范围基本相同的浩海公司法定代表人。水德公司的原技术经理、技术总监闫某，是一位有机会接触到水德公司核心商业秘密的员工。其于 2018 年 3 月 2 日填写员工离职申请表，离职后一个月内即向水德公司的合作伙伴 SubCtech 公司总经理 StefanMarx 发送邮件，以其与浩海公司法定代表人秦某合作名义向 SubCtech 公司就便携式水生态监测站进行询价，且闫某对水德公司涉案客户名单负有保密义务，违反约定使用其所掌握的水德公司涉案客户名单并向浩海公司进行披露，侵害了水德公司商业秘密。2018 年 7 月起闫某就到了浩海公司工作。由此可见，由于水德公司未要求员工签订竞业禁止协议，让离职员工拥有从事同业竞争工作的机会，也为今后的维权不利埋下了伏笔。

（3）本案中，水德公司要求二被告连带承担损害赔偿金 300 万元，并支付其他损失 93,578 元。两级法院均认为闫某、浩海公司共同侵害了水德公司的客户名单的经营秘密，对此应当承担停止侵害、赔偿损失等民事责任，但水德公司的赔偿请求却未能得到法院支持。从本案中我们可以看到，员工侵犯企业商业秘密可能存在三种性质的行为：一是违约行为，二是不正当竞争行为，三是侵权行为。本案中闫某离职后一个月内即违反劳动合同及不泄密公司机密的保证书之约定，使用其所掌握的水德公司涉案客户名单并向浩海公司进行披露，侵害了水德公司商业秘密，2018 年 7 月起闫某就到了经营范围与水德公司基本相同的浩海公司工作。闫某的行为可能同时符合以上两种或三种行为的构成要件，存在责任竞合。无论是根据本案审理时有效的《合同法》第 122 条之规定，还是根据《民法典》第 186 条“因当事人一方的违约行为，损害对方人身权益、财产权益的，受损害方有权选择请求其承担违约责任或者侵权责任”之规定，均允许权利人选择提起违约之诉或者侵权之诉。本案中，尚不清楚闫某与水德公司签订的劳动合同及不泄密公司机密的保证书中关于违约金的具体约定，既然水德公司选择提起侵权之诉并索赔 300 万元，很可能对违约责任的约定不够明确，或者约定的违约金不足 300 万元。由于侵权之诉适用“谁主张，谁举证”及“过错责任”的原则，在水德公司无法提供相应证据证明其因被侵权所受到的实际损失，亦无证据证明闫某、浩海公司与 SubCtech 公司发生实际交易并从中获得收益的情形下，水德公司主张的 300 万元赔偿请求自然无法得到人民法院的支持。

2. 本案涉及的证据保全方式

（1）本案中，为实现诉讼目的，原告水德公司和被告闫某均通过公证方式保全证据。一是水德公司的法定代表人张某为举证需要，到青岛市中公证处申请办理保全证据公证。二是水德公司的委托代理人王某为保留证据需要，到北京市国立公证处申请对相关网页内容进行保全。三是闫某到青岛市城阳公证处就其截取网页及录制视频申请出具电子数据保全公证书。类似于本案中提到的电子邮件等电子数据证据，若想要向法院提交并得到采信，通过公证机关保全证据的确是一种有效的取证方式。

（2）本案提到水德公司申请的公证，均系在公证员及工作人员的现场见证下，由申请人或代理人使用属于公证处的电脑连入互联网进行相关操作，并由公证处对公证过程及内容制作公证书，对于公证过程的完整性以及公证设备及环境的清洁度均有展示。

（3）除利用公证机关的公信力保全证据外，还可以向人民法院申请证据保全。在《民事诉讼法》及其司法解释、《最高人民法院关于民事诉讼证据的若干规定》（2019 年修正）的基础上，结合知识产权类民事诉讼案件的特点，自 2020 年 11 月 18 日起施行的《最高人民法院关于知识产权民事诉讼证据的若干规定》第 11 条至第 18 条对证据保全申请的审查、保全措施、妨害证据保全的后果、破坏已经保全证据的法律责任、证据保全参与人、证据保全笔录制作、被申请人提出异议等，均作出了相应规定，进一步规范了证据保全的程序，可操作性明显增强，当事人在诉讼中还可以根据案情需要向人民法院提出证据保全申请。

3. 本案的积极意义

虽然水德公司提出的 300 万元损害赔偿请求未能得到法院支持，但是，法院判决闫某、浩海公司于判决生效之日起 2 年内停止使用水德公司的经营秘密，并于判决生效之日起 10 日内共同赔偿水德公司合理开支 6 万元，仍具有积极意义。

（1）水德公司与闫某签订的不泄密公司机密的保证书有效期间为双方保持劳动关系期间及解除劳动合同后两年内。法院认为，商业经营信息往往会随着市场变化而发生变化，客户名单作为商业经营秘密体现的价值也存在一定期限，故法院依法酌情确定闫某、浩海公司停止使用该项商业秘密的期限为判决生效之日起两年内，与不泄密公司机密的保证书约定的期限较为接近，具有合理性。

（2）由于水德公司及时维权，制止了被告在离职后 2 年内继续侵权，能够在法院判决的两年保护期内及时采取补救措施防止损失持续扩大。

（3）水德公司为制止侵权行为而支付了律师费、保全费等合理费用等，法院酌情确定闫某、浩海公司共同赔偿水德公司合理开支 6 万元，实际上已经补偿了水德公司的维权成本，给予了侵权人一定数额的经济惩罚。

律师建议

1. 企业与员工签署书面协议的注意事项

（1）企业与员工签订的保密协议或保密条款中应明确约定违约责任的承担方式及违约金、赔偿金的数额或计算方式。

（2）除保密协议或劳动合同中的保密条款外，根据《劳动合同法》第 23 条之规定，对负有保密义务的劳动者，用人单位可以在劳动合同或者保密协议中与劳动者约定竞业限制条款，并约定在解除或者终止劳动合同后，在竞业限制期限内按月给予劳动者经济补偿。劳动者违反竞业限制约定的，应当按照约定向用人单位支付违约金。

（3）根据《劳动合同法》第24条之规定，竞业限制的人员限于用人单位的高级管理人员、高级技术人员和其他负有保密义务的人员。竞业限制的范围、地域、期限由用人单位与劳动者约定，竞业限制的约定不得违反法律、法规的规定。在解除或者终止劳动合同后的竞业限制期限，不得超过二年。针对竞业限制的人员范围、限制期限、经济补偿等条件，企业可以视情况选择是否签订竞业限制条款，其中给予经济补偿是企业考虑的重要因素之一。

2. 根据案情选择恰当的诉讼方案

（1）《劳动合同法》第90条规定，劳动者违反本法规定解除劳动合同，或者违反劳动合同中约定的保密义务或者竞业限制，给用人单位造成损失的，应当承担赔偿责任。只要保密协议、保密条款、竞业禁止协议中有相关的约定，权利人以员工违约行为侵害商业秘密为由提起违约之诉，按照协议约定的条款即可进行裁判。

（2）相比提起侵权之诉而言，违约责任的认定更为容易、救济方式更易于操作。即便选择提起侵权之诉，实务中我们一般也会根据事实和法律提出合理的诉讼请求。无论是本案审理时有效的《侵权责任法》第15条，还是《民法典》第179条所规定的承担侵权责任的主要方式均包括：停止侵害；排除妨碍；消除危险；返还财产；恢复原状；赔偿损失；赔礼道歉；消除影响、恢复名誉。以上承担侵权责任的方式，可以单独适用，也可以合并适用。

（3）确定诉讼请求时，一是要有充分的事实依据及法律依据；二是要避免赔偿金额请求过高却未能得到法院支持，反而让权利人自己承担高额的案件受理费；三是要准确把握财产权和人格权的区别，提出不同侵权责任的承担方式。

（4）在商业秘密诉讼维权过程中，权利人主张的商业信息经人民法院确认构成商业秘密只是维权的基础。此外，提供充分的证据材料、选择恰当的维权方案、提出合理的诉讼请求，也是确保维权成功的关键环节，需要商业秘密权利人将动态管理及维权诉讼的专业技能相结合，才能最大限度地确保信息不泄密，泄密受追究。

3. 关于电子证据的公证保全

申请公证保全电子数据证据最好使用公证处的电脑及网络，并由公证员操作电脑，否则庭审质证时对方可能因“不排除登录的是预先设置网络环境及虚拟网页的可能”而对证据的真实性提出质疑，同时还要注意公证员的回避问题。

作者：曾小春律师、专利代理师

多种权利保护方式并存时如何选用？

——著作权与商业秘密

一项知识产权成果的诞生，往往并非仅存在单一的权利，不同权利内容由不同的法律调整，有不同的法定构成要件；反之，不同的法律存在不同的保护客体，不能一概而论。本文以多种权利并存时权利人的维权民事诉讼案件为例，从权利保护方案以及维权诉讼方案的选择角度加以探析，以期对包括商业秘密在内的知识产权的保护和维权提供有益启示。

案情概要

案号：(2019) 最高法知民终773号。水立方公司与泉州医高专于2014年12月26日签订《母婴护理9个关键护理三维虚拟仿真产品合作研发协议（第一期）》，约定合作开发融教学所有功能于一体的三维虚拟仿真产品，软件版权由双方共同拥有。水立方公司于2016年2月15日向国家版权局登记取得“产科护理虚拟仿真软件V1.0”计算机软件著作权登记证书，标注开发完成和首次发表日期为2015年12月14日；于2018年2月1日向国家版权局登记取得“产科AR增强现实实训软件系统V1.0”计算机软件著作权登记证书，标注开发完成日期为2017年11月10日、首次发表日期为2017年11月15日。复理公司于2018年6月向国家版权局登记取得“产科实训虚拟仿真软件系统V1.0”计算机软件著作权登记证书，标注开发完成日期为2018年2月28日，登记号2018SR440559。

水立方公司与琨朗公司于2017年8月11日签订销售代理合同，琨朗公司被授予在上海、浙江等区域内对水立方公司开发的产科护理软件的代理销售权，琨朗公司以自己的名义开展业务活动，禁止经营其他对水立方公司有竞争冲击的同类产品；代理期限自合同签订日至2018年12月31日；双方保证对在签订、执行协议过程中所获悉的属于对方且无法自公开渠道获得的文件及资料（包括商业秘密、公司计划、技术信息等）予以保密，保密期限为合同终止后3年；姚某作为琨朗公司代表签字。2017 年 5 月前姚某系水立方公司员工。

2018 年 6 月 20 日，衢州学院发布关于母婴护理实训设备项目的公开招标公告，以 174.26 万元招标母婴护理实训设备一批。2018 年 7 月 11 日公示预中标单位为琨朗公司。2018 年 7 月 20 日，衢州学院与琨朗公司签订《母婴护理实训设备项目采购合同》，约定衢州学院就该项目支付琨朗公司产科实训虚拟仿真教学软件系统（网络版，标注品牌为“复理”）9 套共 801,000 元、产科分娩机制 AR 系统 1 套计 158,000 元。

水立方公司在 2018 年 8 月 28 日向琨朗公司、复理公司、衢州学院分别发送的律师函中指出，琨朗公司销售给衢州学院的软件与水立方公司软件仅在界面 UI、按键布局、产妇及环境模型存在区别，在主要的软件模块数量、名称、软件功能、动画完全一致，构成侵权。琨朗公司于 2018 年 9 月 10 日复函称，复理公司软件于 2018 年 6 月获得计算机软件著作权登记证书，系自主开发，相应模块功能属思想范畴，不受著作权法保护。

泉州医高专于 2018 年 12 月 21 日出具授权书，确认水立方公司有权以自己的名义进行与“产科护理虚拟仿真软件”和“产科 AR 增强现实实训软件系统”所涉著作权侵权和不正当竞争诉讼事宜。

水立方公司向一审法院起诉，诉讼中水立方公司当庭明确其主张保护的软件为“产科护理虚拟仿真软件 V1.0”和“产科 AR 增强现实实训软件系统 V1.0”。法院应水立方公司申请，于 2018 年 11 月 28 日至衢州学院调取了被诉侵权软件；于 2019 年 4 月 24 日组织当事人对被诉侵权软件及水立方公司提交的“产科护理虚拟仿真软件 V1.0”进行了运行界面比对。

复理公司提交的证据显示，《妇产科学》（人民卫生出版社 1980 年版、2013 年版)、《助产综合实训》（人民卫生出版社 2014 年版）教材对于四部触诊、平产接生、分娩机制、臀围助产、XXX 及分娩机制的流程、技术参数等有详细讲解。2017 年 11 月泉州医高专“产科护理虚拟仿真软件”招标公告、2017 年 9 月 29 日烟台市卫生和计划生育委员会“护理虚拟仿真教学系统”招标公告和 2017 年 12 月 5 日青海省卫生职业技术学院 2017 年生均拨款专项资金产科虚拟仿真系统采购项目竞争性谈判公告中，均对于四部触诊、平产接生、分娩机制、臀围助产、XXX、影响产妇的四个因素等主要功能模块的软件展示内容、步骤及视角、技术参数等进行了详细要求。

法院观点

一审法院认为，本案的争议焦点为：（1）被诉侵权软件是否侵害水立方公司的计算机软件著作权；（2）琨朗公司、复理公司是否侵害水立方公司的商业秘密；（3）琨朗公司是否构成其他不正当竞争。

关于第一个争议焦点，水立方公司主张被诉侵权软件的文档、说明书、动画效果（庭后主张为动画脚本）与其涉案软件实质性相似，侵害其软件的修改权、复制权、发行权、放映权。对此法院认为，水立方公司在本案中所主张保护的、软件运行所表现出的动画画面或动画脚本依法既不属于计算机程序，也不属于文档，故不属于计算机软件著作权的保护范畴；在案并无有效证据证明复理公司的软件说明书或用户手册；且即使水立方公司出具的证据有效……计算机文档也是作为比对内容的一部分，在软件实质性相似的司法认定中予以考虑。在本案水立方公司不主张被诉侵权软件程序本身侵害其软件著作权的情况下，仅仅凭说明书或用户手册，显然不足以作出该实质性相似的认定结论。故水立方公司该侵权指控没有事实和法律依据，不能成立。

关于第二个争议焦点，水立方公司主张计算机软件程序及其运行动画构成其商业秘密。本案中，水立方公司并未举出任何有效证据以证明其所主张的前述权利内容符合商业秘密的法定条件，尤其是与水立方公司主张作为其销售代表的姚某之间并无证据显示存在有效保密措施。相反，水立方公司提交的“产科护理虚拟仿真软件 V1.0”计算机软件著作权登记证书显示软件开发完成和首次发表日期为2015 年 12 月 14 日，即早于本案被诉侵权行为发生之前即已公开，即使其发表前构成商业秘密，发表后即已丧失该法律属性；故水立方公司主张其持有商业秘密的主张亦缺乏事实和法律依据，不予支持。

关于第三个争议焦点，水立方公司主张琨朗公司作为其代理商却未以水立方公司正版软件名义进行投标，违反竞业禁止义务，且利用了水立方公司的知名度进行恶意抢标，构成不正当竞争。对此法院认为，依据琨朗公司与水立方公司之间的销售代理合同约定，琨朗公司依约应以自己的名义开展水立方公司软件的代理销售活动，禁止经营其他对水立方公司有竞争冲击的同类产品，但琨朗公司是否违反该合同约定，不在本案不正当竞争纠纷审理范畴之内。至于琨朗公司是否实施了混淆行为的问题，虽然法院在现场调查时，有案外人翁某刚（衢州学院所持有的安装有复理公司软件设备的提供商）述称，以为姚某是作为水立方公司的代理商与其洽谈。

但法院认为，首先，翁某刚的陈述属孤证，无法查实。其次，无证据显示姚某对于衢州学院亦作出如此陈述，且对衢州学院购买琨朗公司所销售的复理公司软件产生了影响。最后，本案中，衢州学院通过公告进行软件招标，而琨朗公司以复理公司软件进行投标，法院认为通过招投标而形成的软件销售合同关系是公开、透明的……在衢州学院与琨朗公司签订的采购合同中，明确标明所购买的软件品牌为“复理”。故综合上述事实，没有依据足以认定琨朗公司实施了《反不正当竞争法》规定的混淆行为，并实际导致了混淆后果。水立方公司的该侵权指控缺乏事实和法律依据，亦不能成立。

一审法院判决驳回水立方公司的诉讼请求。案件受理费 23,280 元，财产保全申请费 1816 元，由水立方公司负担。

水立方公司对一审判决不服提起上诉，请求：（1）撤销原审判决，依法改判支持水立方公司一审全部诉讼请求；（2）一审、二审诉讼费由琨朗公司、复理公司及衢州学院承担。

二审法院审理查明，一审查明的事实属实，另查明：水立方公司不主张琨朗公司、复理公司抄袭涉案软件的源代码或目标程序代码。经二审法院释明，水立方公司坚持主张以动画、3D 画面效果为涉案软件著作权的保护客体，其认为动画、3D 画面效果与涉案软件有密切关系，不应以美术作品、以类似摄制电影的方法创作的作品来进行保护。

水立方公司主张商业秘密的秘密点，即商业秘密的范围，系涉案软件整体的动画效果，并确认涉案软件已销售给多家客户使用。

二审阶段的争议焦点为：琨朗公司、复理公司是否侵害水立方公司涉案软件著作权；琨朗公司、复理公司是否侵害水立方公司涉案软件说明书的修改权、复制权、发行权和放映权；琨朗公司、复理公司是否侵害水立方公司涉案商业秘密；琨朗公司的涉案行为是否构成不正当竞争。

二审法院审理后判决驳回上诉，维持原判。

律师分析

1. 关于计算机软件著作权的保护客体

本案水立方公司在一审中不主张被诉侵权软件程序本身侵害其软件著作权，二审中同样不主张琨朗公司、复理公司抄袭涉案软件的源代码或目标程序代码，经二审法院释明，水立方公司坚持主张以动画、3D画面效果为涉案软件著作权的保护客体。根据《计算机软件保护条例》第2条之规定，软件著作权的保护客体局限于计算机程序及其文档。

本案中，法院认为动画和3D画面效果本质上均不属于《计算机软件保护条例》所规定的程序，也不是程序的文档，不属于计算机软件著作权的保护范畴。经法院释明后，水立方公司仍然坚持被诉侵权软件中的动画、3D画面效果侵害其涉案计算机软件著作权，进而导致该项主张被法院驳回。由此可知，水立方公司在本案中未能准确把握《计算机软件保护条例》和《著作权法》保护的作品类型以及对应的保护客体。同时，最高人民法院审理本案时亦认为：对于与计算机程序及其文档无关的，但具有独创性、符合作品的构成要件，可以受到《著作权法》保护的视频、图像、音乐等，权利人可以将其从计算机软件中单独分割出来，对应《著作权法》规定的作品类型请求给予保护。这无疑是在作品的保护范围和保护方式方面给予了权利人提醒和指导。

2. 关于商业秘密的构成要件

从《反不正当竞争法》第9条之规定可知，商业秘密应当同时具有秘密性、价值性、保密性。《最高人民法院关于审理不正当竞争民事案件应用法律若干问题的解释》第14条规定，当事人指称他人侵犯其商业秘密的，应当对其拥有的商业秘密符合法定条件、对方当事人的信息与其商业秘密相同或者实质相同以及对方当事人采取不正当手段的事实负举证责任。其中，商业秘密符合法定条件的证据，包括商业秘密的载体、具体内容、商业价值和对该项商业秘密所采取的具体保密措施等。本案中，水立方公司主张计算机软件程序及其运行动画构成其商业秘密，却并未围绕商业秘密的构成要件进行充分举证证明。比如在不为公众所知悉（秘密性）方面，水立方公司提交的“产科护理虚拟仿真软件V1.0”计算机软件著作权登记证书显示软件开发完成和首次发表日期为2015年12月14日，早于本案被诉侵权行为发生之前即已公开，即使其发表前构成商业秘密，发表后即已丧失该法律属性。再如，在采取合理的保密措施（保密性）方面，水立方公司认为“琨朗公司的法定代表人、复理公司的实际控制人姚某原为水立方公司销售人员，有机会接触涉案软件的全部内容”，但水立方公司并未举证证明与姚某之间存在劳动合同保密条款或保密协议，也无其他证据证明水立方公司采取了合理的保密措施。因此，水立方公司在本案中未将已经公开发表的软件程序作为著作权请求保护，反而作为商业秘密加以保护，若非另有隐情，这样的诉讼方案的确难言合理。

3. 不正当竞争纠纷的审理范畴

本案中，水立方公司主张琨朗公司作为其代理商却未以水立方公司正版软件名义进行投标，违反竞业禁止义务，且利用了水立方公司的知名度进行恶意抢标，违反了《反不正当竞争法》第 2 条、第 6 条第 4 项之规定，构成不正当竞争。对此一审、二审法院均认为，依据琨朗公司与水立方公司之间的销售代理合同约定，琨朗公司依约应以自己的名义开展水立方公司软件的代理销售活动，禁止经营其他对水立方公司有竞争冲击的同类产品，但琨朗公司是否违反该合同约定，不在本案不正当竞争纠纷审理范畴之内。一言以蔽之，该违约行为属于《合同法》（现为《民法典》合同编）调整的范畴而非《反不正当竞争法》所规制的范畴。笔者认为，琨朗公司签订合同后违反约定销售其他公司的同类竞争产品，虽然不在不正当竞争纠纷审理范畴之内，但水立方公司可以另案提起违约之诉，以维护自身合法权益。

律师建议

1. 并非所有的计算机软件都需要申请著作权登记

（1）《计算机软件保护条例》第 2 条规定，本条例所称计算机软件（以下简称软件），是指计算机程序及其有关文档。第 4 条规定“受本条例保护的软件必须由开发者独立开发，并已固定在某种有形物体上。第 6 条规定，本条例对软件著作权的保护不延及开发软件所用的思想、处理过程、操作方法或者数学概念等。由此可知计算机软件开发所用的思想、处理过程、操作方法或者数学概念等恰好是著作权不予保护的内容，权利人可以采取合理的保密措施，将其作为商业秘密加以保护，防止相关思想、过程、方法等被他人获取进而开发出类似的计算机软件。另外，采用商业秘密方式保护，除了保护范围更广泛外，还有不需要公开发表、没有地域或国籍限制、没有保护期限限制等优势。

（2）根据我国《著作权法》第 2 条以及《计算机软件保护条例》第 5 条之规定，对权利人所开发的计算机软件，不论是否发表，均依法享有著作权。在某些特殊情形下，权利人完全可以考虑不公开发表。

2. 著作权保护与商业秘密保护，权利人可以选用或并用

（1）根据不同的情形，权利人可以选择将其所开发的计算机软件申请著作权登记证书以确认权利人的地位；也可以选择将计算机软件作为自己的商业秘密加以保护，不对外公开；还可以选择将计算机软件的著作权保护和商业秘密保护相结合，对于著作权保护可以覆盖的计算机程序及其有关文档及时向国家版权局申请著作权登记证书加以保护，对于著作权保护无法覆盖的有价值的内容，采取合理的保密措施加以保护。

（2）在维权时，应根据权利人事前选择的保护方式以及证据情况，准确把握不同法律关系，不同法律保护的作品类型以及对应的保护客体，提出有充分事实依据及法律依据的主张，方能得到人民法院的支持。

作者：曾小春律师、专利代理师